キクタン
TOEIC® L&Rテスト
SCORE 600

一杉武史 編著

アルク

英語は聞いて覚える！
アルク・キクタンシリーズ

「読む」だけでは、言葉は決して身につきません。私たちが日本語を習得できたのは、赤ちゃんのころから日本語を繰り返し「聞いて」きたから──『キクタン』シリーズは、この「当たり前のこと」にこだわり抜いた単語集・熟語集です。「読んでは忘れ、忘れては読む」──そんな悪循環とはもうサヨナラです。「聞いて覚える」、そして「読んで理解する」、さらに「使って磨く」──英語習得の「新しい1歩」が、この1冊から必ず始まります！

Preface
「キクタン」は「聞いて覚える英単語」
600点突破に必要な単語・熟語力に加え
リスニング力も同時に身につきます!

センテンス部に日本語音声を追加!600点超えの語彙力を1日わずか16見出し、10週間で完全マスター!

本書は、2016年刊行の『改訂版キクタンTOEIC® TEST SCORE 600』の新装版です。旧版からの最大の変更点の1つは、センテンス部への日本語音声の追加です。これにより、日本語音声⇒英語音声の順で、耳から学習ができるようになりました。

本書では、これまでのTOEIC本試験のデータに加え、TOEICの公式問題・模擬試験データを徹底的に分析。さらに、出題傾向に合わせて、見出し語を頻度順に並べているので、600点に必要な語彙力が必修順に学べます。

こうして選ばれた見出し語の実用性と、見出し順の有効性を裏づけるのが、膨大な数の書き言葉と話し言葉を集めたデータベース、「コーパス」です。本書では、TOEICの本試験・公式問題・模擬試験に加え、コーパスデータの分析結果も参考にしていますので、600点突破に必要な語彙を、ムリなく・ムダなく身につけることができます。

米英2カ国発音のチャンツ、米英加豪の4カ国発音のセンテンス部が、音声ダウンロード形式化でさらに手軽に学習できる!

旧版からのもう1つの大きな変更点は、音声ダウンロード形式化です。パソコンまたはスマートフォンで手軽に学習することができます。

TOEICのリスニングセクションでは、2006年の改訂以降、アメリカ英語だけでなく、イギリス、カナダ、オーストラリア各国の英語も使われています。本書では、これら4カ国の英語を収録することで、語彙力だけでなく、リスニング力も同時に身につけることを目指しています。

音楽のリズムに乗りながら語彙学習ができる「チャンツ」では、アメリカ英語とイギリス英語が一緒に収録されています。また、センテンス部の英語音声として、アメリカ、イギリス、カナダ、オーストラリアの4カ国発音を収録。聞き流すうちに各国英語に慣れていきますので、本試験のリスニング対策にもなります。本書で身につけた語彙力・リスニング力を基に、皆さんが世界に羽ばたいていくことを、心から祈っています。

Contents

1日16単語・熟語×10週間で
TOEIC600点突破の1120単語・熟語をマスター！

Contents

Chapter 8

動詞句
Page 225 ▸ 287

Chapter 9

形容詞句・副詞句

Chapter 10

群前置詞・群接続詞

Chapter 11

その他の熟語

【記号説明】

- ・》 MP3-001：「ダウンロード音声のトラック1を呼び出してください」という意味です。
- ・発音記号横の⑦：イギリス英語の発音を表します。米英で発音が大きく異なる語について います。
- ・**名動形副前接**：順に、名詞、動詞、形容詞、副詞、前置詞、接続詞を表します。
- ・見出し中の［ ］：言い換え可能を表します。
- ・見出し中の（ ）：省略可能を表します。
- ・見出し中のA、B：語句（主に名詞・代名詞）が入ることを表します。
- ・見出し中のbe：be動詞が入ることを表します。be動詞は主語の人称・時制によって変化します。
- ・見出し中のdo：動詞が入ることを表します。
- ・見出し中のdoing：動名詞が入ることを表します。
- ・見出し中のoneself：再帰代名詞が入ることを表します。主語によって再帰代名詞は異なります。
- ・見出し中のone's：名詞・代名詞の所有格が入ることを表します。
- ・見出し中の「～」：節（主語＋動詞）が入ることを表します。
- ・見出し下の「Part ～」：該当するTOEICのPartで登場する可能性が高い単語・熟語を表します。
- ・定義中の（ ）：補足説明を表します。
- ・定義中の［ ］：言い換えを表します。
- ・❶：発音、アクセント、定義に注意すべき単語についています。
- ・➋：補足説明を表します。
- ・≒：同意・類義語［熟語］を表します。
- ・⇔：反意・反対語［熟語］を表します。

だから「ゼッタイに覚えられる」!
本書の4大特長

1

**本試験・公式問題
さらにコーパスデータを
徹底分析!**

**TOEICに出る!
日常生活で使える!**

TOEICのための単語・熟語集である
限り、「TOEICに出る」のは当然──。
本書の目標は、そこから「実用英語」
に対応できる単語・熟語力をいかに
身につけてもらうかにあります。見
出し語・熟語の選定にあたっては、
TOEICの本試験・公式問題・模擬試
験のデータに加え、最新の語彙研究
から生まれたコーパス*のデータを
徹底的に分析。目標スコアに到達す
るだけでなく、将来英語を使って世
界で活躍するための土台となる単
語・熟語が選ばれています。

*コーパス:実際に話されたり書かれたりし
た言葉を大量に収集した「言語テキスト・デー
タベース」のこと。コーパスを分析すると、
どんな単語・熟語がどのくらいの頻度で使わ
れるのか、といったことを客観的に調べられ
るので、辞書の編さんの際などに活用されて
いる。

2

**「目」だけでなく
「耳」と「口」までも
フル活用して覚える!**

**「聞く単 (キクタン)」!
しっかり身につく!**

「読む」だけでは、言葉は決して身
につきません。私たちが日本語を習
得できたのは、小さいころから日本
語を繰り返し「聞いて・口に出して」
きたから──この「当たり前のこと」
を忘れてはいけません。本書では、
音楽のリズムに乗りながら単語・熟
語の学習ができる「チャンツ」を用
意。「目」と「耳」から同時に単語・
熟語をインプットし、さらに「口」
に出していきますので、「覚えられ
ない」不安を一発解消。読解・聴解
力もダブルアップします。

『キクタンTOEIC L&RテストSCORE 600』では、TOEICの本試験・公式問題・模擬試験データと最新の語彙研究の成果であるコーパスを基に収録単語・熟語を厳選していますので、「TOEICに出る」「日常生活で使える」ものばかりです。その上で「いかに効率的に単語・熟語を定着させるか」──このことを本書は最も重視しました。ここでは、なぜ「出る・使える」のか、そしてなぜ「覚えられる」のかに関して、本書の特長をご紹介します。

3
1日16見出し×10週間、11のチャプターの「スケジュール学習」!

ムリなく
マスターできる!

「継続は力なり」、とは分かっていても、続けるのは大変なことです。では、なぜ「大変」なのか? それは、覚えきれないほどの量の単語や熟語をムリに詰め込もうとするからです。本書では、「ゼッタイに覚える」ことを前提に、1日の学習量をあえて16見出しに抑えています。さらに、単語は品詞ごとに「頻度順」に、熟語は「表現型別」に、計11のチャプターに分けていますので、効率的・効果的に学習単語・熟語をマスターできます。

4
1日最短2分、最長でも8分の3つの「モード学習」!

挫折することなく
最後まで続けられる!

今まで単語集や熟語集を手にしたときに、「1日でどこからどこまでやればいいのだろう?」と思ったことはありませんか? 見出し語・熟語、フレーズ、例文……1度に目を通すのは、忙しいときには難しいものです。本書は、Check 1（単語・熟語＋定義）→ Check 2（フレーズ）→ Check 3（センテンス）と、3つのポイントごとに学習できる「モード学習」を用意。生活スタイルやその日の忙しさに合わせて学習量を調整できます。

本書とダウンロード音声の利用法

Check 1

該当のトラックを呼び出して、「アメリカ英語→日本語→イギリス英語」の順に収録されている「チャンツ音楽」で見出し語・熟語とその意味をチェック。時間に余裕がある人は、太字以外の定義も押さえておきましょう。

Check 2

Check 1で「見出し語・熟語→定義」を押さえたら、その単語・熟語が含まれているフレーズをチェック。フレーズレベルで使用例を確認することで、単語・熟語の定着度が高まります（センテンスが入っているDayもあります）。

Check 3

Check 2 の フ レ ー ズ か ら、Check 3ではセンテンスへ、仕事などですぐに使える実践的な例で学びます。該当のトラックで音声チェックをすれば、定着度はさらにアップします。音声は「日本語→英語」の順で、英語は米→加→英→豪英語の順で収録されています。

見出し語・熟語

1日の学習単語・熟語数は16です。見開きの左側に単語・熟語が掲載されています。チャンツでは上から順に単語・熟語が登場します。最初の8つが流れたら、ページをめくって次の8つに進みましょう。

チェックシート

本書に付属のチェックシートは復習用に活用してください。Check 1では見出し語・熟語の定義が身についているか、Check 2と3では訳を参照しながらチェックシートで隠されている単語・熟語がすぐに浮かんでくるかを確認しましょう。

定義

見出し語・熟語の定義が掲載されています。単語・熟語によっては複数の意味があるので、第1義以外の定義もなるべく覚えるようにしましょう。

Quick Review

前日に学習した単語・熟語のチェックリストです。左ページに日本語、右ページに英語が掲載されています。時間に余裕があるときは、該当のトラックでチャンツも聞いておきましょう。

1日の学習量は4ページ、学習単語・熟語数は16となっています。1つの見出し語・熟語につき、定義を学ぶ「Check 1」、フレーズ中で単語・熟語を学ぶ「Check 2」、センテンス中で学ぶ「Check 3」の3つの「モード学習」が用意されています。まずは、該当のトラックを呼び出して、「チャンツ音楽」のリズムに乗りながら見出し語・熟語と定義を「耳」と「目」で押さえましょう。時間に余裕がある人は、Check 2とCheck 3にもトライ！

こんなアナタにオススメ！
3つの「学習モード」

仕事にも恋にも、
英語学習にも忙しいAさんには！

聞くだけモード
Check 1

学習時間の目安：1日2分

とにかく忙しくて、できれば単語・熟語学習は短時間で済ませたい人にオススメなのが、Check 1だけの「聞くだけモード」。該当のトラックで「チャンツ音楽」を聞き流すだけでもOK。でも、時間があるときはCheck 2とCheck 3で復習も忘れずに！

将来は海外勤務を
目指すBさんには！

しっかりモード
Check 1▶Check 2

学習時間の目安：1日4分

そこそこ英語はできるけど、さらなる英語力アップが必要だと感じている人にオススメなのが、Check 1とCheck 2を学習する「しっかりモード」。声に出してフレーズを「音読」をすれば、定着度もさらにアップするはず。

自他ともに認める
完ぺき主義のCさんには！

かんぺきモード
Check 1▶Check 2▶Check 3

学習時間の目安：1日8分

やるからには完ぺきにしなければ気が済まない人には「かんぺきモード」がオススメ。ここまでやっても学習時間の目安はたったの8分。できればみんな「かんぺきモード」でパーフェクトを目指そう！

＊学習時間はあくまでも目安です。時間に余裕があるときは、チャンツ音楽を繰り返し聞き直したり、フレーズやセンテンスの音読を重ねたりして、なるべく多く学習単語・熟語に触れるように心がけましょう。

音声ダウンロードのご案内

本書の音声はパソコンまたはスマートフォンでのダウンロードが可能です
（どちらも無料です）。

パソコンをご利用の場合

以下のウェブサイトから、音声のデータ（mp3ファイル／zip圧縮済み）を
ダウンロードしてください。

アルク「ダウンロードセンター」

https://www.alc.co.jp/dl/

ダウンロードセンターで本書を探す際は、
商品コード「**7020012**」を利用すると便利です。

スマートフォンをご利用の場合

スマホで音声の再生ができるアプリ「英語学習booco」をご利用ください。
アプリ「英語学習booco」のインストール方法は表紙カバー袖でご案内し
ています。
なお、「ダウンロードセンター」およびアプリ「英語学習booco」のサービ
ス内容は、予告なく変更する場合がございます。あらかじめご了承くださ
い。

本書の音声について

・本書では、各Dayの「チャンツ」「センテンス」のダウンロード音声を、
　トラック「001」であれば「》MP3-001」のように表示しています。
・各Dayの「センテンス」英語のみの音声、Chapter 1〜6のChapter
　Reviewのチャンツも、「ダウンロードセンター」およびアプリ「英語学習
　booco」からダウンロードすることができます。

CHAPTER 1

名詞：超必修160

Chapter 1のスタートです！
このChapterでは、TOEICで
「超必修」の名詞160をマス
ターしていきます。先はまだ
まだ長いけれど、焦らず急が
ず学習を進めていきましょ
う。そう、「千里の道も一歩
から」！

TOEIC的格言

The longest journey begins
with a single step.

千里の道も一歩から。
[直訳] 最も長い旅も一歩から始まる。

CHAPTER 1
CHAPTER 2
CHAPTER 3
CHAPTER 4
CHAPTER 5
CHAPTER 6
CHAPTER 7
CHAPTER 8
CHAPTER 9
CHAPTER 10
CHAPTER 11

Day 1　名詞1

Check 1　Chants 》MP3-001

14 ▶ 15

☐ 0001
bill
/bíl/
Part 2, 3

名❶**請求書**、勘定書(≒check)、請求金額　❷紙幣(≒note)　❸法案
▶ 動～に請求書を送る ▶

☐ 0002
profit
/práfit/
Part 5, 6

名**利益**、収益(≒return)(⇔loss：損失)
動(～から)利益を得る(from [by] ～)
▶ 形profitable：❶収益[もうけ]の多い　❷有益な ▶
名profitability：収益性

☐ 0003
benefit
/bénəfit/
❶定義注意
Part 7

名❶(通例～s)**給付金**、手当　❷利益、助け
動～のためになる
▶ ▶

☐ 0004
contract
/kántrækt/
❶アクセント注意
Part 2, 3

名(～との)**契約**(書)(with ～)(≒agreement)
動(/kəntrǽkt/)(～と)契約を結ぶ(with ～)
▶ ▶

☐ 0005
degree
/digríː/
Part 7

名❶(～の)**学位**(in ～)　❷(温度などの)度　❸程度
▶ ▶

☐ 0006
expense
/ikspéns/
Part 4

名❶**費用**、出費　❷(～s)経費(≒cost)
形expensive：高価な、値段が高い
▶ ▶

☐ 0007
figure
/fígjər/ ／fígər/
❶定義注意　❶発音注意
Part 7

名❶**数字**、(数字の)けた　❷姿　❸人物　❹図
動❶～を計算する　❷(figure outで)～を考え出す、解決する、～を理解する
▶ ▶

☐ 0008
property
/prápərti/
Part 7

名❶(集合的に)**財産**、不動産　❷(しばしば～ies)特性(≒quality)
▶ ▶

continued ▼

いよいよDay 1のスタート！ 今日から10日間は「超必修」の名詞160をチェック。まずは、チャンツを聞いてみよう！

□ 聞くだけモード　Check 1
□ しっかりモード　Check 1 ▸ 2
□ かんぺきモード　Check 1 ▸ 2 ▸ 3

Check 2　Phrase

Check 3　Sentence 》MP3-002

□ a telephone bill（電話料金の請求書）
□ a $10 bill（10ドル紙幣）

□ Why don't we split the bill?（割り勘にしませんか?）

□ make [turn] a profit（利益を上げる）
□ a net [gross] profit（純[粗]利益）

□ The steelmaker made a profit of $120 million last year.（その鉄鋼会社は昨年、1億2000万ドルの利益を上げた）

□ unemployment benefits（失業手当）
□ reap benefits（利益を得る）

□ The company provides medical benefits for its employees.（その会社は従業員たちに医療給付金を支給している）

□ breach of contract（契約違反）
□ sign a contract（契約書に署名する）

□ Our company entered into a contract with the consulting firm.（私たちの会社はそのコンサルタント会社と契約を結んだ）

□ a degree in economics（経済学の学位）
□ eight degrees below zero（氷点下8度）

□ She has a bachelor's degree from Oxford University.（彼女はオックスフォード大学の学士号を持っている）

□ living expenses（生活費）
□ travel [school] expenses（旅[学]費）

□ Housing is my biggest monthly expense.（住居は私の毎月の最大の出費だ）

□ sales figures（販売数量、売上高）
□ an authority figure（権威者）

□ Unemployment figures increased slightly last month.（失業者数は先月、わずかに増加した）

□ private property（私有財産）
□ property tax（固定資産税）

□ The man has a lot of property in this town.（その男性はこの街に多くの不動産を所有している）

CHAPTER
2

CHAPTER
3

CHAPTER
4

CHAPTER
5

CHAPTER
6

CHAPTER
7

CHAPTER
8

CHAPTER
9

CHAPTER
10

CHAPTER
11

continued
▼

Check 1　Chants))) MP3-001

□ 0009
demand
/dimǽnd/
Part 5, 6

▶

名❶(〜の)**需要**(for 〜)(⇔supply：供給)　❷(〜を求める)要求(for 〜)
動〜を(…に)要求する(of [from] . . .)
形demanding：❶(仕事などが)きつい　❷(人が)要求の厳しい

▶

□ 0010
interview
/íntərvjù:/
❶アクセント注意
Part 2, 3

名(〜のための/…との)**面接**(for 〜/with . . .)、会見
動❶〜と面接する　❷(〜の)面接を受ける(with 〜)

▶

□ 0011
notice
/nóutis/
❶定義注意
Part 7

▶

名❶**通知**、通達、予告　❷掲示、告示　❸注目、注意
動〜に気がつく、〜に注意[注目]する(≒note)
動notify：(notify A of Bで)AにBを知らせる、報告する

▶

□ 0012
statement
/stéitmənt/
❶定義注意
Part 7

▶

名❶**報告書**、明細書、計算書　❷(〜に関する/…という)声明(書)(about 〜/that節 . . .)
名state：❶状態　❷国家　❸州
動state：〜をはっきり[正式に]述べる、明言する

▶

□ 0013
appointment
/əpɔ́intmənt/
Part 2, 3

▶

名❶(面会の)**約束**(≒engagement)、(医師などの)予約　❶ホテル・レストランの「予約」はreservation　❷任命
動appoint：(appoint A as Bで)AをB(の役職)に任命[指名]する

▶

□ 0014
insurance
/inʃúərəns/
❶アクセント注意
Part 5, 6

名**保険**
動insure：〜に(…に備えて)保険をかける(against . . .)

□ 0015
luggage
/lʌ́gidʒ/
Part 1

▶

名(集合的に)(旅行者の)**手荷物**(≒baggage)

▶

□ 0016
opportunity
/àpərtjú:nəti/
❶アクセント注意
Part 2, 3

▶

名(〜の/…する)**機会**、好機(for 〜/to do)(≒chance, occasion)

▶

Check 2　Phrase

☐ **supply and** demand（需要と供給）❶日本語と語順が逆になることに注意
☐ **a** demand **for higher wages**（賃上げ要求）

☐ **have an** interview **with ~**（~と面会[会見]する）
☐ **give an** interview（会見に応じる）

☐ **without** notice（予告なしに）
☐ **post a** notice（掲示を出す）

☐ **a bank** statement（銀行口座の取引明細書）
☐ **a joint** statement（共同声明）

☐ **make an** appointment **with ~**（~と会う約束をする）
☐ **make the** appointment **of ~ as ambassador**（~を大使に任命する）

☐ **life** insurance（生命保険）
☐ **take out** insurance **for ~**（~に保険をかける）

☐ **carry-on** luggage（機内持ち込み手荷物）

☐ **an** opportunity **for promotion**（昇進の機会）
☐ **at every** opportunity（あらゆる機会をとらえて、機会があるたびに）

Check 3　Sentence 》 MP3-002

☐ **There is an increasing** demand **for food in the world.**（世界で食料の需要が高まっている）

☐ **What time are you having your job** interview **tomorrow?**（明日の就職面接は何時ですか?）

☐ **The factory workers were given written** notice **of layoffs.**（その工場の労働者たちは書面による一時解雇の通知を受けた）

☐ **According to its financial** statement, **the company suffered a deficit of $5 million last year.**（財務報告書によると、その会社は昨年500万ドルの赤字を出した）

☐ **I have an** appointment **at the clinic this evening.**（私は今日の夕方、その診療所に予約をしてある）

☐ **I'm entitled to health** insurance **at my company.**（私は会社で健康保険を受ける権利を与えられている）

☐ **Passengers are carrying their** luggage.（乗客たちは手荷物を運んでいる）

☐ **I would like to take this** opportunity **to thank you for your cooperation.**（この機会をお借りして、あなたのご協力に感謝申し上げます）

CHAPTER 1

CHAPTER 2

CHAPTER 3

CHAPTER 4

CHAPTER 5

CHAPTER 6

CHAPTER 7

CHAPTER 8

CHAPTER 9

CHAPTER 10

CHAPTER 11

Check 1　Chants ♪ MP3-003

□ 0017
tip
/típ/
Part 7

名❶(～についての)**助言**、ヒント(on [for, about] ～)(≒ hint, clue)　❷チップ、心づけ(≒ gratuity)　❸(とがった物の)先、先端(≒ point)
動～にチップを渡す

□ 0018
equipment
/ikwípmənt/
Part 5, 6

名(集合的に)**装置**、器具類　➕数えるときは、a piece [two pieces] of ～などを用いる
動equip：～を備える、～に(…を)装備する(with . . .)

□ 0019
issue
/íʃuː/
Part 5, 6

名❶**問題**(点)(≒ problem, subject)　❷(雑誌などの)～号
動❶(本など)を発行する　❷(命令など)を出す

□ 0020
department
/dipáːrtmənt/
❶定義注意
Part 4

名❶(会社などの)**部**、課、部門(≒ section)　❷(大学の)学科、学部
動depart：(～から／…へ向けて)出発する(from ～/for . . .)
名departure：出発

□ 0021
instrument
/ínstrəmənt/
❶アクセント注意
Part 1

名❶**楽器**　❷器具、道具(≒ tool, utensil, implement)
形instrumental：❶(～するのに)役立つ、助けになる(in doing)　❷楽器で演奏される

□ 0022
balance
/bǽləns/
❶定義注意
Part 7

名❶(収支[差引])**残高**　❷釣り合い、バランス
動～の釣り合いを保たせる

□ 0023
income
/ínkʌm/
Part 5, 6

名**収入**、所得(≒ earning)

□ 0024
supply
/səplái/
❶定義注意
Part 5, 6

名❶(通例～ies)**備品**、必需品、在庫　❷供給(⇔ demand：需要)　❸供給物
動(supply A with Bで)AにBを供給[提供]する(≒ provide A with B)　➕supply A with B＝supply B to A
名supplier：供給[納入]業者

continued ▼

チャンツを聞く際には、見出し語が4つ続けて読まれる部分で、自分も声に出して読んでみよう。定着度が倍増するはず！

☐ 聞くだけモード　Check 1
☐ しっかりモード　Check 1 ▶ 2
☐ かんぺきモード　Check 1 ▶ 2 ▶ 3

Check 2　Phrase	Check 3　Sentence 》MP3-004
☐ handy tips(役に立つ助言) ☐ leave a tip(チップを置いていく)	☐ He gave me several tips on how to find a new job.(彼は新しい仕事を見つけるための助言をいくつか私にしてくれた)
☐ high-technology equipment(ハイテク装置)	☐ The hospital bought several new pieces of medical equipment.(その病院はいくつか新しい医療機器を購入した)
☐ a sensitive issue(デリケートな問題) ☐ this week's issue of *TIME*(『TIME』誌の今週号)	☐ Employment is going to be a central issue of the election campaign.(雇用が選挙戦の重要問題になるだろう)
☐ the public relations department(広報部) ☐ the department of anthropology(人類学部)	☐ John works in the accounting department.(ジョンは経理部に勤務している)
☐ musical instruments(楽器) ☐ surgical instruments(手術器具)	☐ The students are playing instruments.(生徒たちは楽器を演奏している)
☐ a credit [debit] balance(貸方[借方]残高)	☐ I have a balance of $3,000 in my account.(私は自分の口座に3000ドルの残高がある)
☐ income tax(所得税) ☐ middle-income families(中間所得層の家庭)	☐ His yearly income is about $50,000.(彼の年収は約5万ドルだ)
☐ emergency supplies(防災用品) ☐ fuel supply(燃料供給)	☐ Office supplies are stored in the cabinet.(事務用品はキャビネットにしまってある)

CHAPTER 1
CHAPTER 2
CHAPTER 3
CHAPTER 4
CHAPTER 5
CHAPTER 6
CHAPTER 7
CHAPTER 8
CHAPTER 9
CHAPTER 10
CHAPTER 11

continued ▼

Check 1　　Chants))) MP3-003

□ 0025
rate
/réit/
Part 4

名❶**率**、割合　❷(単位当たりの)料金
動〜を評価する
▶ 名rating：❶(〜s)(テレビの)視聴率、(ラジオの)聴取率
❷評価、格付け、支持率

□ 0026
fare
/féər/
Part 2, 3

名(交通機関の)**運賃**、料金　❹「入場料」はfee、「手数料」
はcharge

□ 0027
complaint
/kəmpléint/
Part 5, 6

名(〜についての／…という)**不満**、苦情(about 〜/that節
…)
▶ 動complain：(complain about [of]で)〜について不満[苦
情、文句]を言う

□ 0028
honor
/ánər/
❶発音注意
Part 4

名❶**光栄**　❷名誉　❸尊敬
動❶〜を尊敬する　❷(be honored for [by]で)〜を光栄に
思う
形honorable：❶立派な、尊敬すべき　❷名誉ある

□ 0029
vehicle
/ví:ikl/
❶発音注意
Part 1

名❶**乗り物**　❷(〜の)伝達手段(for 〜)

□ 0030
instruction
/instrʌ́kʃən/
❶定義注意
Part 2, 3

名❶(〜s)**使用**[取扱]**説明書**　❷(通例〜s)(〜せよとい
う)指示、命令(to do)(≒order)　❸教育
動instruct：(instruct A to doで)Aに〜するように指示[命
令、指図]する

□ 0031
minute
/mínit/
❶定義注意
Part 2, 3

名❶(〜s)**議事録**　❷分　❸ちょっとの間(≒moment)
形(/mainjú:t/)❶微少な　❷綿密な

□ 0032
position
/pəzíʃən/
❶定義注意
Part 7

名❶(ホワイトカラーの)**職**、勤め口(≒job)　❷地位　❸
立場　❹位置、場所(≒location, place)
▶ 形positive：❶(〜について)確信[自信]のある(of [about]
〜)　❷肯定[積極]的な

Day 1))) MP3-001
Quick Review
答えは右ページ下

□ 請求書　□ 利益　□ 給付金　□ 契約
□ 学位　□ 費用　□ 数字　□ 財産
□ 需要　□ 面接　□ 通知　□ 報告書
□ 約束　□ 保険　□ 手荷物　□ 機会

Check 2　Phrase

□ the divorce [birth] rate(離婚[出生]率)
□ telephone rates(電話料金)

□ a bus [train] fare(バス[鉄道]料金)

□ a complaint about poor service(ひどいサービスについての苦情)
□ deal with complaints(苦情を処理する)

□ have the honor of doing ~(~する光栄に浴する、光栄にも~する)
□ win honor(名誉を勝ち取る、名声を得る)

□ a passenger vehicle(乗用車)
□ a vehicle of ideas(思想の伝達手段)

□ follow the instructions(使用説明書に従う)
□ strict instructions(厳しい命令)

□ take the minutes of ~(~の議事録を取る)

□ have a position in ~(~に勤めている)
□ a social position(社会的地位)

Check 3　Sentence ♪) MP3-004

□ America's unemployment rate is around 5 percent.(アメリカの失業率は5パーセントほどだ)

□ He works for an airline, so he gets a discount on the fare for flights.(彼は航空会社に勤務しているので、航空料金を割引してもらえる)

□ If you have a complaint, why don't you talk to your boss?(不満があるなら、上司に相談したらどうですか?)

□ I had the honor of meeting the president.(私は光栄にも大統領と面会した)

□ People are getting out of the vehicle.(人々は乗り物から降りているところだ)

□ Please read the instructions carefully before using the product. (製品を使用する前に、使用説明書をよくお読みください)

□ The board is required by law to keep minutes of all meetings.(その委員会はすべての会議の議事録を記録することを法律で求められている)

□ Mr. Sato has held the position of sales manager for 10 years.(サトウさんは販売部長の職に10年間就いている)

CHAPTER 2
CHAPTER 3
CHAPTER 4
CHAPTER 5
CHAPTER 6
CHAPTER 7
CHAPTER 8
CHAPTER 9
CHAPTER 10
CHAPTER 11

Day 1 ♪) MP3-001
Quick Review
答えは左ページ下

□ bill
□ profit
□ benefit
□ contract

□ degree
□ expense
□ figure
□ property

□ demand
□ interview
□ notice
□ statement

□ appointment
□ insurance
□ luggage
□ opportunity

Day 3　名詞3

Check 1　Chants ») MP3-005

22 ▸ 23

☐ 0033
produce
/prədjú:s/
❶定義注意　❷アクセント注意
Part 5, 6

> 名(集合的に)**農産物**、野菜と果物
> 動(/prədjú:s/)~を生産[製造]する
> 名product：製品
> 名production：製造、生産、生産高
> 形productive：❶生産力のある　❷生産的な

☐ 0034
range
/réindʒ/
Part 7

> 名❶**範囲**、幅(≒scope)　❷射程(距離)
> 動(range from A to Bで)(範囲などが)AからBへ及ぶ、またがる

☐ 0035
regulation
/règjuléiʃən/
Part 4

> 名❶(~に関しての)**規則**、条例(on [about] ~)　❷規制
> 動regulate：❶~を規制[統制、管理]する　❷~を調節[調整]する

☐ 0036
author
/ɔ́:θər/
Part 4

> 名❶(~の)**著者**、作者(of ~)　❷(~の)立案者(of ~)

☐ 0037
railing
/réiliŋ/
Part 1

> 名**手すり**

☐ 0038
fund
/fʌ́nd/
Part 5, 6

> 名(しばしば~s)(~のための)**資金**、基金(for ~)
> 動~に資金を提供する

☐ 0039
quality
/kwάləti/
Part 4

> 名❶**品質**、質(⇔quantity：量)　❷性質

☐ 0040
agency
/éidʒənsi/
Part 2, 3

> 名❶**代理店**　❷政府機関、~庁[局]
> 名agent：代理人、仲介人、代理店

continued ▼

Check 2　Phrase

□ imported produce（輸入農産物）
□ a produce market（農産物市場）

□ a wide [broad] range of ～（幅広い～）
□ within [out of] range（射程内[外]で）

□ safety regulations（安全規則）
□ the regulation of traffic（交通規制）

□ the author of *War and Peace*（『戦争と平和』の著者）
□ the author of the plan（その計画の立案者）

□ hold on to a railing（手すりにつかまる）

□ funds for the project（そのプロジェクトのための資金）
□ raise funds（資金を募る）

□ of good [poor] quality（質のよい[悪い]）
□ leadership qualities（指導者としての資質）

□ an insurance agency（保険代理店）
□ a UN agency（国連機関）

Check 3　Sentence 》MP3-006

□ More and more consumers are buying organic produce.（有機農産物を買う消費者が増えてきている）

□ Starting salaries are in the range of \$20,000 to \$30,000.（初任給は2万ドルから3万ドルの範囲となっている）

□ The new regulations made it harder to do business in China.（新しい規則により、中国でのビジネスがさらに困難になった）

□ Haruki Murakami is my favorite author.（村上春樹は私の大好きな作家だ）

□ The woman is leaning against the railing.（女性は手すりにもたれかかっている）

□ He was accused of misusing company funds.（彼は会社の資金を悪用したかどで告発された）

□ Quality is more important than quantity.（品質は量よりも重要だ）

□ I went to the travel agency to book a package tour.（私はパックツアーの予約をするために旅行代理店へ行った）

CHAPTER 2
CHAPTER 3
CHAPTER 4
CHAPTER 5
CHAPTER 6
CHAPTER 7
CHAPTER 8
CHAPTER 9
CHAPTER 10
CHAPTER 11

continued ▼

Check 1　　Chants)) MP3-005

□ 0041
committee
/kəmíti/
❶アクセント注意
Part 4

名 **委員会**

□ 0042
function
/fʌ́ŋkʃən/
Part 5, 6

名❶(〜の)**機能**、働き(of 〜)　❷(社会的)行事
動(〜の)機能[役割]を果たす(as 〜)
形functional：❶実用的な、便利な　❷機能の

□ 0043
authority
/əθɔ́:rəti/
Part 5, 6

名❶(〜に対する)**権威**、権力(over 〜)　❷(〜する)権限
(to do)　❸(the 〜ies)当局
動authorize：〜を認可[認定、公認]する
名authorization：認可、公認、許可

□ 0044
passenger
/pǽsəndʒər/
Part 1

名 **乗客**、旅客

□ 0045
proposal
/prəpóuzəl/
Part 2, 3

名❶(〜しようという)**提案**(to do)(≒suggestion)、(〜
の)計画(for 〜)(≒plan)　❷結婚の申し込み
動propose：❶〜を提案する　❷(propose doing [to do]
で)〜しようと提案する　❸(propose toで)〜に結婚を申
し込む

□ 0046
drawer
/drɔ́:r/
Part 1

名 **引き出し**、(〜s)たんす
動draw：〜を引く

□ 0047
application
/æpləkéiʃən/
Part 2, 3

名❶(〜への)**申し込み**[申請](書)(for 〜)　❷利用、適用
動apply：❶(apply forで)〜を申し込む　❷(apply toで)
(規則などが)〜に適用される、当てはまる　❸(apply A to
Bで)AをBに利用[応用、適用]する
名applicant：(〜への)志願者、応募者(for 〜)

□ 0048
branch
/brǽntʃ/
❶定義注意
Part 2, 3

名❶**支店**(⇔head office, headquarters：本社)　❷枝

Day 2)) MP3-003
Quick Review
答えは右ページ下

□ 助言	□ 楽器	□ 率	□ 乗り物
□ 装置	□ 残高	□ 運賃	□ 使用説明書
□ 問題	□ 収入	□ 不満	□ 議事録
□ 部	□ 備品	□ 光栄	□ 職

CHAPTER
1

CHAPTER
2

CHAPTER
3

CHAPTER
4

CHAPTER
5

CHAPTER
6

CHAPTER
7

CHAPTER
8

CHAPTER
9

CHAPTER
10

CHAPTER
11

Check 2　Phrase

□ a budget committee(予算委員会)

□ the function of the heart(心臓の機能)
□ an official function(公式行事)

□ a person in authority(権力者)
□ have the authority to do ~(~する権限がある)

□ a passenger train(旅客列車)

□ a proposal to raise consumption tax(消費税を上げようという提案)
□ make a proposal to her(彼女に結婚を申し込む)

□ the top [bottom] drawer(一番上[下]の引き出し)

□ an application form(申込用紙、申請書)
□ the application of the research(その研究の利用)

□ an overseas branch(海外支店)
□ a dead branch(枯れ枝)

Check 3　Sentence))) MP3-006

□ The committee meets every second Friday.(その委員会は隔週金曜日に開かれる)

□ Function is more important than form.(機能は形よりも重要である)

□ Mr. Tanaka has authority over personnel issues.(タナカさんは人事権を持っている)

□ Passengers are boarding a plane.(乗客たちは飛行機に乗り込んでいる)

□ My proposal was accepted at yesterday's meeting.(私の提案は昨日の会議で承認された)

□ The man is looking in the desk drawer.(男性は机の引き出しの中をのぞいている)

□ We received a lot of applications for the position.(その職には多くの申し込みがあった)

□ Our company has branches in Sapporo and Osaka.(私たちの会社は札幌と大阪に支店を持っている)

□ tip	□ instrument	□ rate	□ vehicle
□ equipment	□ balance	□ fare	□ instruction
□ issue	□ income	□ complaint	□ minute
□ department	□ supply	□ honor	□ position

Check 1　Chants)) MP3-007

□ 0049
customer
/kʌ́stəmər/
Part 4

名(商店の)**顧客**、取引[得意]先　➕弁護士・建築家などの「顧客」は client

□ 0050
firm
/fə́:rm/
❶定義注意
Part 7

名**会社**(≒company, corporation)、(組織としての)事務所
形 硬い
副 firmly：❶固く、断固として　❷(動かないように)しっかりと

□ 0051
fuel
/fjúːəl/
Part 1

名(〜の)**燃料**(for 〜)

□ 0052
quarter
/kwɔ́:rtər/
❶定義注意
Part 7

名❶**四半期**　❷15分　❸4分の1

□ 0053
clerk
/klə́:rk/
Part 2, 3

名❶(会社・ホテルなどの)**事務員**　❷店員
形 clerical：事務(員)の

□ 0054
policy
/pɑ́ləsi/
❶定義注意
Part 5, 6

名❶**保険契約**、保険証書　❷政策、方針

□ 0055
rent
/rént/
Part 2, 3

名(〜の)**賃貸**[使用]**料**(for 〜)(≒rental)
動(家など)を(…から)賃借りする(from ...)

□ 0056
tour
/túər/
❶定義注意
Part 4

名❶(工場などの)**視察**、見学　❷(〜の)旅行(of [around, round] 〜)(≒trip, journey, travel, voyage)
動❶旅行する　❷〜を旅行する　❸〜を見学する
名 tourist：旅行者、観光客
名 tourism：観光業、ツーリズム

continued
▼

「細切れ時間」を有効活用してる？『キクタン』は2分でも学習可能。いつでもどこでもテキストと音声を持ち歩いて単語・熟語に触れよう！

☐ 聞くだけモード　Check 1
☐ しっかりモード　Check 1 ▶ 2
☐ かんぺきモード　Check 1 ▶ 2 ▶ 3

CHAPTER 1

CHAPTER 2

CHAPTER 3

CHAPTER 4

CHAPTER 5

CHAPTER 6

CHAPTER 7

CHAPTER 8

CHAPTER 9

CHAPTER 10

CHAPTER 11

Check 2　Phrase

☐ a regular customer（常連客）

☐ a law firm（法律事務所）

☐ fossil fuels（化石燃料）

☐ the first [fourth] quarter（第1[第4]四半期）
☐ a quarter to [after, past] 11（11時15分前[すぎ]）

☐ a bank clerk（銀行員）
☐ a clerk at a department store（デパートの店員）

☐ a life [fire] policy（生命[火災]保険証書）
☐ defense [foreign] policy（防衛[外交]政策）

☐ pay rent（賃貸料を払う）
☐ for rent（[名詞の後で]賃貸用の、貸すための）

☐ a tour of the campus（キャンパス見学）
☐ a five-day tour of Hawaii（5日間のハワイ旅行）

Check 3　Sentence 》 MP3-008

☐ The customer is always right.（お客様は神様です）➕「顧客はいつでも正しい」が原意の接客業者のモットー

☐ I have worked for the design firm for 10 years.（私はそのデザイン会社に10年間勤務している）

☐ He is putting fuel into the truck.（彼はトラックに燃料を入れている）

☐ Sales figures for the third quarter are only 0.8 percent higher than a year earlier.（第3四半期の売上高は1年前よりわずか0.8パーセントだけ高い）

☐ She works as an office clerk in a trading company.（彼女は商社で事務員として働いている）

☐ The policy covers injury, permanent disability, and death.（その保険契約は、けが、不可逆的な障害、そして死亡に適用される）

☐ The rent for the house is $950 a month.（その家の賃貸料は1カ月950ドルだ）

☐ We went on a tour of the factory.（私たちはその工場の視察に行った）

continued ▼

Check 1　Chants))) MP3-007

□ 0057
analysis
/ənǽləsis/
Part 5, 6
▶

名(〜の)**分析**(of 〜)(⇔synthesis：統合)
動analyze：〜を分析する
名analyst：分析家、アナリスト、(情勢などの)解説者 ▶
形analytical：分析の、分析的な

□ 0058
crop
/krάp/
Part 1

名❶**農作物** ❷収穫高
動(髪など)を切り詰める

□ 0059
description
/diskrípʃən/
Part 5, 6
▶

名**描写**、説明、記述
動describe：❶〜を描写[説明]する　❷(describe A as B
で)AをBだと言う[評する] ▶

□ 0060
fine
/fáin/
❶定義注意
Part 2, 3
▶

名(〜に対する)**罰金**(for 〜)
形❶素晴らしい　❷細かい　❸十分な　❹元気な
副立派に、見事に
動(fine A for Bで)AにBのかどで罰金を科する ▶

□ 0061
attitude
/ǽtitjùːd/
Part 2, 3
▶

名❶(〜に対する／…という)**態度**(toward 〜/that節
…)　❷姿勢(≒posture) ▶

□ 0062
audience
/ɔ́ːdiəns/
Part 1
▶

名❶(集合的に)**聴衆**、観衆　❷視聴者

□ 0063
option
/άpʃən/
Part 4
▶

名(〜する)**選択**、選択肢、選択権(of doing [to do])(≒
choice)
形optional：任意[随意]の、自由選択の ▶

□ 0064
raise
/réiz/
❶定義注意
Part 2, 3
▶

名**賃上げ**、昇給
動❶〜を上げる　❷(子ども)を育てる ▶

Check 2 Phrase	Check 3 Sentence ») MP3-008
□ statistical analysis（統計分析）	□ I was asked to make an analysis of the data.（私はそのデータの分析をするよう頼まれた）
□ grow crops（農作物を育てる） □ a bumper crop（豊作）	□ People are harvesting crops.（人々は農作物を収穫している）
□ a detailed description（詳細な描写［説明］） □ beyond description（言葉では言い表せない［ほど］）	□ The catalog gives a description of this product.（そのカタログはこの製品について説明している）
□ pay a $2,000 fine（2000ドルの罰金を払う）	□ He paid a $130 fine for speeding.（彼はスピード違反に対する130ドルの罰金を払った）
□ a good [bad] attitude（よい［悪い］態度） □ a relaxed attitude（くつろいだ姿勢）	□ He has a real attitude problem.（彼は本当に態度に問題がある）
□ a large audience（多くの聴衆） □ an audience rating（視聴率）	□ The audience is applauding the performer.（聴衆は演奏者に拍手を送っている）
□ have two options（2つの選択肢がある） □ have no option but to do ～（～するしかない、～せざるを得ない）	□ You have the option of taking German, French, or Spanish as a second foreign language.（第2外国語として、ドイツ語、フランス語、またはスペイン語を選択できる）
□ ask for a raise（賃上げを求める）	□ My raise was 8 percent.（私の昇給は8パーセントだった）

Day 3 ») MP3-005
Quick Review
答えは左ページ下

□ produce
□ range
□ regulation
□ author
□ railing
□ fund
□ quality
□ agency
□ committee
□ function
□ authority
□ passenger
□ proposal
□ drawer
□ application
□ branch

CHAPTER 1
CHAPTER 2
CHAPTER 3
CHAPTER 4
CHAPTER 5
CHAPTER 6
CHAPTER 7
CHAPTER 8
CHAPTER 9
CHAPTER 10
CHAPTER 11

Day 5　名詞5

Check 1　Chants ») MP3-009

□ 0065
amount
/əmáunt/
Part 2, 3

图❶**量**、額　❷(the ~)総計、総数
動(amount to で)総計~に達する[上る]、合計~となる

□ 0066
article
/á:rtikl/
Part 5, 6

图❶**品物**、物品　❷(~についての)記事(on [about] ~)
❸(法律などの)条項

□ 0067
fee
/fí:/
Part 2, 3

图❶(入場などの)**料金**　❷(医師などへの)報酬

□ 0068
attention
/əténʃən/
Part 4

图❶(~への)**注意**(to ~)　❷(~への)配慮(to ~)
動attend：~に出席する
图attendance：(~への)出席、出席者数(at ~)
图attendant：❶店員、接客[案内]係　❷従者

□ 0069
detail
/dí:teil/
Part 2, 3

图❶(~s)**詳細**(≒ specific)　❷細部
動~を詳しく述べる
形detailed：詳細な

□ 0070
device
/diváis/
Part 1

图(~の)**装置**、道具(for ~)

□ 0071
item
/áitəm/
Part 7

图**品目**、項目

□ 0072
ladder
/lǽdər/
Part 1

图**はしご**

continued
▼

Quick Reviewは使ってる？ 昨日覚えた単語でも、記憶に残っているとは限らない。学習の合間に軽くチェックするだけでも効果は抜群！

□ 聞くだけモード　Check 1
□ しっかりモード　Check 1 ▶ 2
□ かんぺきモード　Check 1 ▶ 2 ▶ 3

CHAPTER 1
CHAPTER 2
CHAPTER 3
CHAPTER 4
CHAPTER 5
CHAPTER 6
CHAPTER 7
CHAPTER 8
CHAPTER 9
CHAPTER 10
CHAPTER 11

Check 2　Phrase

□ a fair amount of ~（かなりの量の~）
□ the full amount（全額）

□ articles of clothing（衣類）
□ an article about the accident（その事故に関する記事）

□ an entrance fee（入場料）
□ a lawyer's fee（弁護料）

□ attract someone's attention（[人]の注意を引く）
□ attention to customers（顧客への配慮）

□ go into details about ~（~について詳細に述べる）
□ in detail（詳細に）

□ a safety device（安全装置）

□ a fast-selling item（売れ行きの早い品目）

□ set a ladder against the wall（壁にはしごをかける）

Check 3　Sentence ») MP3-010

□ A moderate amount of exercise is good for our health.（適度な量の運動は健康によい）

□ The shop sells articles of all kinds for sports.（その店ではあらゆる種類のスポーツ用品を売っている）

□ The fee for a five-week English class was $250.（5週間の英語クラスの授業料は250ドルだった）

□ Hard work and attention to detail are keys to success.（勤勉と細部への注意が成功には不可欠だ）

□ For further details, please call the number below.（さらなる詳細については、以下の番号にお電話ください）

□ The man is checking the device.（男性は装置を検査している）

□ The product is still a hot item.（その製品はいまだに人気の商品だ）

□ The man is climbing up the ladder.（男性ははしごを登っている）

continued ▼

Check 1　Chants))) MP3-009

□ 0073
responsibility
/rispὰnsəbíləti/
❶アクセント注意
Part 7

名(～に対する／…する)**責任**、義務(for ～/to do)
形responsible：(be responsible forで)～に責任がある

□ 0074
shelf
/ʃélf/
Part 1

名**棚**　❶複数形はshelves

□ 0075
signature
/sígnətʃər/
Part 2, 3

名**署名**、サイン　❶有名人などの「サイン」はautograph
名sign：❶兆候　❷標識
動sign：❶(書類)に署名する、(名前)をサインする　❷
(sign up forで)～に申し込む、～に参加する

□ 0076
term
/tə́:rm/
❶定義注意
Part 5, 6

名❶(～s)(契約などの)**条件**(≒condition)　❷期間　❸
学期　❹用語

□ 0077
crew
/krú:/
Part 4

名(集合的に)❶(飛行機などの)**乗務**[乗組]**員**　❷(労働
者の)チーム、班

□ 0078
permission
/pərmíʃən/
Part 4

名(～してよいという)**許可**、承認(to do)(≒consent)
(⇔prohibition：禁止)
動permit：❶～を許す、許可する　❷(permit A to doで)A
に～することを許す
名permit：許可証

□ 0079
traffic
/trǽfik/
Part 4

名**交通**[通行](量)

□ 0080
access
/ǽkses/
Part 4

名❶(～への)**接近**(方法)(to ～)　❷(～を)利用[入手]す
る権利[機会](to ～)
動❶～にアクセスする　❷～に接近する、入る
形accessible：入手[利用、入場、接近]可能な

Day 4))) MP3-007
Quick Review
答えは右ページ下

□ 顧客	□ 事務員	□ 分析	□ 態度
□ 会社	□ 保険契約	□ 農作物	□ 聴衆
□ 燃料	□ 賃貸料	□ 描写	□ 選択
□ 四半期	□ 視察	□ 罰金	□ 賃上げ

CHAPTER 1
CHAPTER 2
CHAPTER 3
CHAPTER 4
CHAPTER 5
CHAPTER 6
CHAPTER 7
CHAPTER 8
CHAPTER 9
CHAPTER 10
CHAPTER 11

Check 2　Phrase

☐ take responsibility for ~(~の責任を取る)
☐ a sense of responsibility(責任感)

☐ supermarket shelves(スーパーマーケットの棚)

☐ write [put] one's signature on ~(~に署名[サイン]する)

☐ on equal [unequal] terms(対等[不平等]な条件で)
☐ in the long [short] term(長期[短期]的には)

☐ the crew of the space shuttle(スペースシャトルの乗組員)
☐ a camera crew(撮影班、カメラ班)

☐ ask (for) permission(許可を求める)
☐ without permission(許可なく、無断で)

☐ heavy [light] traffic(激しい[少ない]交通量)

☐ gain [get] access to ~(~に接近[面会]する)
☐ have access to ~(~を利用できる)

Check 3　Sentence))) MP3-010

☐ His promotion means more responsibility.(彼の昇進は責任が増えたことを意味する)

☐ The shelves are lined with goods.(棚には商品が並べられている)

☐ May I have your signature here?(ここに署名していただけますか?)

☐ He accepted the terms of the contract.(彼は契約条件を受け入れた)

☐ The crew attempted an emergency landing after reporting engine trouble.(エンジン故障を報告した後、乗務員は緊急着陸を試みた)

☐ He got permission from his parents to travel alone.(彼は独り旅をする許可を両親からもらった)

☐ I got stuck in a traffic jam on my way to work.(私は仕事へ行く途中に交通渋滞に巻き込まれた)

☐ The hotel is within easy access to shops and tourist attractions.(そのホテルは商店や観光名所のすぐ近くにある)

Day 4))) MP3-007
Quick Review
答えは左ページ下

☐ customer
☐ firm
☐ fuel
☐ quarter

☐ clerk
☐ policy
☐ rent
☐ tour

☐ analysis
☐ crop
☐ description
☐ fine

☐ attitude
☐ audience
☐ option
☐ raise

Day 6　名詞6

Check 1　Chants ») MP3-011

34 ▸ 35

☐ 0081
cafeteria
/kæfətíəriə/
Part 2, 3

图 (従業員・学生用の)**食堂**、カフェテリア(≒canteen)

☐ 0082
respect
/rispékt/
Part 4

图❶(〜への)**尊敬**、敬意(for 〜)　❷(〜への)尊重、配慮 (for 〜)
動〜を尊敬する
形respective：それぞれの、各自の
副respectively：それぞれに、各自

☐ 0083
suggestion
/səgdʒéstʃən/
Part 5, 6

图(〜という)**提案**(that節 〜)(≒proposal)　⊕suggestionに続くthat節中の動詞は仮定法現在(=原形)になる
動suggest：❶〜を提案する　❷〜だと示唆する　❸(suggest doingで)〜しようと提案する

☐ 0084
method
/méθəd/
Part 5, 6

图(〜の)**方法**、方式、手段(of [for] 〜)(≒way, manner, means)

☐ 0085
opening
/óupəniŋ/
❶定義注意
Part 2, 3

图❶(職などの)**欠員**、空き(for 〜)(≒vacancy)、就職 口　❷開始　❸すき間、穴

☐ 0086
account
/əkáunt/
Part 2, 3

图❶(銀行)**口座**　❷(金銭の)計算書、帳簿　❸得意先
動(account forで)❶(ある割合)を占める　❷〜(の原因・ 理由)を説明する

☐ 0087
concern
/kənsɔ́:rn/
Part 2, 3

图(〜に対する)**懸念**(about [over, for] 〜)(≒anxiety)、 関心事
形concerned：❶(通例名詞の後に置いて)関係[関与]して いる　❷心配そうな
前concerning：〜に関して、〜に関する

☐ 0088
performance
/pərfɔ́:rməns/
Part 4

图❶(仕事などの)**実績**、成果　❷(業務などの)遂行　❸演 奏、上演
動perform：❶(任務など)を遂行する、行う　❷〜を演奏 [上演]する

continued
▼

名詞と前置詞の結びつきを確認してる？ respect for ～（～への尊敬）のように名詞の後ろにつく前置詞にも注意して学習を進めよう。

□ 聞くだけモード　Check 1
□ しっかりモード　Check 1 ▶ 2
□ かんぺきモード　Check 1 ▶ 2 ▶ 3

CHAPTER 1

Check 2　Phrase

Check 3　Sentence 》MP3-012

□ a self-service cafeteria（セルフサービスの食堂）

□ The food in this cafeteria is really good.（この食堂の料理は本当においしいよ）

□ win [earn, gain] respect of ～（～の尊敬を得る）
□ have respect for ～（～を尊敬[尊重]する）

□ "San" in Japanese is a term of respect similar to "Mr." or "Mrs." in English.（日本語の「さん」は、英語の「ミスター」や「ミセス」と似た敬称だ）

□ make a suggestion（提案をする）

□ She rejected his suggestion that they move to the countryside.（田舎へ引っ越そうという彼の提案を彼女ははねつけた）

□ teaching methods（指導方法）

□ Attack is the best method of defense.（攻撃は最善の防御方法だ）

□ a job opening（仕事の空き、欠員）
□ the opening of the new museum（新しい博物館の開館）

□ There are two openings at the library for librarians.（その図書館では2名の司書の欠員がある）

□ savings [checking] account（普通[当座]預金口座）
□ keep accounts（帳簿[簿記]をつける）

□ He withdrew some money from his account.（彼は口座からお金をいくらか引き出した）

□ concern about the recession（景気後退に対する懸念）
□ a public concern（社会的関心事）

□ Crime is a concern in urban areas.（犯罪は都市部における関心事になっている）

□ an outstanding performance（傑出した実績）
□ the performance of one's duties（職務の遂行）

□ Our company links pay to performance.（私たちの会社は報酬を実績と連動させている）

CHAPTER 2
CHAPTER 3
CHAPTER 4
CHAPTER 5
CHAPTER 6
CHAPTER 7
CHAPTER 8
CHAPTER 9
CHAPTER 10
CHAPTER 11

continued ▼

Check 1　Chants)) MP3-011

□ 0089
agreement
/əɡríːmənt/
Part 5, 6

名❶(~との/…に関する)**契約**、協定(with ~/on ...)(≒treaty, pact, contract)　❷(~との)合意(with ~)(⇔disagreement)
動agree：❶(agree on [about]で)~の点で意見が一致する　❷(agree withで)~に賛成[同意]する

□ 0090
employee
/implɔ́iː, èmplɔíː/
❶アクセント注意
Part 4

名**従業員**、被雇用者(⇔employer：雇用者[主])
動employ：❶~を雇う　❷(手段など)を(…のために)利用する(for ...)
名employment：❶雇用、勤務　❷仕事、職業

□ 0091
measure
/méʒər/
❶定義注意
Part 5, 6

名❶(しばしば~s)**対策**、手段　❷(度量の)単位　❸寸法
動(寸法など)を測る
名measurement：❶(通例~s)寸法、サイズ　❷測定

□ 0092
discount
/dískaunt/
Part 4

名**割引**
動(ある金額)を割り引く

□ 0093
institution
/ìnstətjúːʃən/
Part 4

名❶**機関**、団体　❷(孤児院などの)施設　❸(社会的)制度(≒system)
名institute：(学術などの)研究機関、学会、協会
動institute：(制度など)を制定する、設ける

□ 0094
material
/mətíəriəl/
Part 7

名❶**材料**、原料(≒matter, stuff, substance)　❷生地(≒fabric)　❸(~の)資料(for ~)
形物質の、物質的な(⇔spiritual：精神的な)

□ 0095
product
/prɑ́dʌkt/
❶アクセント注意
Part 2, 3

名**製品**
動produce：~を生産[製造]する
名produce：(集合的に)農産物、野菜と果物
名production：製造、生産、生産高
形productive：❶生産力のある　❷生産的な

□ 0096
stock
/stɑ́k/
❶定義注意
Part 2, 3

名❶**株**(≒share)　❷蓄え　❸在庫品
動❶(店など)に(商品を)蓄える、仕入れる(with ...)　❷(商品)を店に置いている

Day 5)) MP3-009
Quick Review
答えは右ページ下

□ 量	□ 詳細	□ 責任	□ 乗務員
□ 品物	□ 装置	□ 棚	□ 許可
□ 料金	□ 品目	□ 署名	□ 交通
□ 注意	□ はしご	□ 条件	□ 接近

Check 2　Phrase

Check 3　Sentence ♪ MP3-012

□ a trade agreement（貿易協定）
□ reach an agreement（合意に達する）

□ Before you sign an agreement, you should read it carefully.（契約にサインする前に、それを注意深く読んだほうがいい）

□ hire [fire] employees（従業員を雇う[解雇する]）
□ a government employee（公務員）

□ Mr. Jones is in charge of employee training.（ジョーンズ氏は従業員教育を担当している）

□ take measures（対策を取る）
□ a preventive measure（予防策）

□ Cost-cutting measures have been implemented in most companies.（経費削減策はほとんどの会社で行われている）

□ sell [buy] ～ at a discount（～を割引で売る[買う]）
□ discount fare [price]（割引料金[価格]）

□ I bought the sofa at a 20 percent discount.（私はそのソファを20パーセント割引で買った）

□ a financial institution（金融機関）
□ the institution of marriage（結婚制度）

□ Beijing University is the most important educational institution in China.（北京大学は中国で最も重要な教育機関だ）

□ building materials（建築材料）
□ clothing material（服地）

□ This bench is made of recycled materials.（このベンチはリサイクル材で作られている）

□ dairy product（乳製品）

□ Our new product will be released next month.（当社の新製品は来月発表される予定だ）

□ the stock market（株式市場）
□ in [out of] stock（在庫があって[なくて]）

□ The company's stock price rose more than 10 percent yesterday.（その会社の株価は昨日、10パーセント以上上がった）

Day 5 ♪ MP3-009
Quick Review
答えは左ページ下

□ amount
□ article
□ fee
□ attention
□ detail
□ device
□ item
□ ladder
□ responsibility
□ shelf
□ signature
□ term
□ crew
□ permission
□ traffic
□ access

CHAPTER 1 ... CHAPTER 11

Day 7 名詞7

Check 1　Chants ») MP3-013

□ 0097
content
/kántent/
❶アクセント注意
Part 5, 6

名(〜s)(文書などの)**内容**、中身
形(/kəntént/)(be content withで)〜に満足している

□ 0098
interest
/íntərəst/
❶定義注意
Part 7

名❶**利息**、利子　❷利益　❸(〜への)興味、関心(in 〜)
形interesting：面白い、興味深い
形interested：(〜に)興味[関心]を持った(in 〜)

□ 0099
broadcast
/brɔ́:dkæst/　⤴/brɔ́:dkɑ̀:st/
Part 4

名(ラジオ・テレビの)**放送**
動(番組など)を放送する

□ 0100
fountain
/fáuntən/
Part 1

名❶**噴水**　❷噴水式水飲み器

□ 0101
impact
/ímpækt/
❶アクセント注意
Part 2, 3

名❶**影響**(≒effect, influence)　❷衝撃(力)
動(/impǽkt/)〜に影響[衝撃]を与える

□ 0102
lawn
/lɔ́:n/
Part 1

名**芝生**

□ 0103
medicine
/médəsin/
Part 2, 3

名❶**薬**(≒drug)　❷医学
形medical：医学[医療]の
名medication：薬物、薬剤

□ 0104
response
/rispáns/
Part 7

名❶(〜への)**返答**、応答(to 〜)(≒answer, reply)　❷(〜に対する／…からの)反応(to 〜/from . . .)(≒reaction)
動respond：(respond toで)❶〜に応答[返答]する　❷〜に反応する
名respondent：回答[応答]者

38 ▶ 39

continued ▼

今日で『キクタンTOEIC L&Rテスト SCORE 600』は1週間が終了！ 道のりはまだまだ長いけど、急がず焦らず学習を進めていこう。

□ 聞くだけモード　Check 1
□ しっかりモード　Check 1 ▶ 2
□ かんぺきモード　Check 1 ▶ 2 ▶ 3

Check 2　Phrase

□ the contents of the box（箱の中身）

□ interest rate（金利、利率）
□ the public interest（公共の利益）

□ live broadcast（生放送）

□ a fountain in the park（公園内の噴水）

□ have an impact on ~（~に影響を与える）
□ on impact（衝撃の弾みで、衝撃で）

□ a lawn mower（芝刈り機）

□ take medicine（薬を飲む）
□ a student of medicine（医学生）

□ her response to the question（その質問への彼女の返答）
□ an angry response（怒りの反応）

Check 3　Sentence 》MP3-014

□ The contents of the book were not so interesting.（その本の内容はそれほど面白くなかった）

□ I have been paying 2.5 percent interest on the home loan.（私は住宅ローンに2.5パーセントの利息を払っている）

□ There is a broadcast of an important soccer match tonight.（今夜、大切なサッカーの試合の放送がある）

□ The children are playing in the water fountain.（噴水の水の中で子どもたちが遊んでいる）

□ Air pollution is having a significant impact on public health.（大気汚染は人々の健康に重大な影響を及ぼしている）

□ The man is mowing the lawn.（男性は芝生を刈っている）

□ Medicine must be kept out of children's reach.（薬は子どもの手の届かない所に保管されなければならない）

□ I wrote to him but haven't gotten a response yet.（私は彼に手紙を書いたが、まだ返答をもらっていない）

CHAPTER 2
CHAPTER 3
CHAPTER 4
CHAPTER 5
CHAPTER 6
CHAPTER 7
CHAPTER 8
CHAPTER 9
CHAPTER 10
CHAPTER 11

continued ▼

Check 1　Chants))) MP3-013

□ 0105
study
/stʌ́di/
❶定義注意
Part 4

名❶(〜の)**研究**、調査(of [into] 〜)(≒research)　❷勉強、学習
▶ 動 〜を研究[調査]する、〜を勉強する

□ 0106
distance
/dístəns/
Part 7

名❶(〜からの/…の間の)**距離**、間隔(from 〜/between …)　❷遠方
▶ 形distant：❶(〜から)遠い、離れた(from 〜)　❷(態度が)よそよそしい、冷ややかな

□ 0107
lack
/lǽk/
Part 5, 6

名(〜の)**不足**、欠如(of 〜)(≒shortage, absence)
動(必要なもの)を欠いている

□ 0108
means
/mí:nz/
Part 5, 6

名(〜の)**手段**、方法(of 〜)(≒method)

□ 0109
research
/rí:sə:rtʃ/
❶アクセント注意
Part 5, 6

名(〜についての)**研究**、調査(into [on] 〜)(≒study)
動(/risə́:rtʃ/)〜を研究[調査]する
▶ 名researcher：研究者、調査員

□ 0110
box office
Part 4

名(劇場などの)**切符売り場**

□ 0111
career
/kəríər/
❶アクセント注意
Part 7

名❶**職業**(≒job, profession, occupation)　❷経歴

□ 0112
dentist
/déntist/
Part 1

名**歯医者**、歯科医
形dental：歯[歯科]の

Day 6))) MP3-011
Quick Review
答えは右ページ下

□ 食堂 □ 尊敬 □ 提案 □ 方法
□ 欠員 □ 口座 □ 懸念 □ 実績
□ 契約 □ 従業員 □ 対策 □ 割引
□ 機関 □ 材料 □ 製品 □ 株

Check 2　Phrase

☐ make [conduct, carry out] a study(研究[調査]を行う)
☐ the study of literature(文学の研究)

☐ the distance between Tokyo and Osaka(東京・大阪間の距離)
☐ in the distance(遠方に[の])

☐ lack of food(食料不足)

☐ means of communication(通信手段)
☐ by means of ~(~[の手段]によって、~を使って)

☐ research and development(研究開発)
☐ research into the causes of AIDS(エイズの原因についての研究)

☐ wait in line at the box office(切符売り場に並んで待つ)

☐ career change(転職)
☐ a career as a lawyer(弁護士としての経歴)

☐ go to the dentist(歯医者に行く)

Check 3　Sentence))) MP3-014

☐ The study shows a link between carbon dioxide emissions and global warming.(その研究は二酸化炭素の排出と地球温暖化の関連性を示している)

☐ He lives within walking distance of his office.(彼は職場へ歩いて行ける距離に住んでいる)

☐ He didn't get the job because of his lack of experience in the field.(その分野での経験不足のため、彼はその職を得られなかった)

☐ I use a bicycle as my primary means of transportation.(私は主な交通手段として自転車を使っている)

☐ She has been doing research for her thesis.(彼女は論文の調べ物を続けている)

☐ Tickets for the concert are available at the box office, by phone, and online.(そのコンサートのチケットは、切符売り場、電話、そしてオンラインで入手できる)

☐ I'm interested in a career in banking.(私は銀行の仕事に興味を持っている)

☐ The dentist is treating the woman.(歯医者は女性を治療している)

CHAPTER 1
CHAPTER 2
CHAPTER 3
CHAPTER 4
CHAPTER 5
CHAPTER 6
CHAPTER 7
CHAPTER 8
CHAPTER 9
CHAPTER 10
CHAPTER 11

Day 6))) MP3-011
Quick Review
答えは左ページ下

☐ cafeteria
☐ respect
☐ suggestion
☐ method

☐ opening
☐ account
☐ concern
☐ performance

☐ agreement
☐ employee
☐ measure
☐ discount

☐ institution
☐ material
☐ product
☐ stock

Check 1   Chants 》MP3-015

□ 0113
security
/sikjúərəti/
❶定義注意
Part 4

名❶**警備**、防護　❷**安全**　❸(～ies)有価証券
形secure：❶安全な　❷確実な
動secure：❶～を確保する　❷～を(…から)守る(from . . .)
副securely：しっかりと、安全に

□ 0114
duty
/djúːti/
Part 5, 6

名❶(通例～ies)**職務**　❷(～する)義務(to do)(≒obligation)　❸(しばしば～ies)関税

□ 0115
influence
/ínfluəns/
❶アクセント注意
Part 5, 6

名(～への)**影響**(on ～)(≒effect, impact)
動～に(間接的な)影響を及ぼす
形influential：影響力の大きい

□ 0116
chemical
/kémikəl/
Part 7

名**化学物質**[製品、薬品]
形化学の
名chemistry：化学
名chemist：化学者

□ 0117
government
/gʌ́vərnmənt/
Part 5, 6

名**政府**
動govern：～を統治する、治める
名governor：知事

□ 0118
industry
/índəstri/
❶アクセント注意
Part 2, 3

名**産業**、(産業各部門の)～業
形industrial：産業[工業]の
形industrious：勤勉な

□ 0119
organization
/ɔ̀ːrgənizéiʃən/　⎙/ɔ̀ːrgənaizéiʃən/
❶発音注意
Part 4

名**組織**(体)、団体
動organize：❶(催しなど)を計画[準備]する　❷(団体など)を組織する

□ 0120
reward
/riwɔ́ːrd/
Part 2, 3

名❶(～に対する)**報酬**、ほうび(for ～)　❷(～に対する)報奨金(for ～)
動(reward A with Bで)AにBで報いる
形rewarding：価値がある、やりがいのある

continued
▼

見出し番号0119の🄘マークはイギリス英語の発音のこと。チャンツで初めに読まれるアメリカ英語との違いをチェックしておこう。

☐ 聞くだけモード　Check 1
☐ しっかりモード　Check 1 ▶ 2
☐ かんぺきモード　Check 1 ▶ 2 ▶ 3

CHAPTER
1

CHAPTER
2

CHAPTER
3

CHAPTER
4

CHAPTER
5

CHAPTER
6

CHAPTER
7

CHAPTER
8

CHAPTER
9

CHAPTER
10

CHAPTER
11

Check 2　Phrase

Check 3　Sentence 》MP3-016

☐ security **personnel**(警備員)
☐ security **measures**(安全対策)

☐ **Airport** security **has been increased worldwide.**(世界中で空港の警備が強化されている)

☐ household **duties**(家事)
☐ do one's **duty**(義務を果たす)

☐ **One of your** duties **is answering the phone.**(あなたの職務の1つは、電話に出ることだ)

☐ **have an** influence **on** ~(~に影響を与える)

☐ **Some people argue that video games have a negative** influence **on children.**(テレビゲームは子どもたちに悪影響を及ぼすと主張する人もいる)

☐ a toxic chemical(有害[有毒]化学物質)

☐ Chemicals **are widely used in farming.**(化学物質は農業で広く使われている)

☐ the French [Japanese] government(フランス[日本]政府)

☐ **It is said that the new** government **will raise the consumption tax.**(新しい政府は消費税を引き上げるといわれている)

☐ a growth industry(成長産業)
☐ the steel industry(鉄鋼業)

☐ **Mr. Suzuki has an extensive background in the pharmaceutical** industry.(スズキさんは製薬業界での幅広い経歴がある)

☐ a non-profit organization(非営利団体=NPO)

☐ **Good communication is essential in a large** organization.(大きな組織では十分なコミュニケーションが必要不可欠だ)

☐ **in** reward **for** ~(~の報酬として、~に報いて)
☐ a reward **for information**(情報に対する報奨金)

☐ **He was given a $400** reward **for his work.**(彼は彼の仕事に対して400ドルの報酬を与えられた)

continued
▼

Check 1　　Chants ») MP3-015

☐ 0121
arrival
/əráivəl/
Part 4

图(〜への)**到着**(at [in] 〜)(⇔departure)
動arrive：(〜に)到着する(at [in] 〜)

☐ 0122
baggage
/bǽgidʒ/
Part 5, 6

图(集合的に)(旅行用の)**手荷物**(≒luggage)

☐ 0123
condition
/kəndíʃən/
Part 7

图❶(通例〜s)(〜の)(必要)**条件**(of [for] 〜)(≒term)
❷(〜s)状況、事情、状態(≒state, situation)
動❶〜をよい状態にする　❷〜を(…するように)慣らす
(to do)

☐ 0124
management
/mǽnidʒmənt/
Part 4

图❶(集合的に)**経営陣**、経営者側　❷管理、経営
動manage：❶〜を管理[経営]する　❷(manage to doで)
どうにか[何とか]〜する、うまく[首尾よく]〜する
图manager：経営[管理、責任]者、(会社の)部長、課長

☐ 0125
production
/prədʌ́kʃən/
Part 2, 3

图**生産**(⇔consumption：消費)、製造、生産高
動produce：〜を生産[製造]する
图produce：(集合的に)農産物、野菜と果物
图product：製品
形productive：❶生産力のある　❷生産的な

☐ 0126
deal
/díːl/
Part 7

图(商品などの)**商取引**、契約(on 〜)
動❶(deal inで)〜を売買する　❷(deal withで)(問題な
ど)を処理する、〜を取り扱う
图dealer：販売店[人]

☐ 0127
saving
/séiviŋ/
❶定義注意
Part 5, 6

图❶(〜s)**貯金**、蓄えた金　❷節約
動save：❶(金)を蓄える、(save A for Bで) A(金など)を
Bのために取っておく　❷(費用など)を節約する　❸(デー
タ)を保存する　❹〜を救う

☐ 0128
announcement
/ənáunsmənt/
Part 2, 3

图(〜についての)**発表**、公表(about [of, on] 〜)(≒state-
ment)
動announce：〜を公表[発表、公示、公告]する

Day 7 ») MP3-013
Quick Review
答えは右ページ下

☐ 内容
☐ 利息
☐ 放送
☐ 噴水

☐ 影響
☐ 芝生
☐ 薬
☐ 返答

☐ 研究
☐ 距離
☐ 不足
☐ 手段

☐ 研究
☐ 切符売り場
☐ 職業
☐ 歯医者

□ her arrival in Tokyo(東京への彼女の到着)
□ on arrival(到着次第、着くとすぐ)

□ The arrival of Flight 107 was delayed by one hour.(107便の到着は1時間遅れた)

□ excess baggage(超過手荷物)

□ My baggage is too heavy to lift.(私の手荷物は重すぎて持ち上げられない)

□ working conditions(労働条件)
□ living conditions(生活状況)

□ Under the conditions of the contract, the work must be completed by the end of the year.(契約の条件では、その仕事は年末までに終えなければならない)

□ labor and management(労働者と経営者、労使)
□ personnel management(人事管理)

□ The management finally accepted the union's demands.(経営陣は労働組合の要求をようやく受け入れた)

□ go into production(生産に入る、生産される)
□ be in production(生産されている)

□ Farm production decreased by 8 percent last year.(農業生産は昨年8パーセント減少した)

□ make [cut, strike] a deal with ~(~と取引する、~と契約を結ぶ)

□ The deal went through without any problems.(その取引は何の問題もなくまとまった)

□ life savings(老後の蓄え)
□ a saving of time [energy](時間[エネルギー]の節約)

□ I have savings of 10 million yen in the bank.(私は銀行に1000万円の貯金がある)

□ make an announcement(発表をする)
□ the announcement of the decision(決定についての公表)

□ I have an important announcement to make.(大切な発表があります)

Day 7 ») MP3-013
Quick Review
答えは左ページ下

□ content
□ interest
□ broadcast
□ fountain
□ impact
□ lawn
□ medicine
□ response
□ study
□ distance
□ lack
□ means
□ research
□ box office
□ career
□ dentist

Day 9 名詞9

☐ 0129
appeal
/əpíːl/
Part 4

② ❶(〜を求める)**訴え**、嘆願(for 〜)(≒petition) ❷(〜に対する)魅力、人気(for 〜) ❸(〜への)上訴(to 〜)
⑩ ❶(appeal toで)〜の気に入る、〜の興味をそそる ❷(appeal to A for Bで)AにB(助けなど)を求める
⑱appealing：魅力的な

☐ 0130
client
/kláiənt/
Part 2, 3

② (弁護士・建築家などの)**顧客**、依頼人、取引[得意]先 ➕ 商店などの「顧客」はcustomer

☐ 0131
distribution
/dìstrəbjúːʃən/
Part 5, 6

② ❶**分配**、配給、(商品の)流通 ❷(動植物などの)分布
⑩distribute：〜を(…に)配給[分配]する(to . . .)
②distributor：販売代理店、卸売業者、配給[流通]業者

☐ 0132
education
/èdʒukéiʃən/
Part 7

② **教育**(≒teaching, learning)
⑩educate：〜を教育する
⑱educational：教育(上)の
⑱educated：教養のある

☐ 0133
form
/fɔ́ːrm/
Part 7

② ❶(公式文書などの)**用紙** ❷コンディション、健康状態(≒condition) ❸形、形状(≒shape)
⑩ ❶〜を設立する(≒set up, establish) ❷〜を形成する(≒make)

☐ 0134
improvement
/imprúːvmənt/
Part 5, 6

② (〜の点での)**改善**、改良、向上(in 〜)
⑩improve：❶(〜の点で)よくなる、好転する、向上する(in 〜) ❷〜を向上させる、〜を改善[改良]する

☐ 0135
leave
/líːv/
❶定義注意
Part 7

② **休暇**
⑩ ❶(〜へ向かって)出発する、去る(for 〜) ❷(場所)を去る、離れる

☐ 0136
result
/rizʌ́lt/
Part 5, 6

② ❶(〜の)**結果**(of 〜)(≒effect, outcome, consequence)(⇔cause：原因) ❷(〜s)成果
⑩ ❶(result fromで)〜に起因[由来]する ❷(result inで)〜という結果になる

continued
▼

46 ▸ 47

同意語・類義語(≒)や反意語・反対語(⇔)もチェックしてる? 余裕があれば確認して、語彙の数を積極的に増やしていこう。

□ 聞くだけモード　Check 1
□ しっかりモード　Check 1 ▶ 2
□ かんぺきモード　Check 1 ▶ 2 ▶ 3

CHAPTER 1
CHAPTER 2
CHAPTER 3
CHAPTER 4
CHAPTER 5
CHAPTER 6
CHAPTER 7
CHAPTER 8
CHAPTER 9
CHAPTER 10
CHAPTER 11

Check 2　Phrase

□ an urgent appeal for food(食料を求める差し迫った訴え)
□ have wide appeal(幅広い人気がある)

□ a client company(取引[得意]先の会社)

□ distribution of wealth(富の分配)
□ population distribution(人口分布)

□ elementary [secondary] education(初等[中等]教育)
□ get [receive] an education(教育を受ける)

□ an application form(申込用紙)
□ be in great form(絶好調である)

□ improvement in quality(品質の改善)
□ show some improvement(ある程度の改善を示す)

□ sick leave(病気休暇)

□ as a result of ~(~の結果として)
□ get results(成果を挙げる)

Check 3　Sentence 》MP3-018

□ The Chinese government made an appeal for emergency assistance after the earthquake.(中国政府は地震後、緊急援助を訴えた)

□ I have an important meeting with my client today.(私は今日、顧客との重要な会議がある)

□ The company is looking for better distribution channels for its products.(その会社は製品のよりよい流通経路を探している)

□ Education is a right for all.(教育はすべての人の権利だ)

□ Don't forget to fill out this form.(この用紙に必要事項を記入するのを忘れないでください)

□ There is still room for improvement in this area.(この分野にはまだ改善の余地がある)

□ Few men take child-care leave in Japan.(日本では育児休暇を取る男性はほとんどいない)

□ He is anxious about the result of the employment exam.(彼は採用試験の結果を心配している)

continued
▼

Check 1　　Chants ») MP3-017

□ 0137
value
/vǽljuː/
Part 5, 6

名❶**価値**(≒worth)　❷価格
動～を高く評価する、尊重する
形valuable：❶(～のために／…にとって)貴重な(for ～/to . . .)　❷高価な
名valuable：(通例～s)貴重品

□ 0138
environment
/inváiərənmənt/
❶アクセント注意
Part 4

名❶(the ～)**自然環境**　❷環境、周囲の状況(≒surrounding)
形environmental：環境(上)の、周囲の

□ 0139
possibility
/pὰsəbíləti/
Part 5, 6

名(～の)**可能性**(of ～)(≒chance, likelihood, probability)(⇔impossibility)
形possible：❶可能な　❷起こり得る、あり得る
副possibly：❶ひょっとして　❷(canを伴って)何とかして

□ 0140
progress
/prάgres/
❶アクセント注意
Part 5, 6

名❶**進歩**、発達(≒development, advance)　❷進展
動(/prəgrés/)❶(～まで)進歩する(to ～)　❷前進する

□ 0141
stair
/stέər/
Part 1

名❶(～s)**階段**(≒staircase, stairway)　❷(階段の)段(≒step)

□ 0142
ability
/əbíləti/
Part 7

名(～する)**能力**、才能(to do)(≒talent)(⇔inability)
形able：(be able to doで)～することができる、～する能力がある
動enable：(enable A to doで)Aに～できるようにする

□ 0143
aircraft
/έərkræft/
Part 1

名**航空機**(≒airplane, plane)

□ 0144
fair
/fέər/
❶定義注意
Part 2, 3

名❶**見本市**、博覧会(≒exposition)　❷品評会
形公平[公正]な

Day 8 ») MP3-015
Quick Review
答えは右ページ下

□警備　□職務　□影響　□化学物質
□政府　□産業　□組織　□報酬
□到着　□手荷物　□条件　□経営陣
□生産　□商取引　□貯金　□発表

Check 2　Phrase

□ increase [decrease] in value
（価値が上がる［下がる］）
□ market value（市場価格）

□ protect the environment（自然環境を保護する）
□ the work environment（職場環境）

□ a strong [distinct] possibility
（高い可能性）
□ the possibility of an earthquake（地震の可能性）

□ make progress（進歩［進展］する）
□ the progress of technology
（技術の進歩）

□ the bottom [top] of the stairs
（階段の下［上］）
□ the bottom [top] stair（階段の最下段［最上段］）

□ musical ability（音楽の才能）

□ a light aircraft（軽飛行機）

□ a book fair（書籍見本市、ブックフェア）
□ a county fair（郡の農産物・家畜の品評会）

Check 3　Sentence))) MP3-018

□ Children should learn the value of money.（子どもたちはお金の価値を学ぶべきだ）

□ More and more people are concerned about the environment.（自然環境を心配する人々が増えてきている）

□ The possibilities are endless.（可能性は無限大だ）

□ She is making steady progress with her English.（彼女は英語が着実に上達してきている）

□ The woman is climbing up the stairs.（女性は階段を上っている）

□ Students have different levels of ability.（生徒たちの能力の水準は異なっている）

□ The passengers are getting out of the aircraft.（乗客たちは飛行機から降りているところだ）

□ The trade fair will be held in Chicago from January 21 to 24.（貿易見本市が1月21日から24日までシカゴで開催される）

CHAPTER 1
CHAPTER 2
CHAPTER 3
CHAPTER 4
CHAPTER 5
CHAPTER 6
CHAPTER 7
CHAPTER 8
CHAPTER 9
CHAPTER 10
CHAPTER 11

Day 8))) MP3-015
Quick Review
答えは左ページ下

□ security
□ duty
□ influence
□ chemical
□ government
□ industry
□ organization
□ reward
□ arrival
□ baggage
□ condition
□ management
□ production
□ deal
□ saving
□ announcement

Check 1　Chants)) MP3-019

□ 0145
manner
/mǽnər/
❶定義注意
Part 5, 6

名❶(〜の)**やり方**、方法(of 〜)(≒way)　❷(〜s)行儀、作法

□ 0146
press conference
Part 2, 3

名**記者会見**
名press：❶(通例the 〜)報道機関　❷(通例the 〜)(集合的に)新聞、雑誌
名conference：(通例年1回開催の)会議

□ 0147
community
/kəmjúːnəti/
Part 7

名❶(集合的に)**地域住民**　❷地域社会

□ 0148
field
/fíːld/
Part 2, 3

名❶(研究などの)**分野**、領域(≒area)　❷競技場、グラウンド(≒ground)　❸農地、牧草地(≒meadow)

□ 0149
custom
/kʌ́stəm/
❶定義注意
Part 2, 3

名❶(〜s)**税関**、関税　❷(社会の)習慣、風習　➊個人の「習慣」はhabit
形 オーダーメードの、あつらえの
名customer：(商店の)顧客、取引[得意]先

□ 0150
subject
/sʌ́bdʒikt/
Part 4

名❶**主題**、話題、テーマ(≒theme, topic)　❷学科、科目
形 (be subject to で)❶〜に左右される、〜を受けやすい　❷〜に服従している

□ 0151
break
/bréik/
❶定義注意
Part 2, 3

名(仕事の合間の)**休憩**、小休止、(短期間の)休暇
動❶〜を壊す　❷壊れる

□ 0152
cost
/kɔ́ːst/
❶発音注意
Part 7

名❶(しばしば〜s)(必要)**経費**、費用(≒expense)、値段、代価(≒price)　❷(時間などの)犠牲
動 (時間・費用・労力)がかかる

continued
▼

Check 2　Phrase

□ in this manner（このように、こういうふうに）
□ have good manners（行儀がいい）

□ hold a press conference（記者会見を開く）

□ the wider community（広範な地域社会）
□ the farming community（農村社会）

□ the field of education（教育の分野）
□ a soccer field（サッカー場）

□ a customs officer（税関職員、税関吏）
□ an American custom（アメリカの習慣）

□ a subject of debate（議論の主題、議題）
□ one's favorite subject（好きな科目）

□ without a break（休みなく、休憩しないで）
□ a Christmas break（クリスマス休暇）

□ housing costs（住宅費）
□ at the cost of ~（~を犠牲にして）

Check 3　Sentence 》MP3-020

□ He spoke to me in a friendly manner.（彼は親しげに私に話しかけてきた）

□ The press conference will be held at 6 p.m. today.（記者会見は今日の午後6時に開かれる予定だ）

□ A large portion of the community is opposed to this project.（地域住民の大半はその計画に反対している）

□ She is an expert in the field of environmental policy.（彼女は環境政策の分野の専門家だ）

□ I waited over three hours to clear customs.（私は税関を通過するのに3時間以上も待った）

□ Childhood memories are the subject of her novel.（幼少時代の思い出が彼女の小説の主題となっている）

□ You've been working very hard. Why don't you take a break?（働きづめですよね。休憩したらどうですか?）

□ Most companies are trying to cut costs.（ほとんどの会社は経費を削減しようとしている）

CHAPTER 2
CHAPTER 3
CHAPTER 4
CHAPTER 5
CHAPTER 6
CHAPTER 7
CHAPTER 8
CHAPTER 9
CHAPTER 10
CHAPTER 11

continued
▼

Check 1 Chants MP3-019

□ 0153 **development** /divéləpmənt/ ❗アクセント注意 Part 4	名❶**開発** ❷発達、進展(≒progress, advance) 動develop：❶(資源など)を開発する ❷～を発展させる ❸発達する ❹(フィルム)を現像する 名developer：開発者、開発業者
□ 0154 **evidence** /évədəns/ Part 5, 6	名(～の)**証拠**、根拠(of [for] ～)(≒proof) 形evident：明らかな、明白な 副evidently：❶明らかに ❷見たところ～らしい
□ 0155 **furniture** /fə́ːrnitʃər/ Part 2, 3	名(集合的に)**家具** ➕数えるときは、a piece [two pieces] of ～ などを用いる
□ 0156 **illness** /ílnis/ Part 2, 3	名**病気**(≒sickness, disease) 形ill：❶病気の ❷悪い
□ 0157 **package** /pǽkidʒ/ Part 2, 3	名❶**小包**、包み(≒parcel) ❷(食品販売用の)パッケージ、パック(≒packet) 動～を包装[箱詰め]する(≒wrap) 名packaging：包装、梱包
□ 0158 **purpose** /pə́ːrpəs/ Part 4	名**目的**、意図(≒aim, intent, intention)
□ 0159 **relative** /rélətiv/ Part 2, 3	名**親戚**、親類 形❶ある程度の ❷(～に)関連した(to ～) 副relatively：比較的、割合に
□ 0160 **temperature** /témpərətʃər/ Part 4	名❶**温度**、気温 ❷体温

Day 9 MP3-017
Quick Review
答えは右ページ下

□ 訴え □ 顧客 □ 分配 □ 教育
□ 用紙 □ 改善 □ 休暇 □ 結果
□ 価値 □ 自然環境 □ 可能性 □ 進歩
□ 階段 □ 能力 □ 航空機 □ 見本市

CHAPTER 1

CHAPTER 2

CHAPTER 3

CHAPTER 4

CHAPTER 5

CHAPTER 6

CHAPTER 7

CHAPTER 8

CHAPTER 9

CHAPTER 10

CHAPTER 11

Check 2　Phrase

☐ under development（開発中で）
☐ mental and physical development（心身の発達）

☐ new evidence（新たな証拠）
☐ evidence of his guilt（彼が有罪であることの証拠）

☐ kitchen furniture（台所用家具）

☐ mental illness（精神病）

☐ delivery of a package（小包の配達）
☐ a package of cookies（1パックのクッキー）

☐ attain [accomplish, achieve] one's purpose（目的を達成する）

☐ a close relative（近親者）

☐ high [low] temperature（高[低]温）
☐ take her temperature（彼女の体温を測る）

Check 3　Sentence 》MP3-020

☐ A new housing development is under way in a suburb of the city.（新しい住宅開発が市の郊外で進行中だ）

☐ There is ample evidence that climate change is happening.（気候変動が起きているという十分な証拠がある）

☐ We went to the department store to buy several pieces of furniture.（私たちは家具を数点買うためにデパートへ行った）

☐ Because of illness, she missed a whole month of school.（病気のため、彼女は丸1カ月学校を休んだ）

☐ A little package arrived for me today.（私あての小さな小包が今日届いた）

☐ What's the purpose of your visit?（[入国審査で]旅行[入国]の目的は何ですか?）

☐ I have relatives living in Australia.（私にはオーストラリアに住んでいる親戚がいる）

☐ The temperature will rise to 35 degrees Celsius tomorrow.（明日は気温がセ氏35度まで上がるだろう）

Day 9 》MP3-017
Quick Review
答えは左ページ下

☐ appeal
☐ client
☐ distribution
☐ education

☐ form
☐ improvement
☐ leave
☐ result

☐ value
☐ environment
☐ possibility
☐ progress

☐ stair
☐ ability
☐ aircraft
☐ fair

Chapter 1 Review

左ページの(1)〜(20)の名詞の同意・類義語（≒）を右ページのＡ〜Ｔから選び、カッコの中に答えを書き込もう。意味が分からないときは、見出し番号を参照して復習しておこう（答えは右ページ下）。

☐ (1) bill (0001) ≒は? (　　)

☐ (2) appointment (0013) ≒は? (　　)

☐ (3) issue (0019) ≒は? (　　)

☐ (4) department (0020) ≒は? (　　)

☐ (5) range (0034) ≒は? (　　)

☐ (6) proposal (0045) ≒は? (　　)

☐ (7) firm (0050) ≒は? (　　)

☐ (8) detail (0069) ≒は? (　　)

☐ (9) term (0076) ≒は? (　　)

☐ (10) permission (0078) ≒は? (　　)

☐ (11) opening (0085) ≒は? (　　)

☐ (12) concern (0087) ≒は? (　　)

☐ (13) impact (0101) ≒は? (　　)

☐ (14) response (0104) ≒は? (　　)

☐ (15) research (0109) ≒は? (　　)

☐ (16) announcement (0128) ≒は? (　　)

☐ (17) education (0132) ≒は? (　　)

☐ (18) possibility (0139) ≒は? (　　)

☐ (19) manner (0145) ≒は? (　　)

☐ (20) subject (0150) ≒は? (　　)

CHAPTER
1

CHAPTER
2

CHAPTER
3

CHAPTER
4

CHAPTER
5

CHAPTER
6

CHAPTER
7

CHAPTER
8

CHAPTER
9

CHAPTER
10

CHAPTER
11

A. specific

B. chance

C. section

D. company

E. effect

F. check

G. teaching

H. consent

I. suggestion

J. study

K. scope

L. theme

M. anxiety

N. engagement

O. statement

P. condition

Q. vacancy

R. way

S. problem

T. answer

【解答】 (1) F (2) N (3) S (4) C (5) K (6) I (7) D (8) A (9) P (10) H
(11) Q (12) M (13) E (14) T (15) J (16) O (17) G (18) B (19) R (20) L

CHAPTER 2

動詞：超必修112

Chapter 2では、TOEIC「超必修」の動詞112を身につけていきます。Chapter 1を終え、学習のペースもだいぶつかめてきたのでは？「600点突破」を目指して、このペースをキープしていきましょう。

TOEIC的格言

Haste makes wastes.

急いては事をし損じる。
[直訳] 急ぐことは無駄を生み出す。

CHAPTER 1
CHAPTER 2
CHAPTER 3
CHAPTER 4
CHAPTER 5
CHAPTER 6
CHAPTER 7
CHAPTER 8
CHAPTER 9
CHAPTER 10
CHAPTER 11

Check 1   Chants ») MP3-021

□ 0161
feature
/fíːtʃər/
❶定義注意
Part 2, 3

> 動 〜を呼び物[目玉]にする、〜を特集する
> 名 ❶特徴(≒ characteristic) ❷特集記事

□ 0162
review
/rivjúː/
Part 1

> 動 ❶〜を見直す、再調査[検討]する ❷〜を復習する ❸〜を批評する
> 名 ❶再調査 ❷復習 ❸批評

□ 0163
transfer
/trǽnsfər/ ⚡/trænsféːr/
❶アクセント注意
Part 2, 3

> 動 ❶〜を(…に)転任させる(to . . .) ❷〜を(…に)移す(to . . .) ❸(データ)を転送する
> 名 (/trǽnsfər/)❶転任、移動 ❷転送

□ 0164
accept
/æksépt/
Part 2, 3

> 動 ❶〜を受け入れる、引き受ける、受諾する(⇔reject, decline) ❷〜を受け取る
> 名 acceptance : (〜の)受け入れ、受諾(of 〜) ❷容認
> 形 acceptable : (〜にとって)受け入れられる、満足できる(to 〜)

□ 0165
complete
/kəmplíːt/
Part 5, 6

> 動 〜を完成させる(≒ finish, finalize)
> 形 ❶完全な(≒ absolute, total) ❷全部の
> 副 completely : 完全に、すっかり

□ 0166
load
/lóud/
Part 1

> 動 〜を(…に)積む、積み込む(into [onto] . . .)、〜に(…を)積む、積め込む(with . . .)(⇔unload)
> 名 積み荷

□ 0167
address
/ədrés/
❶定義注意
Part 1

> 動 ❶(聴衆など)に演説する ❷〜に話しかける ❸(課題など)に取り組む
> 名 ❶住所 ❷演説

□ 0168
approve
/əprúːv/
Part 7

> 動 ❶〜を承認[是認]する ❷(approve ofで)〜に賛成する
> 名 approval : (〜に対する)承認、賛成、認可(for 〜)

continued
▼

58 ▸ 59

Chapter 2では、7日をかけて「超必修」の動詞112をチェック。まずはチャンツを聞いて、単語を「耳」からインプット！

☐ 聞くだけモード　Check 1
☐ しっかりモード　Check 1 ▶ 2
☐ かんぺきモード　Check 1 ▶ 2 ▶ 3

CHAPTER 1
CHAPTER 2
CHAPTER 3
CHAPTER 4
CHAPTER 5
CHAPTER 6
CHAPTER 7
CHAPTER 8
CHAPTER 9
CHAPTER 10
CHAPTER 11

Check 2　Phrase

☐ an article featuring the presidential candidates（大統領候補者たちを特集した記事）

☐ review the draft（草案を見直す）
☐ review today's lesson（今日の授業の復習をする）

☐ transfer him from the head office to a branch in Sendai（彼を本社から仙台支店へ転任させる）
☐ transfer the data（データを転送する）

☐ accept his offer（彼の申し出を受け入れる）
☐ accept a gift（贈り物を受け取る）

☐ complete one's work（仕事を完了させる）

☐ load the car with camping gear（車にキャンプ用具を積む）

☐ address a crowd（群衆に演説する）
☐ address him politely（彼に丁寧に話しかける）

☐ approve the plan（計画を承認する）
☐ approve of his actions（彼の行動に賛成する）

Check 3　Sentence ⟫ MP3-022

☐ Why don't we go to see the new movie featuring Johnny Depp?（ジョニー・デップが主演の新作映画を見に行きませんか?）

☐ The man is reviewing the documents.（男性は書類を見直している）

☐ Mr. Murakami was transferred from Tokyo to Nagoya last month.（ムラカミさんは先月、東京から名古屋へ転任した）

☐ Mr. Williams accepted the job of advertising manager.（ウィリアムズ氏は広告部長の仕事を引き受けた）

☐ She took three years to complete the book.（彼女はその本を書き上げるのに3年をかけた）

☐ They are loading furniture onto the truck.（彼らはトラックに家具を積み込んでいる）

☐ The man is addressing the audience.（男性は聴衆に演説をしている）

☐ The board of directors approved the annual budget for the coming year.（取締役会は来年の年間予算案を承認した）

continued ▼

Check 1　　Chants ») MP3-021

☐ 0169
delay
/diléi/
Part 4

▶

🔲❶(事が)**～を遅らせる**　❷～を(…まで)延期する
(until . . .)(≒postpone, put off)
🔲❶遅延　❷延期

▶

☐ 0170
conduct
/kəndʌ́kt/
❶アクセント注意
Part 1

▶

🔲(業務など)**を行う**、管理する
🔲(/kándʌkt/)❶行い　❷実施、遂行
🔲conductor：❶(オーケストラの)指揮者　❷(列車の)車掌

▶

☐ 0171
remove
/rimúːv/
Part 1

▶

🔲**～を**(…から)**取り除く**、取り外す(from . . .)(≒take away)
🔲removal：(～からの)除去(from ～)

▶

☐ 0172
hire
/háiər/
Part 7

▶

🔲**～を雇う**(≒employ)(⇔fire, dismiss)

▶

☐ 0173
establish
/istǽbliʃ/
Part 4

▶

🔲**～を設立[創立]する**、～を樹立する(≒found, set up)
🔲establishment：❶(会社・病院・学校などの)社会的機関、公共施設　❷設立　❸(通例the E～)(既成の)体制、権力機構

▶

☐ 0174
handle
/hǽndl/
❶定義注意
Part 5, 6

▶

🔲❶(問題など)**を扱う**、処理する(≒process, deal with, cope with, attend to)　❷～に手を触れる
🔲取っ手
🔲handling：❶(商品などの)取り扱い、出荷　❷(問題などへの)対応、対処(of ～)

☐ 0175
pour
/pɔ́ːr/
❶発音注意
Part 1

▶

🔲**～を**(…へ)**つぐ**、注ぐ(into . . .)

▶

☐ 0176
accompany
/əkʌ́mpəni/
Part 5, 6

▶

🔲❶**～に同行する**、～と一緒に行く　➕他動詞なので、(×)accompany withのように後ろに前置詞withはつかない　❷(事が)～に付随する、伴って起こる

▶

| Day 10 ») MP3-019 Quick Review 答えは右ページ下 | ☐ やり方 ☐ 記者会見 ☐ 地域住民 ☐ 分野 | ☐ 税関 ☐ 主題 ☐ 休憩 ☐ 経費 | ☐ 開発 ☐ 証拠 ☐ 家具 ☐ 病気 | ☐ 小包 ☐ 目的 ☐ 親戚 ☐ 温度 |

| Check 2 | Phrase | Check 3 | Sentence) MP3-022 |

CHAPTER 1

CHAPTER 2

CHAPTER 3

CHAPTER 4

CHAPTER 5

CHAPTER 6

CHAPTER 7

CHAPTER 8

CHAPTER 9

CHAPTER 10

CHAPTER 11

□ delay her arrival(彼女の到着を遅らせる)
□ delay the meeting until next week(会議を来週まで延期する)

□ Flight 103 will be delayed due to bad weather.(103便は悪天候のため遅れる予定だ)

□ conduct a survey(調査を行う)

□ The woman is conducting an experiment.(女性は実験を行っている)

□ remove mud from a car(泥を車から取り除く)

□ She is removing the dishes from the table.(彼女は皿をテーブルから片づけている)

□ hire her as a secretary(彼女を秘書として雇う)

□ The company is planning to hire 200 new employees next year.(その会社は来年、200人の新入社員の採用を計画している)

□ establish a republic(共和国を樹立する)

□ Our company was established in 1967.(私たちの会社は1967年に設立された)

□ handle a problem(問題を処理する)
□ handle the exhibits(展示物に手を触れる)

□ In the workshop, they learned how to handle angry customers.(彼らは研修会で、怒っている客への対処法を学んだ)

□ pour water into a bucket(水をバケツに注ぐ)

□ The waiter is pouring wine into a glass.(ウエーターはグラスにワインをついでいる)

□ accompany guests to the door(客を玄関まで送って行く)
□ headaches accompanied by fever(熱を伴う頭痛)

□ Children under 8 must be accompanied by an adult to the concert.(そのコンサートへは、8歳未満の子どもは大人が同行しなければならない)

Day 10) MP3-019
Quick Review
答えは左ページ下

□ manner
□ press conference
□ community
□ field

□ custom
□ subject
□ break
□ cost

□ development
□ evidence
□ furniture
□ illness

□ package
□ purpose
□ relative
□ temperature

Day 12   動詞2

□ 0177
divide
/diváid/
Part 5, 6

動❶〜を(…に)**分ける**、分割する(into [in] . . .) ❷〜を(…の間で)分配する、割り振る(between [among] . . .) ❸(〜に)分かれる(into 〜)
名division：❶(会社などの)部局、部門 ❷分割

□ 0178
board
/bɔ́ːrd/
Part 1

動(飛行機など)**に乗り込む**
名❶役員会、委員会 ❷掲示板 ❸板

□ 0179
confirm
/kənfɔ́ːrm/
Part 2, 3

動❶〜を確認[確証]**する**、〜を裏づける ❷(決意など)を強める
名confirmation：(〜の)確認(of 〜)、確認書

□ 0180
deliver
/dilívər/
Part 4

動❶〜を(…に)**配達する**(to . . .) ❷(意見など)を述べる、(講演など)をする
名delivery：配達

□ 0181
recognize
/rékəgnàiz/
❶アクセント注意
Part 2, 3

動❶〜を見分ける、識別する ❷(recognize A as B で)AをBだと認める
名recognition：❶(〜という)認識、評価(that節 〜) ❷承認、認可

□ 0182
explore
/iksplɔ́ːr/
Part 2, 3

動❶〜を**探検する** ❷〜を調査[探求]する(≒examine)
名exploration：❶探査、探検 ❷(〜の)調査、探求(into 〜)

□ 0183
operate
/ápərèit/
Part 1

動❶〜を**操作する** ❷〜を経営する(≒run) ❸作動する(≒work)
名operation：❶営業、操業、事業 ❷(〜の)手術(on 〜) ❸(機械などの)操作
名operator：❶運転手 ❷(電話の)交換手、オペレーター

□ 0184
reflect
/riflékt/
Part 1

動❶〜を**映す**、反映する ❷〜を反射する ❸(reflect on で)〜を熟考[思案]する(≒consider)
名reflection：❶(鏡・水面などに)映った姿[像、影] ❷(〜についての)考え、意見(on 〜)

continued
▼

1つの単語には1つの品詞の用法しかないとは限らない。複数の品詞の用法がある場合には、その意味もなるべく確認しておこう。

□ 聞くだけモード　Check 1
□ しっかりモード　Check 1 ▶ 2
□ かんぺきモード　Check 1 ▶ 2 ▶ 3

CHAPTER 1
CHAPTER 2
CHAPTER 3
CHAPTER 4
CHAPTER 5
CHAPTER 6
CHAPTER 7
CHAPTER 8
CHAPTER 9
CHAPTER 10
CHAPTER 11

Check 2　Phrase

□ divide the students into four groups(生徒たちを4グループに分ける)
□ divide $100 among the four of us(100ドルを私たち4人で分ける)

□ board a plane(飛行機に乗り込む)

□ evidence confirming his story(彼の話を裏づける証拠)
□ confirm one's resolution(決意を強める)

□ deliver a pizza to a customer(ピザを客に配達する)
□ deliver a speech(スピーチをする)

□ recognize the difference(違いを見分ける)
□ recognize her as the best pianist(彼女を最高のピアニストだと認める)

□ explore a deserted island(無人島を探検する)
□ explore a problem(問題を調査する)

□ operate a computer(コンピューターを操作する)
□ operate three restaurants(レストランを3軒経営する)

□ reflect public opinion(世論を反映する)
□ reflect light(光を反射する)

Check 3　Sentence 》MP3-024

□ Germany was divided into two countries after World War II.(第2次世界大戦後、ドイツは2つの国に分割された)

□ People are boarding the train.(人々は列車に乗り込もうとしている)

□ I called the hotel to confirm my reservation.(私は予約を確認するためそのホテルに電話した)

□ The package was delivered on time.(その小包は時間通りに配達された)

□ As we hadn't seen each other for 30 years, I didn't recognize him right away.(お互いに30年間も会っていなかったので、すぐに彼だと分からなかった)

□ You can enjoy exploring the beauty of nature on this tour.(このツアーでは自然美の探索が楽しめる)

□ The construction worker is operating the bulldozer.(建設作業員はブルドーザーを操作している)

□ The mountain is reflected in the water of the lake.(山が湖面に映っている)

continued
▼

Check 1　Chants))) MP3-023

□ 0185
reject
/ridʒékt/
❶アクセント注意
Part 4

動 ~を拒絶する、断る(≒refuse, decline, turn down)(⇔accept：~を受け入れる)
名(/ríːdʒekt/)不良品
名rejection：拒絶、却下

□ 0186
replace
/ripléis/
Part 2, 3

動❶~を(…と)取り換える(with …)　❷(…として)~に取って代わる、~の後任になる(as …)(≒take the place of)
名replacement：❶(~の)後任者、取り換え品(for ~)　❷返却

□ 0187
sign
/sáin/
Part 2, 3

動❶(書類)に署名する、(名前)をサインする　❷(sign up forで)~に申し込む、~に参加する
名❶兆候　❷標識
名signature：署名、サイン

□ 0188
sweep
/swíːp/
Part 1

動 ~を掃除する、掃く

□ 0189
attend
/əténd/
Part 5, 6

動 ~に出席する
名attendance：(~への)出席、出席者数(at ~)
名attendee：出席[参加]者

□ 0190
reduce
/ridjúːs/
Part 5, 6

動 ~を減らす、削減する、減少させる(≒decrease, lower)(⇔increase)
名reduction：削減、減少

□ 0191
serve
/sə́ːrv/
❶定義注意
Part 4

動❶(人)に食事を出す、(食事)を出す　❷(食事が)~人分である　❸~に仕える　❹(~として)役立つ(as ~)
名service：❶(~への)貢献、奉仕(to ~)　❷接客、サービス

□ 0192
hold
/hóuld/
❶定義注意
Part 2, 3

動❶(会など)を催す、行う　❷電話を切らずに待つ　❸~を持っている、握っている

Day 11))) MP3-021
Quick Review
答えは右ページ下

□ ~を呼び物にする　□ ~を完成させる　□ ~を遅らせる　□ ~を設立する
□ ~を見直す　□ ~を積む　□ ~を行う　□ ~を扱う
□ ~を転任させる　□ ~に演説する　□ ~を取り除く　□ ~をつぐ
□ ~を受け入れる　□ ~を承認する　□ ~を雇う　□ ~に同行する

Check 2　Phrase

Check 3　Sentence))) MP3-024

□ reject **an offer**(申し出を断る)

▶ □ **He flatly** rejected **my advice.**(彼は私の助言をきっぱりと断った)

□ replace **the broken glass**(割れたガラスを取り換える)
□ replace **Mr. Smith as chairman**(スミス氏に代わって議長になる)

□ **We** replaced **the old curtains with new ones.**(私たちは古いカーテンを新しいものに取り換えた)

□ sign **a check**(小切手に署名する)
□ sign **up for yoga classes**(ヨガ教室に参加する)

▶ □ **She** signed **her name at the end of the letter.**(彼女は手紙の最後に自分の名前をサインした)

□ sweep **the floor**(床を掃除する)

▶ □ **The man is** sweeping **the road.**(男性は道路を清掃している)

□ attend **classes**(授業に出席する)

▶ □ **More than 200 people** attended **the annual conference.**(200人を超える人々が年次会議に出席した)

□ reduce **population growth**(人口増加を抑える)

▶ □ **Employee layoffs will** reduce **costs in the short term.**(従業員の解雇は短期的には経費を削減するだろう)

□ serve **the guests**(客に食事を出す)
□ serve **a meal**(食事を出す)

▶ □ **Dinner is** served **in the dining hall from 6 to 9 p.m.**(夕食は午後6時から9時まで大食堂で出される)

□ hold **a meeting**(会議を開く)
□ hold **a baby in one's arms**(赤ん坊を抱く)

▶ □ **The election will be** held **next month.**(来月、選挙が行われる予定だ)

Day 11))) MP3-021
Quick Review
答えは左ページ下

□ feature
□ review
□ transfer
□ accept

□ complete
□ load
□ address
□ approve

□ delay
□ conduct
□ remove
□ hire

□ establish
□ handle
□ pour
□ accompany

CHAPTER 1
CHAPTER 2
CHAPTER 3
CHAPTER 4
CHAPTER 5
CHAPTER 6
CHAPTER 7
CHAPTER 8
CHAPTER 9
CHAPTER 10
CHAPTER 11

Day 13 動詞3

Check 1　Chants 》MP3-025

□ 0193 **process** /práses/ Part 2, 3	動❶**～を処理[整理]する**(≒handle, deal with, cope with, attend to)　❷(食品)を加工する 名過程、工程
□ 0194 **seek** /síːk/ Part 4	動❶**～を得ようとする**、探し求める　❷(seek to doで)～しようと努める(≒try to do)
□ 0195 **last** /lǽst/ ❶定義注意 Part 4	動❶**続く**、継続する(≒continue)　❷長持ちする 形❶この前の、昨～、先～(⇔next)　❷(the ～)最後の(⇔first) 形lasting：長持ちする、耐久力のある
□ 0196 **claim** /kléim/ Part 2, 3	動❶**～だと主張[断言]する**(≒maintain)、(claim to doで)～すると主張する　❷～を要求する 名❶主張　❷要求
□ 0197 **cause** /kɔ́ːz/ Part 5, 6	動 **～を引き起こす**、～の原因となる(≒induce) 名❶原因(⇔effect：結果)　❷根拠
□ 0198 **recommend** /rèkəménd/ ❶アクセント注意 Part 2, 3	動❶**～を(…に)推薦する**(to . . .)　❷～を勧める、(recommend doingで)～することを勧める 名recommendation：❶推薦　❷推薦状　❸勧告、助言
□ 0199 **repair** /ripéər/ Part 1	動 **～を修理[修繕]する**(≒fix, mend, renovate) 名修理
□ 0200 **charge** /tʃáːrdʒ/ Part 5, 6	動(…の)(代金)**を請求する**(for . . .) 名❶料金　❷責任　❸(～に対する)告発(against ～)

continued ▼

「声を出しながら」音声を聞いてる？　えっ、恥ずかしい?!　恥ずかしがっていては「話せる」ようにはならないよ！　ガンバって！

☐ 聞くだけモード　Check 1
☐ しっかりモード　Check 1 ▶ 2
☐ かんぺきモード　Check 1 ▶ 2 ▶ 3

CHAPTER 1
CHAPTER 2
CHAPTER 3
CHAPTER 4
CHAPTER 5
CHAPTER 6
CHAPTER 7
CHAPTER 8
CHAPTER 9
CHAPTER 10
CHAPTER 11

Check 2　Phrase

☐ process **orders**(注文を処理する)
☐ processed **foods**(加工食品)

☐ seek **advice [help]**(助言[助け]を求める)
☐ seek **to gather information**(情報を集めようと努める)

☐ last **until September**(9月まで続く)
☐ last **for eight hours**([電池などが]8時間持つ)

☐ claim **to be innocent**(無罪であると主張する)
☐ claim **damages**(損害賠償金を要求する)

☐ cause **a problem**(問題を引き起こす)

☐ recommend **the novel to her**(その小説を彼女に薦める)
☐ recommend **regular exercise**(定期的な運動を勧める)

☐ repair **a broken camera**(壊れたカメラを修理する)

☐ charge **him $10 for the book**(彼にその本の代金10ドルを請求する)

Check 3　Sentence ⟩ MP3-026

☐ It will take a couple of weeks to process your mortgage application.(あなたの住宅ローンの申請を処理するのに2、3週間かかる)

☐ He has been seeking a job for the past two months.(彼はこの2カ月間、職探しをしている)

☐ The drought lasted for eight months.(その干ばつは8カ月間続いた)

☐ The suspect claims that he was in a different place when the theft occurred.(窃盗事件が起きた時、自分はほかの場所にいたとその容疑者は主張している)

☐ The hurricane caused nearly $400 million in damage in the United States.(そのハリケーンはアメリカで4億ドル近くの被害をもたらした)

☐ Can you recommend a good restaurant around here?(この辺りにお薦めのよいレストランはありますか?)

☐ He is repairing the car.(彼は車を修理している)

☐ You will be charged $60 for a 10-year adult passport.(あなたは10年間の成人用パスポート代金として60ドルを請求されるだろう)

continued
▼

Check 1　　Chants))) MP3-025

□ 0201
remain
/riméin/
Part 5, 6

動❶(依然として)〜のままである　❷(ある場所に)とどまる
名残り(物)

□ 0202
ship
/ʃíp/
❶定義注意
Part 4

動(商品)を発送[出荷]する、〜を輸送する
名船
名shipment：❶出荷、発送　❷積み荷、発送品
名shipping：発送、出荷

□ 0203
arrange
/əréindʒ/
Part 1

動❶〜をきちんと並べる、整頓する　❷〜の準備[手配]をする
名arrangement：❶(通例〜s)(〜の)手配、準備(for 〜)　❷打ち合わせ、協定　❸配列

□ 0204
contact
/kántækt/
Part 5, 6

動〜に連絡する、〜と連絡を取る　❹他動詞なので、(×)contact toのように後ろに前置詞toはつかない
名❶(〜との)連絡、関係(with 〜)　❷接触

□ 0205
face
/féis/
❶定義注意
Part 1

動❶〜と向き合う、(部屋などが)〜に面している　❷(困難など)に直面する
名❶顔　❷(物の)表面

□ 0206
examine
/igzǽmin/
❶定義注意
Part 1

動❶〜を診察する　❷(…を求めて)〜を調査する(for . . .)(≒inspect, investigate)
名examination：❶調査、検討　❷試験

□ 0207
expect
/ikspékt/
Part 2, 3

動❶〜を期待する、〜を予期[予想]する　❷(expect A to doで)Aが〜するだろうと思う　❸(expect to doで)〜すると思っている、〜するつもりである
名expectation：期待、予想

□ 0208
book
/búk/
❶定義注意
Part 2, 3

動〜を予約する(≒reserve)
名本

Day 12))) MP3-023
Quick Review
答えは右ページ下

□ 〜を分ける
□ 〜に乗り込む
□ 〜を確認する
□ 〜を配達する

□ 〜を見分ける
□ 〜を探検する
□ 〜を操作する
□ 〜を映す

□ 〜を拒絶する
□ 〜を取り換える
□ 〜に署名する
□ 〜を掃除する

□ 〜に出席する
□ 〜を減らす
□ 〜に食事を出す
□ 〜を催す

Check 2　Phrase

CHAPTER
1

CHAPTER
2

CHAPTER
3

CHAPTER
4

CHAPTER
5

CHAPTER
6

CHAPTER
7

CHAPTER
8

CHAPTER
9

CHAPTER
10

CHAPTER
11

□ remain single(独身のままでいる)
□ remain behind(居残る)

□ ship goods by sea(船便で商品を発送する)

□ arrange chairs(いすをきちんと並べる)
□ arrange a meeting(会議の手配をする)

□ contact her by phone(彼女に電話で連絡する)

□ face south(南に面している)
□ face a challenge(難問に直面する)

□ examine her eyes(彼女の目を診察する)
□ examine the house for fingerprints(指紋を求めてその家を調査する)

□ expect good results(好成績を期待する)
□ expect her to come(彼女が来るだろうと思う)

□ book a seat on a plane(飛行機の座席を予約する)

Check 3　Sentence)) MP3-026

□ Highway 61 remains closed due to flooding.(61号線は洪水のため閉鎖されたままである)

□ A replacement will be shipped to the customer at no extra charge.(取り換え品は追加料金なしで顧客に発送される)

□ They are arranging the books on the shelves.(彼らは本棚の本を整頓している)

□ If you have any questions, please contact me by e-mail.(何か質問がありましたら、電子メールで私にご連絡ください)

□ Both speakers are facing each other.(両方の演説者は互いに向かい合っている)

□ The doctor is examining the patient.(医者は患者を診察している)

□ Light rain is expected today in Sendai.(今日、仙台では小雨が予想されている)

□ Have you already booked your accommodation?(宿泊先はもう予約しましたか?)

Day 12)) MP3-023
Quick Review
答えは左ページ下

□ divide
□ board
□ confirm
□ deliver

□ recognize
□ explore
□ operate
□ reflect

□ reject
□ replace
□ sign
□ sweep

□ attend
□ reduce
□ serve
□ hold

Check 1　Chants 》 MP3-027

□ 0209
publish
/pʌ́bliʃ/
Part 4

動❶〜を出版[発行]**する**　❷〜を発表[公表]する
名publication：❶出版、発行　❷出版物　❸発表、公表
名publisher：出版社、発行者[元]
名publishing：出版(業)

□ 0210
weigh
/wéi/
❶発音注意
Part 2, 3

動❶**〜の重さを量る**　❷〜の重さがある
名weight：❶体重、重さ　❷重要さ、影響力、重み

□ 0211
gather
/gǽðər/
Part 7

動❶**集まる**　❷〜を集める(≒collect)　❸〜だと推測する
名gathering：集会、集まり、会合

□ 0212
increase
/inkríːs/
❶アクセント注意
Part 2, 3

動❶**増加する**(≒rise)　❷〜を増やす(⇔decrease)
名(/ínkriːs/)増加

□ 0213
plant
/plǽnt/
Part 1

動 **〜を植える**
名❶(通例複合語で)工場　❷施設　❸植物
名plantation：(大規模な)農場、農園

□ 0214
state
/stéit/
Part 4

動 **〜をはっきり[正式に]述べる**、明言する
名❶状態(≒condition, situation)　❷国家　❸州
名statement：❶報告書、明細書、計算書　❷(〜に関する／…という)声明(書)(about 〜/that節 ...)

□ 0215
share
/ʃéər/
Part 4

動 **〜を(…と)共有する**(with ...)
名❶(〜s)株、株式　❷市場占有率　❸分け前

□ 0216
deserve
/dizə́ːrv/
Part 5, 6

動 (賞罰など)**に値する**、〜を受けるに足る(≒merit)

continued
▼

今日で『キクタンTOEIC L&Rテスト SCORE 600』はようやく5分の1が終了。先はまだまだ長いけど、このペースで頑張っていこう！

☐ 聞くだけモード　Check 1
☐ しっかりモード　Check 1 ▶ 2
☐ かんぺきモード　Check 1 ▶ 2 ▶ 3

CHAPTER 1

CHAPTER 2

CHAPTER 3

CHAPTER 4

CHAPTER 5

CHAPTER 6

CHAPTER 7

CHAPTER 8

CHAPTER 9

CHAPTER 10

CHAPTER 11

Check 2　Phrase

☐ publish textbooks（教科書を出版する）
☐ publish unemployment figures（失業者数を発表する）

☐ weigh oneself on the scales（はかりで体重を量る）
☐ weigh 20 kilograms（20キログラムの重さがある）

☐ gather to attend the funeral（葬儀に出席するために集まる）
☐ gather information（情報を集める）

☐ increase in number [value]（数[価値]が増す）
☐ increase productivity（生産力を上げる）

☐ plant trees in the park（公園に木を植える）

☐ state one's opinion（自分の意見をはっきり述べる）

☐ share a room with a roommate（ルームメイトと部屋を共有する）

☐ deserve a punishment（罰に値する）
☐ deserve consideration（検討に値する）

Check 3　Sentence ♪ MP3-028

☐ He was only 25 when his first novel was published.（彼の最初の小説が出版された時、彼はわずか25歳だった）

☐ Your luggage must be weighed prior to boarding.（搭乗前にあなたの手荷物の重さを量る必要がある）

☐ Thousands of demonstrators gathered in front of Parliament House.（何千人ものデモ参加者たちが国会議事堂の前に集まった）

☐ The demand for oil is increasing in China.（石油の需要が中国では増加している）

☐ The woman is planting flowers in the garden.（女性は庭に花を植えている）

☐ The president has stated that he is opposed to the bill.（大統領はその法案に反対だと明言している）

☐ Sharing information is important to the success of the company.（情報を共有することは会社の成功にとって重要だ）

☐ His efforts deserve praise.（彼の努力は称賛に値する）

continued ▼

Check 1　Chants ») MP3-027

□ 0217
mention
/ménʃən/
Part 4

⬛ **〜に言及する**(≒refer to)、(出来事など)を(…に)言う(to . . .)
❷言及

□ 0218
reschedule
/riːskédʒuːl/　⊿/riːʃédjuːl/
❶発音注意
Part 2, 3

⬛ **〜の予定[日程]を**(…に)**変更する**(for [to] . . .)

□ 0219
decrease
/dikríːs/
❶アクセント注意
Part 7

⬛ ❶(徐々に)**減少する**　❷〜を減少させる(≒reduce, lower)(⇔increase)
❷(/díːkriːs/)(〜の)減少(in 〜)

□ 0220
offer
/ɔ́ːfər/
❶アクセント注意
Part 4

⬛ ❶**〜を申し出る**、提供する　❷(offer to doで)〜しようと申し出る
❷(〜の/…しようという)申し出、提案(of 〜/to do)

□ 0221
propose
/prəpóuz/
Part 5, 6

⬛ ❶**〜を提案する**(≒suggest)　❷(propose doing [to do]で)〜しようと提案する　❸(propose toで)〜に結婚を申し込む
❷proposal：❶(〜しようという)提案(to do)、(〜の)計画(for 〜)　❷結婚の申し込み

□ 0222
require
/rikwáiər/
Part 5, 6

⬛ ❶**〜を必要とする**(≒need)　❷〜を要求する(≒demand)　❸(require A to doで)Aに〜するよう要求する、命ずる
❷requirement：❶(〜の)必要条件、資格(for 〜)　❷必要な物、必需品

□ 0223
vote
/vóut/
Part 4

⬛ ❶(〜に賛成の/…に反対の)**投票をする**(for 〜/against . . .)　❷〜に投票する
❷投票
❷voter：❶投票者　❷有権者

□ 0224
reserve
/rizɔ́ːrv/
Part 2, 3

⬛ ❶**〜を予約する**(≒book)　❷(reserve A for Bで)AをBのために取っておく
❷❶(〜の)蓄え(of 〜)(≒store)　❷遠慮
❷reservation：❶(ホテルなどの)予約　❷(野生動物などの)保護区　❸(〜についての)懸念(about 〜)

| Day 13 ») MP3-025 Quick Review 答えは右ページ下 | □ 〜を処理する □ 〜を得ようとする □ 続く □ 〜だと主張する | □ 〜を引き起こす □ 〜を推薦する □ 〜を修理する □ 〜を請求する | □ 〜のままである □ 〜を発送する □ 〜をきちんと並べる □ 〜に連絡する | □ 〜と向き合う □ 〜を診察する □ 〜を期待する □ 〜を予約する |

CHAPTER
1

CHAPTER
2

CHAPTER
3

CHAPTER
4

CHAPTER
5

CHAPTER
6

CHAPTER
7

CHAPTER
8

CHAPTER
9

CHAPTER
10

CHAPTER
11

Check 2　Phrase

☐ as mentioned above [before] (前述の通り、既に述べたように)

☐ reschedule the appointment for another day (面会の約束の予定を別の日に変更する)

☐ decrease in number (数が減る)
☐ decrease violent crime (凶悪犯罪を減少させる)

☐ offer assistance (援助を申し出る)
☐ offer to help her (彼女を手伝おうと申し出る)

☐ propose a plan (計画を提案する)
☐ propose to close the factory (その工場を閉鎖しようと提案する)

☐ require prior approval (事前承認を必要とする)
☐ a required subject (必修科目)

☐ vote for the bill (その法案に賛成の投票をする)
☐ vote Republican [Democrat] (共和党[民主党]に投票する)

☐ reserve plane tickets (航空券を予約する)
☐ reserve seats for guests (席を来賓のために取っておく)

Check 3　Sentence 》 MP3-028

☐ Don't mention this to her. (このことは彼女には言わないでください)

☐ The conference was rescheduled for April 2. (その会議の日程は4月2日に変更された)

☐ Sales in Europe decreased last quarter. (前四半期に、ヨーロッパでの売上高は減少した)

☐ He was offered a job at the company, but he turned it down. (彼はその会社での仕事をオファーされたが断った)

☐ He proposed several dates for the next meeting. (彼は次の会議の日取りをいくつか提案した)

☐ The job requires computer skills. (その仕事にはコンピューターの操作技術が必要とされる)

☐ We are going to vote on the proposal at the meeting tomorrow. (私たちは明日の会議で、その提案について投票する予定だ)

☐ He reserved a double room at the hotel. (彼はそのホテルのダブルルームを予約した)

☐ process
☐ seek
☐ last
☐ claim
☐ cause
☐ recommend
☐ repair
☐ charge
☐ remain
☐ ship
☐ arrange
☐ contact
☐ face
☐ examine
☐ expect
☐ book

Check 1　Chants))) MP3-029

□ 0225
empty
/émpti/
❶定義注意
Part 1

動 (容器など)**を空にする**、の中身を取り出す
形❶空の　❷(家などが)人の住んでいない

□ 0226
invent
/invént/
Part 4

動 **～を発明[考案]する**(≒ originate)
名 invention：発明、発明品

□ 0227
wave
/wéiv/
❶定義注意
Part 1

動 (～に)**手を振ってあいさつ[合図]する**(at [to] ～)
名 波

□ 0228
adopt
/ədápt/
Part 2, 3

動❶(技術など)**を採用[採択]する**　❷～を可決する
❸～を養子にする
名 adoption：❶養子縁組　❷採用、採択

□ 0229
possess
/pəzés/
❶発音注意
Part 5, 6

動 **～を所有する**、持っている(≒ have, own)
名 possession：❶(通例～s)所有物、財産　❷所有、所持

□ 0230
place
/pléis/
❶定義注意
Part 2, 3

動❶(注文)**を出す**　❷～を置く
名❶場所(≒ location, position)　❷店　❸家　❹地位

□ 0231
contain
/kəntéin/
Part 7

動❶**～を含む**(≒ include)　❷(通例否定語を伴って)(感情など)を抑える
名 container：❶容器、入れ物　❷(貨物用)コンテナ

□ 0232
identify
/aidéntəfài/
Part 5, 6

動❶**～が誰[何]であるか分かる**　❷(identify A as B)AをBであると確認[認定、特定]する
名 identification：❶身分証明(書)　❷身元確認
名 identity：❶身元、正体　❷同一性、アイデンティティー

continued
▼

Quick Reviewは使ってる？ 昨日覚えた単語でも、記憶に残っているとは限らない。学習の合間に軽くチェックするだけでも効果は抜群！

□ 聞くだけモード　Check 1
□ しっかりモード　Check 1 ▶ 2
□ かんぺきモード　Check 1 ▶ 2 ▶ 3

CHAPTER
1

CHAPTER
2

CHAPTER
3

CHAPTER
4

CHAPTER
5

CHAPTER
6

CHAPTER
7

CHAPTER
8

CHAPTER
9

CHAPTER
10

CHAPTER
11

Check 2　Phrase

□ empty one's pockets（ポケットの中身を出す）

□ invent a new technique（新しい技術を発明する）

□ wave at [to] him（彼に手を振ってあいさつする）

□ adopt a new policy（新しい政策[方針]を採用する）
□ adopt a new law（新しい法律を採択する）

□ possess weapons（武器を所有する）

□ place an order（注文を出す）
□ place a vase on the table（テーブルの上に花瓶を置く）

□ contain a lot of vitamins（多くのビタミンを含む）
□ can't contain one's emotions（感情を抑えることができない）

□ identify handwriting（筆跡を鑑定する）
□ identify him as the robber（彼をその強盗だと特定する）

Check 3　Sentence 》MP3-030

□ The woman is emptying the dishwasher.（女性は食器洗い機の中身を取り出している）

□ Edison invented the light bulb.（エジソンは電球を発明した）

□ The man is waving at the crowd.（男性は群衆に手を振ってあいさつしている）

□ The UN adopted the Universal Declaration of Human Rights in 1948.（国連は1948年に世界人権宣言を採択した）

□ The man possesses a large fortune.（その男性は莫大な財産を所有している）

□ I placed the order for the new sofa a week ago.（私は1週間前に新しいソファを注文した）

□ This product contains no artificial colors or flavors.（この製品には人工着色料や香味料が含まれていない）

□ A new-born baby can identify its mother by her voice and smell.（新生児は声やにおいで母親が誰だか分かる）

continued ▼

Check 1　Chants 》MP3-029

□ 0233
note
/nóut/
❶定義注意
Part 5, 6

▶ 動❶〜ということに気をつける、気づく(≒notice)　❷〜を書き留める
名❶メモ　❷注釈
形notable：(〜で)注目すべき、有名な(for 〜)
副notably：❶特に　❷著しく、明白に

□ 0234
prevent
/privént/
Part 5, 6

▶ 動❶(事故など)を防ぐ　❷(prevent A from doingで)Aが〜するのを妨げる
名prevention：(〜の)予防、防止(of 〜)
形preventive：予防の

□ 0235
develop
/divéləp/
Part 5, 6

▶ 動❶(資源など)を開発する　❷〜を発展させる　❸発達する　❹(フィルム)を現像する
名development：❶開発　❷発達、進展
名developer：開発者、開発業者

□ 0236
improve
/imprú:v/
Part 4

▶ 動❶(〜の点で)よくなる、好転する、向上する(in〜)　❷〜を向上させる、〜を改善[改良]する
名improvement：(〜の点での)改善、改良、向上(in 〜)

□ 0237
post
/póust/
❶定義注意
Part 1

▶ 動❶(ビラなど)を(…に)貼る(on . . .)　❷(手紙など)を投函[郵送]する　❸(インターネットなどに)〜を載せる
名❶柱　❷職、地位　❸郵便
名postage：郵便料金
形postal：郵便(局)の

□ 0238
avoid
/əvóid/
Part 4

▶ 動❶〜を避ける　❷(avoid doingで)〜することを避ける、〜しないようにする
名avoidance：避けること、回避

□ 0239
observe
/əbzə́:rv/
Part 2, 3

▶ 動❶〜を観察[観測]する　❷(法律など)を守る(≒follow)(⇔violate)　❸〜に気がつく
名observation：観察、観察力
名observance：❶(法律などの)順守(of 〜)　❷祝うこと
名observatory：観測所、気象台

□ 0240
stress
/strés/
❶定義注意
Part 4

▶ 動〜を強調[力説]する(≒emphasize)
名❶緊張、ストレス　❷強調

Check 2 Phrase

□ **Please note that ~.**(〜ということにご注意ください)
□ **note his number**(彼の電話番号を書き留める)

□ **prevent injuries**(けがを防ぐ)
□ **prevent him from going**(彼を行かせないようにする)

□ **develop the natural resources**(天然資源を開発する)
□ **develop the country**(国を発展させる)

□ **improve in quality**(品質がよくなる)
□ **improve security**(安全性を高める)

□ **post election posters on the wall**(壁に選挙ポスターを貼る)
□ **post a letter**(手紙を出す)

□ **avoid a debate**(議論を避ける)
□ **avoid taking salty food**(塩辛い食べ物を取るのを避ける)

□ **observe the atmosphere**(大気を観測する)
□ **observe laws**(法律を守る)

□ **stress the need for ~**(〜の必要性を強調する)

Check 3 Sentence ») MP3-030

□ **Please note that the museum is closed on Tuesdays.**(当博物館は毎週火曜日が休館であることにご注意ください)

□ **We must take every step to prevent war.**(私たちは戦争を防ぐためにあらゆる処置を講じなければならない)

□ **It takes three to five years to develop a new car.**(新車を開発するには3年から5年かかる)

□ **The economy is improving gradually.**(景気は次第によくなってきている)

□ **The woman is posting a notice on the bulletin board.**(女性は掲示板にビラを貼っている)

□ **The doctor advised me to avoid heavy exercise.**(医者は私に激しい運動を避けるように忠告した)

□ **It's not easy to observe the stars in urban areas.**(都市部で星を観察するのは簡単ではない)

□ **The management stressed the importance of restructuring.**(経営陣はリストラの重要性を強調した)

Day 14 ») MP3-027
Quick Review
答えは左ページ下

□ publish   □ plant   □ mention   □ propose
□ weigh   □ state   □ reschedule □ require
□ gather   □ share   □ decrease   □ vote
□ increase   □ deserve   □ offer   □ reserve

CHAPTER 1
CHAPTER 2
CHAPTER 3
CHAPTER 4
CHAPTER 5
CHAPTER 6
CHAPTER 7
CHAPTER 8
CHAPTER 9
CHAPTER 10
CHAPTER 11

Day 16　動詞6

Check 1　Chants 》MP3-031

□ 0241
achieve
/ətʃíːv/
Part 5, 6

▶ 　動(目的など)**を達成する**、成し遂げる(≒accomplish, attain)
名achievement：❶業績　❷達成

□ 0242
determine
/ditə́ːrmin/
❶アクセント注意
Part 5, 6

▶ 　動❶(原因など)**を明らかにする**、特定する　❷〜を決定する　❸(be determined to doで)〜することを決心している
名determination：❶(〜しようという)決心(to do)　❷(物事の)決定

□ 0243
prove
/prúːv/
❶発音注意
Part 5, 6

▶ 　動❶**〜を証明**[立証]**する**(≒demonstrate)(⇔disprove：〜の誤りを立証する)　❷(prove to beで)〜であると判明する
名proof：❶(〜の)証拠(of 〜)　❷証拠品　❸(通例〜s)校正刷り

□ 0244
announce
/ənáuns/
Part 4

▶ 　動**〜を公表**[発表、公示、公告]**する**
名announcement：(〜についての)公表、発表(about [of, on] 〜)

□ 0245
approach
/əpróutʃ/
Part 5, 6

▶ 　動❶**〜に近づく**　❶他動詞なので、(×)approach toのように後ろに前置詞toはつかない　❷(問題など)に取り組む(≒tackle)
名(問題などへの)研究方法、取り組み(to 〜)

□ 0246
attract
/ətrǽkt/
Part 5, 6

▶ 　動❶**〜を**(…に)**引きつける**(to . . .)　❷〜を魅惑する
名attraction：❶名所、見どころ、アトラクション　❷魅力
形attractive：魅力的な、人を引きつける

□ 0247
hang
/hǽŋ/
Part 1

▶ 　動**〜を**(…に)**つるす**、掛ける(on [to] . . .)

□ 0248
refuse
/rifjúːz/
❶発音注意
Part 5, 6

▶ 　動❶**〜を断る**(≒reject, decline, turn down)(⇔accept)　❷(refuse to doで)〜することを拒む
名(/réfjuːs/)くず、がらくた(≒garbage, trash, litter)
名refusal：(〜することの)拒絶、拒否(to do)

continued
▼

見出し語の派生語もチェックしてる？ 同義[類義]語、反意[反対]語に加えて派生語も押さえれば、語彙力はトリプルアップ！

□ 聞くだけモード　Check 1
□ しっかりモード　Check 1 ▶ 2
□ かんぺきモード　Check 1 ▶ 2 ▶ 3

CHAPTER 1
CHAPTER 2
CHAPTER 3
CHAPTER 4
CHAPTER 5
CHAPTER 6
CHAPTER 7
CHAPTER 8
CHAPTER 9
CHAPTER 10
CHAPTER 11

Check 2　Phrase

Check 3　Sentence 》 MP3-032

□ achieve one's goal（目標を達成する）

□ The company expects to achieve its sales targets this year.（その会社は今年、売上目標を達成すると予想している）

□ determine the cause of ~（~の原因を明らかにする）
□ determine the date of ~（~の日取りを決める）

□ Investigators have determined that the cause of the fire was arson.（捜査官たちは、火事の原因は放火であると特定した）

□ prove her innocence（彼女の無実を証明する）
□ prove to be difficult（難しいと分かる）

□ It was proved that he had nothing to do with the incident.（彼がその事件と関係がないことが証明された）

□ announce a marriage（結婚を公表する）

□ The company announced a plan to close two of its factories.（その会社は同社の工場の2つを閉鎖する計画を発表した）

□ approach her（彼女に近づく）
□ approach the problem（その問題に取り組む）

□ Temperatures could approach 40 degrees Celsius today.（気温は今日、セ氏40度に近づくかもしれない）

□ attract attention（注意を引く）
□ attract customers（客を引きつける）

□ The music festival attracted thousands of people.（その音楽祭は何千人もの人々を引きつけた）

□ hang the washing on the line（洗濯物をロープにつるす）

□ The lamp is hung from the ceiling.（ランプが天井からつるされている）

□ refuse his invitation（彼の招待を断る）
□ refuse to work overtime（残業することを拒む）

□ The offer was too good to refuse.（その申し出は断れないほどいいものだった）

continued ▼

Check 1　　Chants ») MP3-031

□ 0249
store
/stɔ́:r/
❶定義注意
Part 2, 3

▶ 動❶**～をしまい込む**　❷～を(…に備えて)蓄える(for . . .)
名❶(しばしば～s)蓄え(≒reserve)　❷店
名storage：❶貯蔵、保管　❷貯蔵[保管]所

□ 0250
suggest
/səgdʒést/
Part 2, 3

▶ 動❶**～を提案する**(≒propose)　❷～だと示唆する(≒imply, hint)　❸(suggest doingで)～しようと提案する
名suggestion：(～という)提案(that節 ～)

□ 0251
own
/óun/
Part 2, 3

▶ 動**～を所有する**(≒have, possess)
形自分自身の
名owner：所有者

□ 0252
retire
/ritáiər/
Part 2, 3

▶ 動**(～を)退職[引退]する**(from ～)
名retirement：退職、引退
形retired：退職[引退]した
名retiree：退職者

□ 0253
schedule
/skédʒu:l/　⑦/ʃédju:l/
❶定義注意　❶発音注意
Part 2, 3

▶ 動❶**～を**(ある日時に)**予定する**(for . . .)　❷(be scheduled forで)(日時に)予定されている　❸(be scheduled to doで)～する予定である
名予定、計画

□ 0254
include
/inklú:d/
Part 5, 6

▶ 動**～を含む**(≒contain)(⇔exclude：～を除外する)
前including：～を含めて

□ 0255
request
/rikwést/
Part 2, 3

▶ 動❶**～を求める**、要請する(≒ask for)　❷(request A to doで)Aに～するよう要請[懇願]する(≒ask A to do)
名(～の)要請、依頼(for ～)(≒appeal)

□ 0256
earn
/ə́:rn/
Part 5, 6

▶ 動❶**(金など)を稼ぐ**　❷(名声など)を得る
名earning：(～s)所得、収入、(企業の)収益、利益

Day 15 ») MP3-029
Quick Review
答えは右ページ下

- □ ～を空にする
- □ ～を発明する
- □ 手を振ってあいさつする
- □ ～を採用する

- □ ～を所有する
- □ ～を出す
- □ ～を含む
- □ ～が誰であるか分かる

- □ ～ということに気をつける
- □ ～を防ぐ
- □ ～を開発する
- □ よくなる

- □ ～を貼る
- □ ～を避ける
- □ ～を観察する
- □ ～を強調する

Check 2 Phrase

□ store books in a box(本を箱に
しまい込む)
□ store food for the winter(冬に
備えて食料を蓄える)

□ suggest the idea of ~(~とい
う考えを提案する)
□ suggest that there could be life
on Mars(火星の生命存在を示唆する)

□ own a car(車を所有する)

□ retire from teaching(教職を退
く)
□ retire early(早期退職する)

□ schedule a meeting for to-
morrow(会議を明日に予定する)
□ be scheduled for 4 p.m.([会議
などが]午後4時に予定されている)

□ include breakfast and din-
ner([ホテルの料金が]朝食と夕食を含ん
でいる)

□ request permission(許可を要
請する)
□ request her to help(彼女に手伝
ってくれるよう要請する)

□ earn wages(賃金を得る)
□ earn a reputation for hon-
esty(正直との評判を得る)

Check 3 Sentence 》MP3-032

□ Please store your luggage in the
overhead compartments or under-
neath the seats in front of you.(手荷物
は荷物入れか、前の座席の下におしまいください)

□ He suggested the plan to his
boss.(彼は上司にその計画を提案した)

□ The land is owned by the city.(その
土地は市が所有している)

□ My father retired last year.(私の父は
昨年退職した)

□ The annual stockholders' meet-
ing is scheduled for April 22.(年次株
主総会は4月22日に予定されている)

□ The price includes consumption
tax.(その価格には消費税が含まれている)

□ I requested information about the
MBA program.(私はそのMBA課程に関する
情報を求めた)

□ James earned $70,000 last year.
(ジェームズは昨年、7万ドルを稼いだ)

CHAPTER 1
CHAPTER 2
CHAPTER 3
CHAPTER 4
CHAPTER 5
CHAPTER 6
CHAPTER 7
CHAPTER 8
CHAPTER 9
CHAPTER 10
CHAPTER 11

Day 15 》MP3-029
Quick Review
答えは左ページ下

□ empty
□ invent
□ wave
□ adopt

□ possess
□ place
□ contain
□ identify

□ note
□ prevent
□ develop
□ improve

□ post
□ avoid
□ observe
□ stress

Check 1　Chants 》MP3-033

□ 0257
experience
/ikspíəriəns/
❶アクセント注意
Part 5, 6

　動 〜を経験する
　名 経験
▶ 形experienced：(〜の)経験豊かな(in 〜)

□ 0258
host
/hóust/
❶定義注意
Part 4

　動 (会など)**を主催する**、(番組など)の司会をする
　名 ❶(客を接待する)主人役、(番組などの)司会者　❷(a host ofで)多数[大勢]の〜

□ 0259
represent
/rèprizént/
❶アクセント注意
Part 4

　動 ❶(団体など)**を代表する**、〜の代理をする　❷〜を表す、象徴する(≒ stand for, mean)
　名 representation：❶代表　❷表現、描写
　名 representative：❶代表者、代理人　❷(R〜)米国下院議員

□ 0260
attempt
/ətémpt/
Part 2, 3

　動 ❶**〜を試みる**、企てる　❷(attempt to doで)〜しようと試みる(≒ try to do, seek to do)
　名 (〜する)試み、企て(to do [at doing])

□ 0261
grant
/grǽnt/
Part 7

　動 ❶**〜を(…に)与える**、授ける(to . . .)　❷〜を(仮に)認める
▶ 名 交付[補助、奨学]金

□ 0262
explain
/ikspléin/
Part 5, 6

　動 ❶**〜を(…に)説明する**(to . . .)　❷(〜に／…について)説明[弁明]する(to 〜/about . . .)
▶ 名 explanation：(理由などの)説明(for [of] 〜)

□ 0263
release
/rilí:s/
Part 7

　動 ❶(情報など)**を公表[公開]する**、(本など)を発売する　❷〜を(…から)解放する(from . . .)
　名 ❶(映画などの)封切り、(本などの)発売、(情報などの)公開　❷(〜からの)解放(from 〜)

□ 0264
separate
/sépərèit/
❶発音注意
Part 5, 6

　動 ❶**〜を分ける**、引き離す　❷(separate A from Bで)AをBから引き離す、AをBから区別する
　形 (/sépərət/)❶(〜から)離れた(from 〜)　❷別個の
　名 separation：❶分離　❷別離、(夫婦の)別居
　副 separately：別々に

continued
▼

今日でChapter 2は最後！ 時間に余裕があったら、章末のReviewにも挑戦しておこう。忘れてしまった単語も結構あるのでは?!

☐ 聞くだけモード　Check 1
☐ しっかりモード　Check 1 ▶ 2
☐ かんぺきモード　Check 1 ▶ 2 ▶ 3

CHAPTER 1
CHAPTER 2
CHAPTER 3
CHAPTER 4
CHAPTER 5
CHAPTER 6
CHAPTER 7
CHAPTER 8
CHAPTER 9
CHAPTER 10
CHAPTER 11

Check 2　Phrase

Check 3　Sentence 》 MP3-034

☐ experience hardship（苦難を経験する）

☐ Many immigrants experience a sense of isolation.（多くの移民者は孤立感を経験する）

☐ host a dinner（晩さん会を主催する）
☐ host a TV show（テレビ番組の司会をする）

☐ The university will host an open house this weekend.（その大学は今週末に一般公開を開催する予定だ）

☐ represent the defendant（被告人の代理をする）
☐ represent an advance（進歩を示す）

☐ She represented her country at the Olympics.（彼女は国を代表してオリンピックに出場した）

☐ attempt an attack（攻撃を試みる）
☐ attempt to escape（逃亡を試みる）

☐ The baseball player attempted a comeback.（その野球選手は復帰を試みた）

☐ grant a scholarship to a student（学生に奨学金を与える）
☐ grant a request（要請を認める）

☐ She was granted American citizenship last year.（彼女は昨年、アメリカの市民権を与えられた）

☐ explain the rules to him（ルールを彼に説明する）

☐ I explained the plan to her.（私はその計画を彼女に説明した）

☐ release new information（新しい情報を公表する）
☐ release a new album（新しいアルバムを発売する）

☐ The government released a new economic report today.（政府は今日、新しい経済報告を公表した）

☐ separate two fighting dogs（けんかをしている2匹のイヌを引き離す）
☐ separate the good from the bad（いいことと悪いことを区別する）

☐ The students were separated into four groups.（生徒たちは4つのグループに分けられた）

continued
▼

Check 1　　Chants 》MP3-033

□ 0265
solve
/sάlv/
Part 5, 6

動❶(困難など)**を解決する**　❷(問題など)を解く
名solution：❶(〜の)解決策(to [for] 〜)　❷(〜の)解答(to 〜)

□ 0266
customize
/kΛstəmàiz/
Part 7

動**〜を特注で作る**

□ 0267
express
/iksprés/
Part 2, 3

動(思想・感情など)**を表現する**
形❶急行の、高速の　❷速達便の
名expression：❶表現　❷言い回し　❸表情
形expressive：❶表現[表情]に富む　❷(be expressive of で)〜を表現している、示している

□ 0268
forward
/fɔ́ːrwərd/
❶定義注意
Part 2, 3

動❶〜を(…へ)**転送する**(to . . .)　❷(計画など)を促進する
副前方へ

□ 0269
permit
/pərmít/
❶アクセント注意
Part 7

動❶**〜を許可する**、許す(≒allow)(⇔forbid)　❷(permit A to doで)Aに〜することを許す(≒allow A to do)
名(/pɔ́ːrmit/)許可証
名permission：(〜してよいという)許可、承認(to do)

□ 0270
prepare
/pripéər/
Part 4

動❶**〜の用意[準備]をする**　❷(prepare forで)〜に備える、〜に備えて準備する　❸(prepare to doで)〜する準備をする　❹(be prepared to doで)〜する覚悟[用意]ができている
名preparation：(〜の)準備、用意(for [of] 〜)

□ 0271
suit
/súːt/
❶定義注意
Part 2, 3

動❶(服装などが)**〜に似合う**　❷(気候などが)〜に適している
名❶スーツ　❷訴訟
形suitable：(be suitable forで)〜に適している、ふさわしい

□ 0272
cover
/kΛvər/
❶定義注意
Part 5, 6

動❶(費用など)**を賄う**、相殺する　❷〜に保険をかける　❸〜を取材する　❹〜に(…を)かぶせる(with . . .)
名❶カバー　❷保険
名coverage：❶保険保護[担保]、補償範囲　❷報道

Check 2　Phrase

□ solve the crime(犯罪を解決する)
□ solve a crossword puzzle(クロスワードパズルを解く)

□ a customized car(特注で作られた車)

□ express one's views [opinions](意見を述べる)

□ forward the e-mail to him(その電子メールを彼に転送する)
□ forward the plan(その計画を推進する)

□ permit smoking(喫煙を許可する)
□ permit her to go out(彼女に外出を許可する)

□ prepare the meal(食事の用意をする)
□ prepare for the game(試合に備えて準備する)

□ suit her well([服などが]彼女によく似合っている)
□ That suits me fine.(それで結構です)❶提案に対する返事

□ cover the expenses(費用を賄う)
□ be covered against ~([人が]~に保険をかけている)

Check 3　Sentence 》 MP3-034

□ We must cooperate to solve this problem.(私たちはこの問題を解決するために協力しなければならない)

□ He had his computer customized to his needs.(彼は自分の必要に合わせてコンピューターを特注で作ってもらった)

□ His eyes expressed his anger.(彼の目は彼の怒りを表していた)

□ Please forward any mail to my new address.(郵便物を私の新しい住所へ転送してください)

□ Parking is not permitted in this area.(この区域では駐車は許可されていない)

□ I haven't prepared the necessary documents for the meeting yet.(私はその会議に必要な書類をまだ用意していない)

□ That shirt really suits you.(そのシャツは本当にあなたに似合っている)

□ Airlines have raised fares to cover the rising cost of fuel.(上昇する燃料費を賄うため、各航空会社は運賃を上げている)

Day 16 》 MP3-031
Quick Review
答えは左ページ下

□ achieve
□ determine
□ prove
□ announce

□ approach
□ attract
□ hang
□ refuse

□ store
□ suggest
□ own
□ retire

□ schedule
□ include
□ request
□ earn

CHAPTER 1
CHAPTER 2
CHAPTER 3
CHAPTER 4
CHAPTER 5
CHAPTER 6
CHAPTER 7
CHAPTER 8
CHAPTER 9
CHAPTER 10
CHAPTER 11

Chapter 2 Review

左ページの(1)〜(20)の動詞の同意・類義語 [熟語] (≒) を右ページのA〜T
から選び、カッコの中に答えを書き込もう。意味が分からないときは、見出し番
号を参照して復習しておこう（答えは右ページ下）。

☐ (1) complete (0165) ≒は? (　　)

☐ (2) hire (0172) ≒は? (　　)

☐ (3) establish (0173) ≒は? (　　)

☐ (4) handle (0174) ≒は? (　　)

☐ (5) reject (0185) ≒は? (　　)

☐ (6) reduce (0190) ≒は? (　　)

☐ (7) last (0195) ≒は? (　　)

☐ (8) repair (0199) ≒は? (　　)

☐ (9) book (0208) ≒は? (　　)

☐ (10) increase (0212) ≒は? (　　)

☐ (11) deserve (0216) ≒は? (　　)

☐ (12) mention (0217) ≒は? (　　)

☐ (13) require (0222) ≒は? (　　)

☐ (14) possess (0229) ≒は? (　　)

☐ (15) contain (0231) ≒は? (　　)

☐ (16) stress (0240) ≒は? (　　)

☐ (17) achieve (0241) ≒は? (　　)

☐ (18) prove (0243) ≒は? (　　)

☐ (19) request (0255) ≒は? (　　)

☐ (20) permit (0269) ≒は? (　　)

CHAPTER
1

CHAPTER
2

CHAPTER
3

CHAPTER
4

CHAPTER
5

CHAPTER
6

CHAPTER
7

CHAPTER
8

CHAPTER
9

CHAPTER
10

CHAPTER
11

A. merit

B. include

C. refuse

D. found

E. reserve

F. ask for

G. attain

H. finish

I. fix

J. own

K. rise

L. decrease

M. demonstrate

N. employ

O. continue

P. refer to

Q. emphasize

R. deal with

S. allow

T. need

【解答】 (1) H (2) N (3) D (4) R (5) C (6) L (7) O (8) I (9) E (10) K
(11) A (12) P (13) T (14) J (15) B (16) Q (17) G (18) M (19) F (20) S

CHAPTER 3

形容詞：超必修80

Chapter 3では、TOEIC「超必修」の形容詞80を押さえていきます。このChapterが終われば、本書も3週が終了。そして、「超必修」の名詞・動詞・形容詞352が身についたことになります。

TOEIC的格言

There's no pleasure without pain.

苦は楽の種。
[直訳] 苦労なしに喜びはない。

CHAPTER
1

CHAPTER
2

CHAPTER
3

CHAPTER
4

CHAPTER
5

CHAPTER
6

CHAPTER
7

CHAPTER
8

CHAPTER
9

CHAPTER
10

CHAPTER
11

Check 1　Chants))) MP3-035

□ 0273
available
/əvéiləbl/
Part 5, 6

形 ❶**利用できる**、入手できる　❷(人が)会うことができる(≒free)
名 availability：空き状況、入手[利用]の可能性、有用性

□ 0274
previous
/prí:viəs/
❶発音注意
Part 5, 6

形 **以前の**、前の(≒preceding)(⇔following)
副 previously：以前に[は]

□ 0275
various
/véəriəs/
Part 4

形 **さまざまな**、いろいろな
動 vary：❶(〜の点で)異なる(in 〜)　❷変わる　❸〜を変える
名 variety：❶種類　❷多様性

□ 0276
effective
/iféktiv/
Part 5, 6

形 **効果的な**、有効な(⇔ineffective)
名 effect：❶影響、(原因に対する)結果　❷(〜に対する)効果(on [upon] 〜)　❸(〜s)個人資産、身の回り品

□ 0277
individual
/ìndəvídʒuəl/
❶アクセント注意
Part 5, 6

形 ❶**個々の**　❷個人の
名 個人

□ 0278
sufficient
/səfíʃənt/
❶アクセント注意
Part 7

形 (〜に／…するのに)**十分な**、足りる(for 〜/to do)(≒enough)(⇔insufficient)
副 sufficiently：十分に

□ 0279
complex
/kəmpléks/　⟨⟩/kómpleks/
❶アクセント注意
Part 7

形 **複雑な**(≒complicated)(⇔simple)
名 (/kámpleks/)総合ビル

□ 0280
necessary
/nésəsèri/
Part 5, 6

形 (〜のために)**必要な**、なくてはならない(for 〜)(≒essential, indispensable)
名 (通例〜ies)必需[必要]品
名 necessity：❶(しばしば〜ies)必要物　❷必要性
副 necessarily：(否定文で)必ずしも〜ない

continued
▼

Chapter 3では、5日をかけて「超必修」の形容詞80をチェック。まずはチャンツを聞いて、単語を「耳」からインプット！

□ 聞くだけモード　Check 1
□ しっかりモード　Check 1 ▶ 2
□ かんぺきモード　Check 1 ▶ 2 ▶ 3

CHAPTER 1
CHAPTER 2
CHAPTER 3
CHAPTER 4
CHAPTER 5
CHAPTER 6
CHAPTER 7
CHAPTER 8
CHAPTER 9
CHAPTER 10
CHAPTER 11

Check 2　Phrase

Check 3　Sentence 》MP3-036

□ use every available means（利用可能なすべての手段を使う）
□ make oneself available（いつでも応じられるようにしておく）

□ The software is available to anyone for free.（そのソフトウエアは誰でも無料で入手できる）

□ previous experience（以前の経験）

□ The new engine is 12 percent more energy-efficient than the previous one.（新しいエンジンは以前のものより12パーセント燃費効率がいい）

□ various people [opinions]（さまざまな人たち[意見]）

□ Various companies participated in the trade fair.（さまざまな企業がその貿易見本市に参加した）

□ an effective solution（効果的な解決策）

□ The Internet is an effective medium for advertising.（インターネットは効果的な広告媒体だ）

□ each individual person（各個人）
□ individual rights（個人の権利）

□ Each student should be given individual attention.（それぞれの生徒に個別的な配慮がなされるべきだ）

□ sufficient funds（十分な資金）

□ There is sufficient food for everyone.（みんなに十分な量の食べ物がある）

□ a complex issue（複雑な問題）

□ Computers can perform complex calculations.（コンピューターは複雑な計算をすることができる）

□ be necessary for good health（健康に欠かせない）
□ if necessary（必要ならば）

□ She lacks the necessary skills for the job.（彼女はその仕事に必要な技能が不足している）

continued
▼

Check 1　　Chants))) MP3-035

□ 0281
due
/djú:/
Part 2, 3

▶ 形❶**支払期日の来た**、満期の　❷(~する)ことになって(to do)
名(~s)会費
副duly：❶適切に、しかるべく　❷しかるべき時に ▶

□ 0282
temporary
/témpərèri/
Part 5, 6

▶ 形 **一時的な**、臨時の(≒provisional, interim)(⇔perma-nent：永久的な)、つかの間の
副temporarily：一時的に ▶

□ 0283
reasonable
/rí:zənəbl/
Part 7

▶ 形❶**理にかなった**、もっともな(⇔unreasonable)　❷(値段が)手ごろな、相応の(≒affordable)
名reason：❶(~の)理由、訳(for ~)　❷道理、理屈
動reason：~だと判断[推測、推論]する ▶

□ 0284
successful
/səksésfəl/
Part 7

▶ 形 **成功した**
名success：成功
動succeed：(succeed inで)~に成功する ▶

□ 0285
essential
/isénʃəl/
❶アクセント注意
Part 2, 3

▶ 形❶(~にとって)**不可欠の**、極めて重要な(for [to] ~)(≒necessary, indispensable)　❷本質的な(≒funda-mental)
名(~s)必需品 ▶

□ 0286
financial
/fainǽnʃəl/
❶アクセント注意
Part 4

▶ 形❶**財務の**、財政上の、金銭上の　❷金融の
名finance：❶(~s)財源、資金、財務状態　❷財政、財務
動finance：~に資金を供給する ▶

□ 0287
crowded
/kráudid/
Part 1

▶ 形(~で)**混雑した**、満員の(with ~)(⇔empty)
名crowd：群衆、人込み
動crowd：❶(場所)に詰めかける　❷群がる ▶

□ 0288
additional
/ədíʃnl/
Part 5, 6

▶ 形 **追加の**(≒extra)
動add：❶~を(…に)加える(to . . .)　❷~だと言い足す
名addition：❶追加　❷追加分　❸足し算 ▶

Day 17))) MP3-033 **Quick Review** 答えは右ページ下	□ ~を経験する □ ~を主催する □ ~を代表する □ ~を試みる	□ ~を与える □ ~を説明する □ ~を公表する □ ~を分ける	□ ~を解決する □ ~を特注で作る □ ~を表現する □ ~を転送する	□ ~を許可する □ ~の用意をする □ ~に似合う □ ~を賄う

CHAPTER
1

CHAPTER
2

CHAPTER
3

CHAPTER
4

CHAPTER
5

CHAPTER
6

CHAPTER
7

CHAPTER
8

CHAPTER
9

CHAPTER
10

CHAPTER
11

Check 2　Phrase

□ the due date(支払期日、満期日)
□ be due to graduate next year
(来年卒業することになっている)

□ temporary housing(仮設住宅)

□ a reasonable request(妥当な
要求)
□ a reasonable price(手ごろな値
段、適正価格)

□ a successful businessper-
son(成功した実業家)

□ It is essential that ～.(～という
ことが重要だ)
□ the essential difference(本質
的な違い)

□ financial conditions(財務状況)
□ financial services(金融サービ
ス)

□ a crowded room(混雑した部屋)

□ additional information(追加情
報)

Check 3　Sentence 》MP3-036

□ Payment is due upon receipt of
goods.(商品が届き次第、お支払いください)

□ Many companies hire temporary
workers.(多くの企業が臨時労働者を雇用し
ている)

□ We thought that his views were
reasonable.(彼の考えは理にかなったものだ
と私たちは思った)

□ The plan was highly successful.
(その計画は大成功した)

□ Good sleep is essential for your
health.(十分な睡眠は健康にとって不可欠だ)

□ The company is facing financial
difficulties.(その会社は財政難に直面してい
る)

□ The station is crowded with peo-
ple.(駅は人々で混雑している)

□ The company hired additional
staff for a new project.(その会社は新し
いプロジェクトのために社員を追加採用した)

Day 17 》MP3-033
Quick Review
答えは左ページ下

□ experience
□ host
□ represent
□ attempt

□ grant
□ explain
□ release
□ separate

□ solve
□ customize
□ express
□ forward

□ permit
□ prepare
□ suit
□ cover

Check 1　　Chants ◎ MP3-037

□ 0289
local
/lóukəl/
Part 5, 6

形❶**地元の**、現地の(⇔national)　❷各駅停車の(⇔express)
副locally：地元で、現地で

□ 0290
huge
/hjú:dʒ/
Part 4

形**巨大な**、莫大な(≒enormous, immense)(⇔tiny：とても小さい)

□ 0291
former
/fɔ́:rmər/
Part 5, 6

形(時間的に)**前の**、先の、昔の
名(the ～)前者(⇔latter)
副formerly：以前は、昔は

□ 0292
specific
/spisífik/
❶アクセント注意
Part 5, 6

形❶**特定の**　❷明確な　❸(～に)特有[固有]の(to ～)
名(～s)詳細(≒detail)
名specification：(通例～s)仕様書、設計明細書
動specify：～を明確に述べる、明記する、指定する
副specifically：❶はっきりと、明確に　❷特に、とりわけ

□ 0293
valuable
/vǽljuəbl/
Part 7

形❶(～のために／…にとって)**貴重な**(for ～/to . . .)
⊕invaluableは「計り知れないほど貴重な」　❷高価な
名(通例～s)貴重品
名value：❶価値　❷価格
動value：～を高く評価する、尊重する

□ 0294
close
/klóus/
❶発音注意
Part 2, 3

形❶(～に)**近い**(to ～)　❷親密な(≒intimate)　❸(調査などが)綿密な
動(/klóuz/)❶～を閉める　❷閉まる　❸～を終える　❹終わる

□ 0295
original
/ərídʒənl/
Part 4

形❶**最初の**、もともとの　❷独創的な　❸原作の
名(the ～)原物、原作
名origin：❶(～の)起源(of ～)　❷生まれ、血統
名originality：独創性[力]
副originally：❶最初は、初めは　❷出身は

□ 0296
physical
/fízikəl/
Part 2, 3

形❶**身体[肉体]の**(⇔mental)　❷物質[物理]的な
名身体[健康]検査
副physically：❶肉体[身体]的に　❷物理的に

continued
▼

勉強する気分になれないときは、音声を「聞き流す」だけでもOK。家で、車内で、いつでもどこでも語彙に「触れる」時間を作ってみよう。

□ 聞くだけモード　Check 1
□ しっかりモード　Check 1 ▶ 2
□ かんぺきモード　Check 1 ▶ 2 ▶ 3

CHAPTER 1
CHAPTER 2
CHAPTER 3
CHAPTER 4
CHAPTER 5
CHAPTER 6
CHAPTER 7
CHAPTER 8
CHAPTER 9
CHAPTER 10
CHAPTER 11

Check 2　Phrase

Check 3　Sentence ♪ MP3-038

□ local wine（地ワイン、地元のワイン）
□ a local train（普通列車）

▶ □ The car accident was reported in the local newspaper.（その自動車事故は地元の新聞で報道された）

□ a huge shopping center（巨大ショッピングセンター）

▶ □ The company suffered huge losses last year.（その会社は昨年、莫大な損失を被った）

□ the former president（前大統領）

▶ □ Australia is a former British colony.（オーストラリアはイギリスの旧植民地だ）

□ a specific purpose（特定の目的）
□ a specific target（明確な目標）

▶ □ Nuclear plant workers should follow specific safety guidelines.（原子力発電所の作業員は特定の安全指針に従わなければならない）

□ valuable information（貴重な情報）
□ a valuable painting（高価な絵）

▶ □ Nothing is more valuable than our health.（健康よりも貴重なものはない）

□ in close proximity to ~（~のすぐ近くに）
□ a close friend（親友）

▶ □ The company is close to bankruptcy.（その会社は倒産寸前だ）

□ the original budget（当初の予算）
□ an original idea（独創的なアイデア）

▶ □ He is one of the original members of the company.（彼はその会社の最初のメンバーの1人だ）

□ physical exercise（体操）
□ physical chemistry（物理化学）

▶ □ Regular exercise improves both mental and physical fitness.（定期的な運動は精神と身体、両方の健康を向上させる）

continued
▼

Check 1　Chants)) MP3-037

□ 0297
practical
/prǽktikəl/
Part 5, 6

形 ❶**現実**[実際]**的な**(⇔theoretical：理論的な)　❷実用的な(⇔impractical)
名practice：❶習慣、慣例　❷練習　❸実行、実施
動practice：❶〜を習慣的に行う　❷〜を実行する
副practically：❶ほとんど　❷実際的に　❸実質的に

□ 0298
affordable
/əfɔ́ːrdəbl/
Part 4

形 (価格などが)**手ごろな**(≒reasonable)、購入しやすい
動afford：❶(canを伴って)〜を買う[支払う、持つ]余裕がある　❷(afford to doで)(canを伴って)〜する余裕がある

□ 0299
leading
/líːdiŋ/
Part 7

形 **第一流**[一位、一級]**の**、主要な(≒main)
動lead：❶〜を率いる、指揮する　❷〜を導く　❸(ある人生)を送る　❹(lead toで)(ある結果)に至る、つながる
名lead：率先、先導

□ 0300
promising
/prάmisiŋ/
Part 7

形 **前途有望な**、将来性のある
動promise：〜を約束する、(promise to doで)〜すると約束する
名promise：(〜するという)約束(to do)

□ 0301
entire
/intáiər/
Part 5, 6

形 **全体**[全部]**の**(≒whole)(⇔partial：部分的な)
副entirely：全く、完全に

□ 0302
opposite
/άpəzit/
❶アクセント注意
Part 1

形 ❶(〜と)**反対側の**(to 〜)　❷(性質などが)(〜と)正反対の(to [from] 〜)(≒contrary)
前 〜の向こう側に(≒across from)
動oppose：❶〜に反対する　❷〜と敵対する
名opposition：❶反対　❷(集合的に)対戦チーム

□ 0303
obvious
/άbviəs/
❶アクセント注意
Part 7

形 ❶**明らかな**、明白な(≒plain)(⇔obscure：不明瞭な)　❷見え透いた
副obviously：明らかに、言うまでもなく、当然

□ 0304
typical
/típikəl/
❶発音注意
Part 5, 6

形 ❶**典型的な**　❷(be typical ofで)〜に特有である(≒be unique to, be characteristic of, be peculiar to, be proper to)、〜の特徴を示している
名type：❶型　❷典型　❸(集合的に)活字
副typically：❶概して　❷典型的に

Day 18)) MP3-035
Quick Review
答えは右ページ下

□ 利用できる　□ 以前の　□ さまざまな　□ 効果的な
□ 個々の　□ 十分な　□ 複雑な　□ 必要な
□ 支払期日の来た　□ 一時的な　□ 理にかなった　□ 成功した
□ 不可欠の　□ 財務の　□ 混雑した　□ 追加の

CHAPTER
1

CHAPTER
2

CHAPTER
3

CHAPTER
4

CHAPTER
5

CHAPTER
6

CHAPTER
7

CHAPTER
8

CHAPTER
9

CHAPTER
10

CHAPTER
11

Check 2　Phrase

□ practical experience(実際的な経験)
□ practical knowledge(実用的な知識)

□ an affordable car(手ごろな値段の車)

□ a leading scientist(第一流の科学者)
□ the leading candidate(主要候補)

□ a promising career(前途有望なキャリア)

□ the entire day(丸一日)
□ the entire city(市全体)

□ the opposite page(反対側のページ)
□ the opposite sex(異性)

□ an obvious mistake(明らかな間違い)
□ an obvious lie(見え透いたうそ)

□ a typical example(典型例)
□ be typical of the region([動植物などが]その地方に特有である)

Check 3　Sentence ›) MP3-038

□ He gave me some practical advice on finding a job.(彼は職探しについて現実的なアドバイスを私にしてくれた)

□ It is difficult to find affordable housing in the urban area.(都市部で手ごろな値段の家を見つけるのは難しい)

□ Toyota is the leading manufacturer of hybrid cars.(トヨタはハイブリッドカーの第一位のメーカーだ)

□ He is a promising young actor.(彼は前途有望な若手俳優だ)

□ He left his entire estate to his daughter.(彼は全財産を娘に残した)

□ The bus stop is on the opposite side of the street.(バス停は通りの反対側にある)

□ It is obvious that the company is in financial difficulty.(その会社が財政難に陥っていることは明らかだ)

□ Paella is a typical Spanish dish.(パエリアは典型的なスペイン料理だ)

Day 18 ›) MP3-035
Quick Review
答えは左ページ下

□ available
□ previous
□ various
□ effective

□ individual
□ sufficient
□ complex
□ necessary

□ due
□ temporary
□ reasonable
□ successful

□ essential
□ financial
□ crowded
□ additional

Day 20　形容詞3

Check 1　Chants 》MP3-039

□ 0305
common
/kámən/
Part 5, 6

形❶**一般的な** ❷共通[共有]の(⇔personal) ❸よくある、普通の(≒ordinary)(⇔uncommon)
名(通例、市町村の)公園

□ 0306
certain
/sə́:rtn/
❶発音注意
Part 7

形❶**一定**[特定]**の**、ある種の ❷ある程度の ❸(be certain of [about]で)〜を確信している
副certainly：❶確かに、きっと ❷(返答として)もちろん、その通り、承知しました
動ascertain：〜を確かめる

□ 0307
full-time
/fúltáim/
Part 7

形**常勤**[フルタイム]**の**(⇔part-time：非常勤[パートタイム]の)

□ 0308
comfortable
/kʌ́mftəbl/
❶アクセント注意
Part 4

形❶(人が)**くつろいだ**、気楽な ❷(家具・部屋などが)快適な(⇔uncomfortable)
名comfort：❶快適さ、くつろぎ ❷安らぎ、慰め
動comfort：〜を慰める

□ 0309
permanent
/pə́:rmənənt/
Part 5, 6

形❶**永久的な**(⇔temporary：一時的な) ❷常設の、(雇用が)終身の
名パーマ

□ 0310
assistant
/əsístənt/
Part 7

形**補佐**[補助]**の**、副〜
名助手、アシスタント
動assist：〜を助ける
名assistance：援助

□ 0311
dental
/déntl/
Part 2, 3

形**歯**[歯科]**の**
名dentist：歯医者、歯科医

□ 0312
expensive
/ikspénsiv/
Part 2, 3

形**高価な**、値段が高い(≒costly)(⇔cheap, inexpensive)
名expense：❶費用、出費 ❷(〜s)経費

continued
▼

形容詞の役割は、名詞を修飾する「限定用法」と、補語になる「叙述用法」の2つ。それぞれの使われ方をCheck 2, 3で押さえよう。

□ 聞くだけモード　Check 1
□ しっかりモード　Check 1 ▶ 2
□ かんぺきモード　Check 1 ▶ 2 ▶ 3

CHAPTER
1

CHAPTER
2

CHAPTER
3

CHAPTER
4

CHAPTER
5

CHAPTER
6

CHAPTER
7

CHAPTER
8

CHAPTER
9

CHAPTER
10

CHAPTER
11

Check 2　Phrase

Check 3　Sentence ⁍ MP3-040

□ common practice(よくあること、慣習)
□ common interest(共通の利害[利益])

□ A high fever is one of the most common symptoms of influenza.(高熱はインフルエンザの最も一般的な症状の1つだ)

□ a certain amount of work(一定量の仕事)
□ to a certain extent [degree](ある程度まで)

□ The license will be issued if the applicant meets certain conditions.(申請者が一定の条件を満たしている場合にその免許証は交付される)

□ full-time staff(常勤の職員)

□ He managed to get a full-time job.(彼は常勤の仕事をどうにか得た)

□ feel comfortable(気持ちよく感じる)
□ a comfortable chair(座り心地のよいいす)

□ Please make yourself comfortable.(どうぞ楽にしてください)➕招待客への言葉

□ permanent residence status(永住権)
□ permanent employment(終身雇用)

□ He is looking for a permanent place to stay.(彼は永住地を探している)

□ an assistant manager(副支配人)

□ He was promoted to assistant director of finance.(彼は財務部長補佐に昇格した)

□ dental treatment(歯の治療)
□ a dental appointment(歯医者の予約)

□ Do you have any dental problems now?(歯の疾患が現在ありますか?)

□ an expensive restaurant(値段が高いレストラン)

□ The car was less expensive than I thought.(その車は考えていたほど高くなかった)

continued
▼

Check 1   Chants ♪ MP3-039

□ 0313
immediate
/imí:diət/
❶発音注意
Part 4

形❶**即座**[即時]**の**(≒instant)　❷緊急の、差し迫った(≒ urgent, pressing)　❸当面の
▶ 副immediately：すぐに、ただちに

□ 0314
legal
/lí:gəl/
Part 2, 3

形❶**合法的な**(≒lawful, legitimate)(⇔illegal)　❷法律 の
▶ 名legislation：❶(集合的に)法律　❷立法行為

□ 0315
medical
/médikəl/
Part 7

形 **医療**[医学]**の**
名medicine：❶薬　❷医学
▶ 名medication：薬物、薬剤

□ 0316
positive
/pázətiv/
Part 5, 6

形❶(~について)**確信**[自信]**のある**(of [about] ~)(≒ sure, certain)　❷肯定[積極]的な(⇔negative)

□ 0317
senior
/sí:njər/
Part 4

形❶(役職・地位が)(~より)**上位**[上級、先任]**の**(to ~)　❷(~より)年上[年長]の(to ~)(⇔junior)
▶ 名❶(大学・高校の)最上級生　❷年長者

□ 0318
total
/tóutl/
Part 2, 3

形❶**総計の**、全体の　❷完全な(≒complete)
名 総計、総額
▶ 動❶合計~になる(≒amount to, add up to)　❷(total up で)~を合計[総計]する
副totally：全く、完全に

□ 0319
commercial
/kəmá:rʃəl/
❶定義注意
Part 7

形 **商業の**、通商[貿易]の
名 コマーシャル
▶ 名commerce：商業、通商、貿易

□ 0320
following
/fálouiŋ/
Part 2, 3

形(the ~)**次の**、次に述べる[来る](⇔previous, preceding)
前 ~に引き続いて、~の後で
▶ 動follow：❶(規則など)に従う　❷~に続く　❸~の後について行く

100 ▶ 101

□ 地元の	□ 貴重な	□ 現実的な	□ 全体の
□ 巨大な	□ 近い	□ 手ごろな	□ 反対側の
□ 前の	□ 最初の	□ 第一流の	□ 明らかな
□ 特定の	□ 身体の	□ 前途有望な	□ 典型的な

CHAPTER 1
CHAPTER 2
CHAPTER 3
CHAPTER 4
CHAPTER 5
CHAPTER 6
CHAPTER 7
CHAPTER 8
CHAPTER 9
CHAPTER 10
CHAPTER 11

Check 2　Phrase

□ an immediate response（即答）
□ immediate danger（差し迫った危険）

□ legal drugs（合法薬物）
□ the legal system（法律制度）

□ medical care（治療）
□ a medical student（医学生）

□ be positive of one's success（成功を確信している）
□ a positive attitude（積極的な態度）

□ a senior manager（上級管理者）
□ a senior citizen（高齢者、お年寄り）

□ the total number（総数）
□ a total failure（完全な失敗）

□ commercial law（商法）
□ a commercial treaty（通商条約）

□ the following day [year]（その翌日[翌年]）
□ the following example（次の例）

Check 3　Sentence 》MP3-040

□ The stockholders have demanded the CEO's immediate resignation.（株主たちはCEOの即時辞任を要求している）

□ Medical marijuana is legal in several states.（医療用大麻はいくつかの州では合法である）

□ Medical supplies are running short in the refugee camp.（その難民キャンプでは医療品が不足してきている）

□ She is positive about her future.（彼女は自分の将来に自信を持っている）

□ Mr. White was promoted to senior vice president.（ホワイト氏は上級副社長に昇進した）

□ The total cost of the project was $25 million.（そのプロジェクトの総費用は2500万ドルだった）

□ Shanghai is the commercial capital of China.（上海は中国の商業の中心地だ）

□ Stock prices continued to decline in the following weeks.（その後数週間、株価は下がり続けた）

Day 19 》MP3-037
Quick Review
答えは左ページ下

□ local
□ huge
□ former
□ specific

□ valuable
□ close
□ original
□ physical

□ practical
□ affordable
□ leading
□ promising

□ entire
□ opposite
□ obvious
□ typical

Day 21 形容詞4

Check 1   Chants))) MP3-041

☐ 0321
ideal
/aidíːəl/
❶発音注意
Part 4

形(〜にとって)**理想的な**(for 〜)
名理想、(〜の)理想の姿(of 〜)

☐ 0322
regular
/régjulər/
Part 4

形❶**通常の**(≒ usual)、普通の(≒ ordinary) ❷規則的な
名常連
副regularly：❶定期的に、きちんと ❷いつも
動regulate：❶〜を規制する ❷〜を調節する
名regulation：❶規則、条例 ❷規制

☐ 0323
vast
/vǽst/
Part 4

形❶**広大な**、非常に広い ❷(数・量などが)膨大[莫大]
な

☐ 0324
equal
/íːkwəl/
❶アクセント注意
Part 5, 6

形❶**同等の**、同量の ❷(be equal toで)〜と等しい、〜
に匹敵する ❸平等な
動〜と等しい
名equality：等しいこと、平等
動equalize：〜を(…と)等しくする(with [to] . . .)

☐ 0325
state-of-the-art
/stéitəvðəάːrt/
Part 4

形(機器などが)**最新(式)の**、最新技術の(≒ cutting-
edge)

☐ 0326
domestic
/dəméstik/
Part 2, 3

形❶**国内の**、自国の(⇔foreign) ❷家庭の

☐ 0327
patient
/péiʃənt/
❶発音注意
Part 2, 3

形(〜に)**辛抱**[忍耐]**強い**(with 〜)(⇔impatient)
名患者、病人
名patience：忍耐(力)、我慢

☐ 0328
sensitive
/sénsətiv/
Part 5, 6

形❶(問題などが)**デリケートな**、取り扱いに慎重を要
する ❷感受性の鋭い ❸(be sensitive toで)〜に敏感で
ある、〜に(よく)気が回る
名sense：❶感覚 ❷意味 ❸分別、判断力
形sensible：賢明な、分別のある

---

continued
▼

今日で本書は3割の学習が終了。先を見ると道のりは長いけれど、1日1日着実に進めていこう。ゴールは確実に近づいている！

☐ 聞くだけモード　Check 1
☐ しっかりモード　Check 1 ▶ 2
☐ かんぺきモード　Check 1 ▶ 2 ▶ 3

CHAPTER 1
CHAPTER 2
CHAPTER 3
CHAPTER 4
CHAPTER 5
CHAPTER 6
CHAPTER 7
CHAPTER 8
CHAPTER 9
CHAPTER 10
CHAPTER 11

Check 2　Phrase

☐ an ideal situation（理想的な状況）

☐ a regular customer（常連客）
☐ the regular procedure（通常の手順）

☐ a vast expanse of desert（広漠たる砂漠）
☐ vast sums of money（巨額の金）

☐ of equal height [weight]（同じ高さ[重さ]の）
☐ be equal to him in ability（能力の点で彼に匹敵している）

☐ a state-of-the-art computer（最新式のコンピューター）
☐ state-of-the-art technology（最先端技術）

☐ domestic news（国内ニュース）
☐ domestic violence（家庭内暴力）
➕ 略語はDV

☐ be patient with others（他者に寛容である）

☐ a sensitive subject（デリケートな話題）
☐ a sensitive girl（感受性の鋭い少女）

Check 3　Sentence 》MP3-042

☐ The weather was ideal for hiking.（天気はハイキングに理想的だった）

☐ The office is open during regular business hours, 9 a.m. to 5 p.m., Monday through Friday.（その事務所は、通常の業務時間の月曜日から金曜日の午前9時から午後5時まで開いている）

☐ Russia covers a vast territory.（ロシアは広大な領土を持っている）

☐ Women should be admitted on equal terms with men.（女性は男性と同等の条件で受け入れられるべきだ）

☐ The factory uses state-of-the-art machinery.（その工場は最新の機器を使っている）

☐ The government should pay more attention to domestic issues.（政府は国内問題にもっと注意を払うべきだ）

☐ Teachers should be patient with students.（教師は生徒に対して忍耐強くあるべきだ）

☐ Abortion is a sensitive issue in most countries.（中絶はほとんどの国でデリケートな問題になっている）

continued
▼

Check 1　Chants))) MP3-041

□ 0329
steady
/stédi/
Part 5, 6

形❶**安定した**、固定された(≒stable)(⇔unsteady)　❷着実な、堅実な

□ 0330
economic
/èkənámik/
❶アクセント注意
Part 7

形**経済(上)の**
名economy：❶経済　❷(〜の)節約、倹約(of [in] 〜)
名economics：❶経済学　❷経済状態
形economical：❶経済的な、節約になる　❷やりくり上手の、倹約家の

□ 0331
exact
/igzǽkt/
Part 4

形❶**正確な**(≒right, accurate, correct, precise)　❷精密[厳密]な
副exactly：❶正確に、厳密に　❷(同意を表して)そうです

□ 0332
excellent
/éksələnt/
Part 2, 3

形**素晴らしい**、非常に優れた(≒terrific, tremendous, splendid, superb)

□ 0333
proper
/prápər/
Part 5, 6

形❶**適切な**、(〜に)適した、ふさわしい(for 〜)(≒appropriate)(⇔improper)　❷(〜に)固有の(to 〜)
名property：❶(集合的に)財産、不動産　❷(しばしば〜ies)特性
副properly：適切に、きちんと

□ 0334
recent
/rí:snt/
Part 4

形**最近の**、近ごろの
副recently：最近、近ごろ

□ 0335
serious
/síəriəs/
Part 5, 6

形❶(事態などが)**深刻**[危険、重大]**な**(≒grave)　❷(〜に)真剣な(about 〜)
副seriously：❶まじめに、本気で　❷冗談は抜きにして　❸ひどく、深刻に

□ 0336
similar
/símələr/
Part 7

形(〜と)**同じような**、似ている、類似した(to 〜)
名similarity：(〜の間の／…との)類似、類似点(between 〜/with . . .)

Day 20))) MP3-039
Quick Review
答えは右ページ下

□ 一般的な
□ 一定の
□ 常勤の
□ くつろいだ
□ 永久的な
□ 補佐の
□ 歯の
□ 高価な
□ 即座の
□ 合法的な
□ 医療の
□ 確信のある
□ 上位の
□ 総計の
□ 商業の
□ 次の

CHAPTER 1

CHAPTER 2

CHAPTER 3

CHAPTER 4

CHAPTER 5

CHAPTER 6

CHAPTER 7

CHAPTER 8

CHAPTER 9

CHAPTER 10

CHAPTER 11

Check 2　Phrase

□ a steady income(安定した収入)
□ steady progress(着実な進歩)

□ an economic crisis(経済危機)

□ the exact time(正確な時間)
□ an exact instrument(精密な器具)

□ an excellent meal(素晴らしい食事)

□ proper care(適切な配慮)
□ be proper for the occasion(その場にふさわしい)

□ recent political events(最近の政治情勢)
□ in recent years(ここ数年、近年)

□ a serious problem(深刻な問題)
□ be serious about becoming a teacher(教師になろうと真剣に考えている)

□ two similar paintings(似たような2枚の絵)

Check 3　Sentence 》MP3-042

□ He hasn't held a steady job for more than five years.(彼は5年以上も定職に就いていない)

□ The present economic growth rate of China is the highest in the world.(現在の中国の経済成長率は世界で最も高いものになっている)

□ It is very difficult to determine the exact cause of the disease.(その病気の正確な原因を特定するのは非常に難しい)

□ My car is in excellent condition.(私の車は快調だ)

□ Please put the books back in their proper place.(適切な場所に本を戻してください)

□ According to a recent poll, the prime minister has lost support.(最近の世論調査では、総理大臣は支持を失っている)

□ Flooding caused serious damage to the area.(洪水はその地域に深刻な被害をもたらした)

□ Her voice is very similar to her mother's.(彼女の声は彼女の母親の声ととても似ている)

Day 20 》MP3-039
Quick Review
答えは左ページ下

□ common
□ certain
□ full-time
□ comfortable

□ permanent
□ assistant
□ dental
□ expensive

□ immediate
□ legal
□ medical
□ positive

□ senior
□ total
□ commercial
□ following

Day 22 形容詞5

Check 1　Chants ♪ MP3-043

□ 0337
further
/fə́ːrðər/
Part 4

形❶**それ以上の**、さらにつけ加えた(≒additional)　❷さらに遠い
副❶それ以上に、さらに　❷さらに遠くへ

□ 0338
official
/əfíʃəl/
❶アクセント注意
Part 5, 6

形❶**公式[公認、正式]の**(≒formal)(⇔unofficial)　❷公の
名 公務員、役人
名office：❶事務所、職場　❷役所、官庁

□ 0339
private
/práivət/
❶発音注意
Part 4

形❶**私有の**、民間[私営]の　❷私的な(⇔public)
名privacy：❶私生活、プライバシー　❷秘密

□ 0340
spare
/spéər/
Part 5, 6

形❶(時間などが)**余分の**、空いた　❷(物が)予備の
動(時間など)を割く

□ 0341
traditional
/trədíʃənl/
Part 5, 6

形 **伝統的な**
名tradition：❶伝統　❷しきたり、習わし

□ 0342
broad
/brɔ́ːd/
Part 5, 6

形❶(範囲などが)**広い**、広範囲な(≒wide)(⇔narrow)　❷幅の広い(≒wide)(⇔narrow)　❸大まかな
動broaden：❶(視野・範囲など)を広げる、深める　❷広がる
名breadth：❶幅、横幅　❷(知識などの)広さ

□ 0343
convenient
/kənvíːnjənt/
❶定義注意
Part 4

形❶(〜にとって)**都合のよい**(for [to] 〜)　❷(〜にとって)便利な(for [to] 〜)
名convenience：❶便利、便宜　❷便利な物
副conveniently：便利なように、好都合に

□ 0344
sincere
/sinsíər/
Part 7

形❶**誠実[正直]な**(≒honest)(⇔insincere)　❷偽りのない、心からの(≒genuine)
副sincerely：心から
名sincerity：率直さ、誠実さ

今日でChapter 3は最後！ 時間に余裕があったら、章末のReviewにも挑戦しておこう。忘れてしまった単語も結構あるのでは?!

□ しっかりモード　Check 1 ▶ 2
□ かんぺきモード　Check 1 ▶ 2 ▶ 3

CHAPTER 2

CHAPTER 3

CHAPTER 4

CHAPTER 5

CHAPTER 6

CHAPTER 7

CHAPTER 8

CHAPTER 9

CHAPTER 10

CHAPTER 11

Check 2　Phrase

Check 3　Sentence 》MP3-044

□ **for a further 10 minutes**(さらに10分間)
□ **on the further side**(向こう側に)

□ **For further information, please visit our website.**(さらに詳しくは、当社のホームページをご覧ください)

□ **an official statement**(公式声明)
□ **official duties**(公務)

□ **The People's Republic of China is the official name of China.**(中華人民共和国が中国の正式な名前だ)

□ **private property**(私有財産、私有地)
□ **one's private life**(私生活)

□ **Many private businesses go bankrupt every year.**(多くの民間企業が毎年倒産している)

□ **spare change**(余分な小銭)
□ **a spare tire**(予備タイヤ)

□ **In my spare time, I like to read novels.**(私は暇な時は小説を読むのが好きだ)

□ **traditional customs [values]**(伝統的な風習[価値観])

□ **The dancers were wearing traditional Austrian dress.**(踊り手たちは伝統的なオーストリア衣装を着ていた)

□ **broad support**(幅広い支持)
□ **a broad river**(幅の広い川)

□ **They discussed a broad range of topics.**(彼らは広範囲にわたる話題について話し合った)

□ **a convenient time**(都合のいい時間)
□ **a convenient location**(便利な場所)

□ **Is Wednesday convenient for you?**(水曜日はご都合がいいですか?)

□ **a sincere friend**(誠実な友人)
□ **a sincere apology**(心からの謝罪)

□ **He is a calm, sincere person.**(彼は落ち着いた、誠実な人だ)

continued ▼

Check 1　Chants ♪) MP3-043

□ 0345
strict
/stríkt/
Part 4

形(〜に対して／…に関して)**厳しい**、厳格な(with 〜/about [on] . . .)(≒rigid, rigorous)
副strictly：❶厳しく　❷厳密に

□ 0346
loyal
/lɔ́iəl/
Part 4

形(〜に)**忠誠**[忠実、誠実]**な**(to 〜)(≒faithful, true)(⇔disloyal)
名loyalty：(〜への)忠誠、忠義(to [for] 〜)

□ 0347
considerable
/kənsídərəbl/
❶アクセント注意
Part 5, 6

形(数量などが)**かなりの**、相当な
動consider：❶〜をよく考える、熟慮[熟考]する　❷(consider doingで)〜することをよく考える
名consideration：考慮、考察
形considerate：思いやりがある、理解がある

□ 0348
major
/méidʒər/
Part 2, 3

形**主要な**、重大な(≒important, significant)(⇔minor)
名❶専攻科目　❷専攻学生
動(major inで)〜を専攻する
名majority：(〜の)大多数、過半数(of 〜)

□ 0349
attractive
/ətrǽktiv/
Part 2, 3

形**魅力的な**、人を引きつける(≒appealing)
動attract：❶〜を(…に)引きつける(to . . .)　❷〜を魅惑する
名attraction：❶名所、見どころ、アトラクション　❷魅力

□ 0350
particular
/pərtíkjulər/
❶アクセント注意
Part 5, 6

形❶**特別**[格別]**の**　❷特定の(⇔general：全般的な)　❸(be particular aboutで)〜に(好みが)うるさい、細かい
名(〜s)詳細、明細
副particularly：特に

□ 0351
personal
/pə́:rsənl/
Part 2, 3

形**個人的な**、個人の
名person：人
名personality：❶性格、性質　❷(芸能界などの)有名人、名士
副personally：❶自分としては　❷直接に、個人的に

□ 0352
present
/préznt/
❶定義注意　❶アクセント注意
Part 1

形❶(〜に)**出席している**、居合わせている(at [in] 〜)(⇔absent)　❷現在の
名(〜から／…への)贈り物(from 〜/to . . .)
動(/prizént/)(present A to Bで)❶AをBに提出する　❷AをBに贈る

| Day 21 ♪) MP3-041
Quick Review
答えは右ページ下 | □ 理想的な
□ 通常の
□ 広大な
□ 同等の | □ 最新の
□ 国内の
□ 辛抱強い
□ デリケートな | □ 安定した
□ 経済の
□ 正確な
□ 素晴らしい | □ 適切な
□ 最近の
□ 深刻な
□ 同じような |

CHAPTER
1

CHAPTER
2

CHAPTER
3

CHAPTER
4

CHAPTER
5

CHAPTER
6

CHAPTER
7

CHAPTER
8

CHAPTER
9

CHAPTER
10

CHAPTER
11

Check 2　Phrase

□ a strict teacher（厳しい先生）
□ strict rules（厳しい規則）

□ a loyal customer（得意客）
□ remain loyal to ～（～に忠誠を尽くし続ける）

□ a considerable amount of money（かなりの額のお金）

□ a major cause（主な原因）
□ a major problem（大きな問題）

□ an attractive offer（魅力的なオファー）

□ pay particular attention to ～（～に特別の注意を払う）
□ on that particular day（特にその日に限って）

□ for personal reasons（個人的理由で、一身上の都合で）

□ be present at the wedding（結婚式に出席している）
□ the present day（現代）

Check 3　Sentence))) MP3-044

□ Our boss is very strict with us.（私たちの上司は私たちに対してとても厳しい）

□ She is really loyal and reliable.（彼女は非常に誠実で頼りがいがある）

□ There is a considerable difference of opinion between the two parties.（両政党間にはかなりの意見の違いがある）

□ Sunlight is a major source of vitamin D.（日光は主要なビタミンD源だ）

□ Many people find her attractive.（多くの人が彼女を魅力的だと思っている）

□ There was no particular reason why I bought this car.（私がこの車を買った特別な理由は何もなかった）

□ Hiroshi is a close personal friend of mine.（ヒロシは私の個人的な親友だ）

□ People are present at the conference.（人々は会議に出席している）

Day 21))) MP3-041
Quick Review
答えは左ページ下

□ ideal
□ regular
□ vast
□ equal

□ state-of-the-art
□ domestic
□ patient
□ sensitive

□ steady
□ economic
□ exact
□ excellent

□ proper
□ recent
□ serious
□ similar

Chapter 3 Review

左ページの(1)～(20)の形容詞の同意・類義語（≒）を右ページのＡ～Ｔから選び、カッコの中に答えを書き込もう。意味が分からないときは、見出し番号を参照して復習しておこう（答えは右ページ下）。

- □ (1) previous (0274) ≒は? (　　)
- □ (2) sufficient (0278) ≒は? (　　)
- □ (3) complex (0279) ≒は? (　　)
- □ (4) additional (0288) ≒は? (　　)
- □ (5) huge (0290) ≒は? (　　)
- □ (6) affordable (0298) ≒は? (　　)
- □ (7) entire (0301) ≒は? (　　)
- □ (8) obvious (0303) ≒は? (　　)
- □ (9) expensive (0312) ≒は? (　　)
- □ (10) immediate (0313) ≒は? (　　)
- □ (11) legal (0314) ≒は? (　　)
- □ (12) positive (0316) ≒は? (　　)
- □ (13) regular (0322) ≒は? (　　)
- □ (14) state-of-the-art (0325) ≒は? (　　)
- □ (15) steady (0329) ≒は? (　　)
- □ (16) exact (0331) ≒は? (　　)
- □ (17) serious (0335) ≒は? (　　)
- □ (18) broad (0342) ≒は? (　　)
- □ (19) sincere (0344) ≒は? (　　)
- □ (20) strict (0345) ≒は? (　　)

CHAPTER
1

CHAPTER
2

CHAPTER
3

CHAPTER
4

CHAPTER
5

CHAPTER
6

CHAPTER
7

CHAPTER
8

CHAPTER
9

CHAPTER
10

CHAPTER
11

A. preceding

B. wide

C. usual

D. plain

E. whole

F. sure

G. reasonable

H. lawful

I. grave

J. instant

K. enough

L. accurate

M. costly

N. rigorous

O. cutting-edge

P. complicated

Q. honest

R. extra

S. stable

T. enormous

【解答】 (1) A (2) K (3) P (4) R (5) T (6) G (7) E (8) D (9) M (10) J
(11) H (12) F (13) C (14) O (15) S (16) L (17) I (18) B (19) Q (20) N

CHAPTER 4

名詞：必修160

Chapter 4では、TOEIC「必修」の名詞160をマスターします。「超」が抜けても、どれも重要な単語ばかり。本テストで慌てることがないよう、1語1語を着実に身につけていきましょう。

TOEIC的格言

Rome wasn't built in a day.
ローマは1日にして成らず。

CHAPTER 1
CHAPTER 2
CHAPTER 3
CHAPTER 4
CHAPTER 5
CHAPTER 6
CHAPTER 7
CHAPTER 8
CHAPTER 9
CHAPTER 10
CHAPTER 11

Day 23　名詞11

Check 1　Chants)) MP3-045

□ 0353
track
/trǽk/
Part 4

名❶(人などが通った)**跡**(≒trace)　❷小道
動❶~の跡を追う　❷(track downで)~を追い詰める

□ 0354
advance
/ædvǽns/
Part 5, 6

名❶**進歩**(≒development, progress)　❷前進(⇔re-treat : 後退)
動❶進歩する　❷前進する　❸~を前進させる

□ 0355
advantage
/ædvǽntidʒ/
Part 5, 6

名(~より/…という)**有利な点**、利点(over ~/of . . .)
(⇔disadvantage : 不利)
形advantageous : (~に)有利な、都合のよい(to ~)

□ 0356
location
/loukéiʃən/
Part 2, 3

名**場所**、位置(≒place, position)
動locate : ❶(場所・原因など)を突き止める、探し出す　❷
(be located in [at]で)(建物などが)~に位置する、ある

□ 0357
obstacle
/ábstəkl/
Part 5, 6

名(~に対する)**障害**(物)、邪魔(to ~)(≒barrier, hin-drance)

□ 0358
occasion
/əkéiʒən/
❶発音注意
Part 2, 3

名❶(特定の)**時**、場合(≒case)　❷(~のための/…する)
機会(for ~/to do)(≒opportunity, chance)　❸(特別な)
出来事
形occasional : 時折[時々]の
副occasionally : 時々、時折

□ 0359
tax
/tǽks/
Part 7

名**税金**、税
名taxpayer : 納税者
名taxation : ❶税制　❷課税

□ 0360
direction
/dirékʃən/　🇬🇧/dairékʃən/
❶定義注意　❶発音注意
Part 2, 3

名❶(~s)**道順**(を教えること)、行き方、指示　❷(~s)
使用法、使用説明書　❸方角、方向
動direct : ❶~を指導する　❷(direct A to Bで)AにBへの
道順を教える、A(注意など)をBに向ける
形direct : ❶真っすぐな　❷直接の

continued
▼

Chapter 4では、10日をかけて必修名詞160を
チェック。まずはチャンツを聞いて、単語を
「耳」からインプット!

CHAPTER
1

CHAPTER
2

CHAPTER
3

CHAPTER
4

CHAPTER
5

CHAPTER
6

CHAPTER
7

CHAPTER
8

CHAPTER
9

CHAPTER
10

CHAPTER
11

□ 聞くだけモード　Check 1
□ しっかりモード　Check 1 ▶ 2
□ かんぺきモード　Check 1 ▶ 2 ▶ 3

Check 2　Phrase

□ tire tracks(タイヤの跡)
□ a track through the woods
(森の中の小道)

□ advances in science and
technology(科学技術の進歩)
□ the army's advance(軍隊の前
進)

□ have an advantage over ~(~
より有利である)
□ a big advantage(大きな利点)

□ the location of the head-
quarters(本社の所在地)

□ an obstacle to success(成功の
妨げ)
□ an obstacle in the road(道路
上の障害物)

□ on one occasion(ある時、かつて)
□ take the occasion to do ~(機
会を利用して~する)

□ pay tax(税金を支払う)
□ raise [cut] taxes(増[減]税する)

□ give him directions to ~(彼に
~への道順を教える)
□ read the directions(使用法を読
む)

Check 3　Sentence 》MP3-046

□ Police are on the track of the
murderer.(警察はその殺人犯を追跡してい
る)

□ The recent advances in biotech-
nology have raised a number of
ethical questions.(バイオテクノロジーの
近年の進歩は、多くの倫理問題を起こしている)

□ Applicants with relevant skills
and experience will be at an advan-
tage.(関連する技術と経験のある応募者が有利
になるだろう)

□ Her house is in a really good lo-
cation.(彼女の家は本当に素晴らしい場所にあ
る)

□ There are many obstacles to
overcome before reaching our goal.
(私たちの目標に到達するまでには、多くの克服
すべき障害がある)

□ They met on several occasions to
discuss the matter.(その件について話し
合うために彼らは何回か会った)

□ Why don't you consult a tax ex-
pert?(税金の専門家に相談したらどうですか?)

□ Could you give me directions to
Haneda Airport?(羽田空港への行き方を教
えていただけますか?)

continued
▼

Check 1　　Chants ») MP3-045

□ 0361
element
/éləmənt/
Part 5, 6

名❶(構成)**要素**、成分　❷元素
形elementary：初歩[初等]の、基本の

□ 0362
practice
/prǽktis/
❶定義注意
Part 2, 3

名❶**習慣**、慣例(≒custom, habit)　❷練習(≒exercise)
❸実行、実施
動❶〜を習慣的に行う　❷〜を実行する　❸〜を練習する
形practical：❶現実[実際]的な　❷実用的な
副practically：❶ほとんど　❷実際的に　❸実質的に

□ 0363
relief
/rilíːf/
Part 4

名❶**安心**、安堵　❷(苦痛などの)緩和、軽減　❸救済、救
援
動relieve：❶(苦痛など)を和らげる　❷(relieve A of Bで)
AからB(責任など)を取り除く
形relieved：(be relieved to doで)〜して安心している

□ 0364
reply
/riplái/
Part 4

名(〜への/…からの)**返事**、返答(to 〜/from . . .)(≒
answer)
動(reply toで)〜に返事をする、回答[応答]する

□ 0365
role
/róul/
Part 5, 6

名❶**役割**、役目　❷(劇などの)役(≒part)

□ 0366
trend
/trénd/
Part 4

名(〜への/…の点での)**傾向**、動向(toward [to] 〜/in
. . .)(≒tendency)

□ 0367
arrangement
/əréindʒmənt/
Part 5, 6

名❶(通例〜s)(〜の)**手配**、準備(for 〜)(≒preparat-
ion)　❷打ち合わせ、協定(≒agreement)　❸配列
動arrange：❶〜をきちんと並べる、整頓する　❷〜の準備
[手配]をする

□ 0368
basis
/béisis/
Part 4

名❶**基準**、原則　❶on a 〜 basis(〜制で、〜ベースで)の
形で用いる　❷(〜の)根拠、理由(for [of] 〜)
動base：(be based onで)〜に基づいている
形basic：基礎の、基本的な
名basic：(〜s)基礎、基本原理

Day 22 ») MP3-043
Quick Review
答えは右ページ下

□ それ以上の
□ 公式の
□ 私有の
□ 余分の

□ 伝統的な
□ 広い
□ 都合のよい
□ 誠実な

□ 厳しい
□ 忠誠な
□ かなりの
□ 主要な

□ 魅力的な
□ 特別の
□ 個人的な
□ 出席している

□ an element of success(成功の
要素)
□ a chemical element(化学元素)

□ Fruit and vegetables are impor-
tant elements of a healthy and bal-
anced diet.(果物と野菜は健康的でバランス
の取れた食事の重要な要素だ)

□ a common practice(よくあるこ
と、日常茶飯事)
□ piano practice(ピアノの練習)

□ It is his practice to get up early.(早
起きするのが彼の習慣だ)

□ to one's relief(安心したことには、
ほっとしたことには)
□ pain relief(痛みの軽減)

□ It was a relief to hear that.(それを聞
いて安心した)

□ make no reply(返事をしない)
□ in reply to ~([質問など]に答えて、
[手紙など]への返事で)

□ Have you received a reply from
them?(彼らから返事はもらいましたか?)

□ a leading role(主導的役割、主役)
□ play the role of a teacher(教
師の役を演じる)

□ She is satisfied with her role as
wife and mother.(彼女は妻と母としての自
分の役割に満足している)

□ reverse a trend(傾向を逆転させ
る)
□ the trend of public opinion
(世論の動向)

□ Stock prices will continue their
upward trend.(株価は上昇傾向を続けるだ
ろう)

□ arrangements for the party
(パーティーの準備)
□ by (prior) arrangement(打ち
合わせによって)

□ We made all the arrangements
for the conference.(私たちはその会議の
手配をすべてした)

□ on a regular basis(定期的に)
□ the basis of the argument(論
拠)

□ She works on a part-time basis.
(彼女はパートタイムで働いている)

Day 22 ⟩) MP3-043
Quick Review
答えは左ページ下

□ further	□ traditional	□ strict	□ attractive
□ official	□ broad	□ loyal	□ particular
□ private	□ convenient	□ considerable	□ personal
□ spare	□ sincere	□ major	□ present

Check 1　Chants ») MP3-047

□ 0369
border
/bɔ́:rdər/
Part 5, 6

名（～との間の／…との）**国境**、境界線(between ～/with . . .)(≒ boundary)

□ 0370
confidence
/kánfədəns/
Part 5, 6

名❶(～に対する)**信頼**、信用(in ～)(≒ trust)　❷(～への)自信(in ～)
形confident：❶自信のある　❷(be confident of [about]で)～を確信している
形confidential：秘密[内密]の

□ 0371
exchange
/ikstʃéindʒ/
Part 2, 3

名❶**交換**　❷両替、為替
動(exchange A for Bで)❶AをBと交換する　❷AをBに両替する

□ 0372
parcel
/pá:rsəl/
Part 2, 3

名**小包**(≒ package)

□ 0373
pay
/péi/
❶定義注意
Part 7

名**給料**、賃金(≒ salary, wage)
動❶(代金など)を支払う　❷(注意など)を払う
名payment：❶支払い　❷支払額

□ 0374
period
/píəriəd/
Part 5, 6

名❶**期間**、時期　❷時代(≒ era, age)
名periodical：定期刊行物
形periodical：定期刊行(物)の

□ 0375
strength
/stréŋkθ/
Part 7

名❶**強み**、長所(≒ strong point)(⇔ weakness)　❷強さ(≒ power)(⇔ weakness)
動strengthen：❶～を強化する　❷強くなる
形strong：強い

□ 0376
view
/vjú:/
Part 5, 6

名❶**風景**、眺め(≒ landscape, outlook, scenery, sight)　❷見方　❸(～に関する)考え(on [about] ～)(≒ opinion)
動～を考察[考慮]する

continued ▼

見出し語下の「❶定義注意」マークに気をつけてる? このマークがついた単語の用法はTOEIC頻出のもの。定義をしっかりチェック!

☐ 聞くだけモード　Check 1
☐ しっかりモード　Check 1 ▸ 2
☐ かんぺきモード　Check 1 ▸ 2 ▸ 3

CHAPTER 1

CHAPTER 2

CHAPTER 3

CHAPTER 4

CHAPTER 5

CHAPTER 6

CHAPTER 7

CHAPTER 8

CHAPTER 9

CHAPTER 10

CHAPTER 11

Check 2　Phrase

☐ the border between the two countries(2国間の国境)

☐ have confidence in ~(~を信頼している)
☐ lose confidence(信用しなくなる、自信を失う)

☐ in exchange for ~(~と交換に、~の代わりに)
☐ the foreign exchange(外国為替)

☐ send a parcel to ~(~に小包を送る)

☐ a pay cut(減給、賃金カット)
☐ starting pay(初任給)

☐ for a long [short] period(長い[短い]間)
☐ the colonial period(植民地時代)

☐ strengths and weaknesses(長所と短所)
☐ an inner strength(精神力の強さ)

☐ a wonderful view of Mt. Fuji(富士山の素晴らしい眺め)
☐ express the view that ~(~という考えを述べる)

Check 3　Sentence 》MP3-048

☐ Refugees tried to cross the border.(難民たちは国境を越えようとした)

☐ I have little confidence in him.(私は彼のことをほとんど信頼していない)

☐ Sarah is a foreign exchange student from the USA.(サラはアメリカから来た海外交換留学生だ)

☐ The parcel was wrapped in white paper.(その小包は白い紙で包装されていた)

☐ The union is seeking a pay increase of 5 percent.(その労働組合は5パーセントの賃上げを求めている)

☐ The company is entering a period of steady growth.(その会社は安定した成長期に入ろうとしている)

☐ One of his strengths is his patience.(彼の強みの1つはその忍耐力だ)

☐ We had a really good view of the lake from the balcony.(バルコニーからの湖の眺めは本当に素晴らしかった)

continued
▼

Check 1　Chants))) MP3-047

□ 0377
bargain
/bάːrɡən/
Part 2, 3

名❶**お買い得品**、掘り出し物(≒good buy)　❷契約、取引(≒agreement)
動(bargain withで)~と交渉[取引]する(≒negotiate with) ▶

□ 0378
desire
/dizάiər/
Part 5, 6

名(~に対する/…したいという)**願望**、欲望(for ~/to do)
動❶~を強く望む　❷(desire to doで)~することを望む、欲する
形desirable：望ましい、好ましい

□ 0379
experiment
/ikspérəmənt/
❶発音注意
Part 1

名(~の)**実験**(on [with] ~)
動(/ikspérəmènt/)(~の)実験をする(on [with] ~)
形experimental：❶実験の、実験に基づく　❷実験用の、実験的な ▶

□ 0380
glance
/ɡlǽns/
Part 5, 6

名(~を)**ちらっと見ること**、(~への)一瞥(at ~)(≒glimpse)
動(glance atで)~をちらっと見る ▶

□ 0381
goods
/ɡúdz/
Part 1

名(集合的に)**商品**、品物(≒merchandise)

□ 0382
intention
/inténʃən/
Part 5, 6

名(~する)**意図**、意向、つもり(of doing [to do])(≒intent)
動intend：❶(intend to doで)~するつもりである　❷(be intended forで)~向けである
形intentional：意図的な、故意の

□ 0383
labor
/léibər/
Part 5, 6

名❶(集合的に)**労働者**(階級)、労働力　●個々の「労働者」はlaborer　❷労働
動(骨折って)働く ▶

□ 0384
party
/pάːrti/
❶定義注意
Part 2, 3

名❶(共に行動する)**一行**、団体　❷政党　❸(契約などの)当事者　❹パーティー ▶

Day 23))) MP3-045 Quick Review 答えは右ページ下	□ 跡 □ 進歩 □ 有利な点 □ 場所	□ 障害 □ 時 □ 税金 □ 道順	□ 要素 □ 習慣 □ 安心 □ 返事	□ 役割 □ 傾向 □ 手配 □ 基準

Check 2　Phrase

□ a real bargain(特価品)
□ make a bargain(契約を結ぶ)

▶

□ a strong desire to study(勉強したいという強い願望)

□ an experiment on animals (動物実験)
□ perform [conduct, do, carry out] an experiment(実験を行う)

□ take [shoot, throw] a glance at ～(～をちらっと見る)
□ at first glance(一見して)

▶

□ canned goods(缶詰製品、缶詰食品)
□ goods in stock(在庫品)

▶

□ have no intention of doing ～ (～するつもりは全くない)
□ good intentions(善意、誠意)

▶

□ skilled labor(熟練労働者)
□ manual labor(肉体労働、手仕事)

▶

□ a party of five(5人の一行)
□ the opposition [ruling] party (野[与]党)

▶

Check 3　Sentence))) MP3-048

□ This watch is a bargain at $200.
(この腕時計は200ドルのお買い得だ)

□ He has a strong desire for inde-pendence.(彼には強い独立願望がある)

□ They are conducting an experi-ment.(彼らは実験を行っている)

□ She took an angry glance at me.
(彼女は怒った様子で私をちらっと見た)

□ The goods are arranged on the shelves.(商品が棚に並べられている)

□ The CEO announced his intention to resign.(そのCEOは辞職する意向を表明した)

□ Many companies have moved overseas in search of cheap labor.
(多くの企業が安価な労働力を求めて海外に移動している)

□ A rescue party was sent to look for the victims.(遭難者たちを探すため救助隊が送られた)

□ track
□ advance
□ advantage
□ location
□ obstacle
□ occasion
□ tax
□ direction
□ element
□ practice
□ relief
□ reply
□ role
□ trend
□ arrangement
□ basis

CHAPTER 1
CHAPTER 2
CHAPTER 3
CHAPTER 4
CHAPTER 5
CHAPTER 6
CHAPTER 7
CHAPTER 8
CHAPTER 9
CHAPTER 10
CHAPTER 11

Check 1　Chants 》 MP3-049

□ 0385
population
/pàpjuléiʃən/
Part 4

❷❶**人口**　❷(the ～)(集合的に)(ある地域の)全住民

□ 0386
standard
/stǽndərd/
Part 7

❷(～の)**基準**、水準、標準(of ～)
形❶標準[通常]の、基準となる(≒normal)　❷標準的な
動standardize：～を規格化する、統一する

□ 0387
weight
/wéit/
❶発音注意
Part 2, 3

❷❶**体重**、重さ　❷重要さ、影響力、重み(≒importance, influence)
動weigh：❶～の重さを量る　❷～の重さがある

□ 0388
ceiling
/síːliŋ/
❶発音注意
Part 1

❷**天井**(⇔floor：床)

□ 0389
journal
/dʒə́ːrnl/
Part 7

❷❶(学会などの)**定期刊行物**、雑誌(≒periodical, magazine)　❷日記、日誌(≒diary)
❷journalism：ジャーナリズム、報道界

□ 0390
knowledge
/nálidʒ/
❶発音注意
Part 7

❷(～の)**知識**(of [about] ～)
動know：～を知っている
形knowledgeable：(～に)精通している、(～について)知識の豊富な(about ～)

□ 0391
workload
/wə́ːrklòud/
Part 7

❷**仕事**[作業]**量**

□ 0392
manager
/mǽnidʒər/
Part 7

❷**経営**[管理、責任]**者**、(会社の)部長、課長
動manage：❶～を管理[経営]する　❷(manage to doで)どうにか[何とか]～する
❷management：❶(集合的に)経営陣　❷管理、経営
形managerial：管理[経営](者)の

continued
▼

Quick Reviewは使ってる？ 昨日覚えた単語でも、記憶に残っているとは限らない。学習の合間に軽くチェックするだけでも効果は抜群！

□ 聞くだけモード　Check 1
□ しっかりモード　Check 1 ▶ 2
□ かんぺきモード　Check 1 ▶ 2 ▶ 3

CHAPTER 1
CHAPTER 2
CHAPTER 3
CHAPTER 4
CHAPTER 5
CHAPTER 6
CHAPTER 7
CHAPTER 8
CHAPTER 9
CHAPTER 10
CHAPTER 11

Check 2　Phrase

□ a small [large] population（少ない[多い]人口）

□ a high [low] standard（高い[低い]水準）
□ meet [reach] a standard（基準を満たす[に達する]）

□ be ～ kilos in weight（重さが～キロである）
□ carry weight（重要である）

□ a low [high] ceiling（低い[高い]天井）

□ a medical journal（医学雑誌）
□ keep a journal（日記をつける）

□ knowledge of mathematics（数学の知識）

□ complain of a heavy workload（仕事量の多さについて不満を言う）

□ a store manager（店長）
□ a personnel [sales] manager（人事[販売]部長）

Check 3　Sentence ») MP3-050

□ Russia has a population of nearly 145 million.（ロシアの人口はほぼ1億4500万人だ）

□ We must follow safety standards.（私たちは安全基準に従わなければならない）

□ You should watch your weight.（体重に気をつけたほういいですよ）

□ A single bulb is hanging from the ceiling.（電球が1つだけ天井から下がっている）

□ The results of the study were published in the journal *Nature*.（その研究結果は『ネイチャー』誌で発表された）

□ I was impressed with his knowledge of history.（私は彼の歴史の知識に感心した）

□ We need to hire some extra people to handle the increased workload.（増加した仕事量を処理するため、私たちは何人か追加人員を雇う必要がある）

□ He is a very capable manager.（彼はとても有能な経営者だ）

continued
▼

Check 1　　Chants ♪ MP3-049

□ 0393
bakery
/béikəri/
Part 2, 3

名 パン屋(≒baker's)
動 bake：(パンなど)を焼く

□ 0394
carpenter
/káːrpəntər/
Part 1

名 大工

□ 0395
competition
/kàmpətíʃən/
Part 7

名(～を目指す／…同士の)競争、争い(for ～/between [among] . . .)
動 compete：(compete withで)～と競争する、競う
名 competitor：競争相手

□ 0396
check
/tʃék/
Part 2, 3

名❶小切手　❷伝票、勘定書(≒bill)　❸検査
動 ～を調べる、調査する

□ 0397
invitation
/ìnvətéiʃən/
Part 7

名(～への)招待状、招待(to ～)
動 invite：❶～を(…に)招待する(to . . .)　❷(invite A to doで)Aに～するように勧める、依頼する

□ 0398
assistance
/əsístəns/
Part 5, 6

名 援助(≒help)
動 assist：～を助ける
名 assistant：助手、アシスタント
形 assistant：補佐[補助]の、副～

□ 0399
damage
/dǽmidʒ/
❶発音注意
Part 5, 6

名❶(～への)損害、被害(to ～)(≒harm)　❷(～s)損害賠償金
動 ～に損害を与える

□ 0400
district
/dístrikt/
Part 7

名❶(行政区・選挙区などの)地区、区域　❷地域(≒area, region)

Day 24 ♪ MP3-047
Quick Review
答えは右ページ下

□ 国境　□ 信頼　□ 交換　□ 小包
□ 給料　□ 期間　□ 強み　□ 風景
□ お買い得品　□ 願望　□ 実験　□ ちらっと見ること
□ 商品　□ 意図　□ 労働者　□ 一行

CHAPTER
1

CHAPTER
2

CHAPTER
3

CHAPTER
4

CHAPTER
5

CHAPTER
6

CHAPTER
7

CHAPTER
8

CHAPTER
9

CHAPTER
10

CHAPTER
11

Check 2　Phrase

□ **an in-store** bakery（[スーパーなどの]店内のパン屋）

□ **a skilled** carpenter（腕のいい大工）

□ **intense [fierce, stiff]** competition（激しい競争）
□ **foreign** competition（外国との競争）

□ **cash a** check（小切手を現金に換える）
□ **Check, please.**（お勘定をお願いします）

□ **a wedding** invitation（結婚式の招待状）
□ **accept [decline] an** invitation（招待に応じる[を断る]）

□ **give [provide, offer]** assistance **to ~**（~を助ける）
□ **economic** assistance（経済援助）

□ **cause [do]** damage **to ~**（~に損害を与える）
□ **pay $25 million in** damages（損害賠償金として2500万ドルを支払う）

□ **a school [an election]** district（学区[選挙区]）
□ **a shopping** district（商業地域、商店街）

Check 3　Sentence)) MP3-050

□ **She found a part-time job at a nearby** bakery.（彼女は近くのパン屋でのパートの仕事を見つけた）

□ **The** carpenter **is hammering a nail.**（大工がくぎを打ち込んでいる）

□ **More** competition **means lower prices.**（競争が激しければ、価格は低くなる）

□ **Would you like to pay by cash,** check, **or credit card?**（お支払いは現金、小切手、クレジットカードのどれにしますか?）

□ **Have you sent out the party** invitations?（パーティーの招待状を送りましたか?）

□ **Many of the developed countries have provided technical** assistance **to developing countries.**（先進国の多くは発展途上国に技術援助を行ってきている）

□ **The earthquake caused severe** damage **to many buildings.**（その地震は多くの建物に大きな損害を与えた）

□ **He works in the financial** district **for an accounting firm.**（彼は金融街の会計事務所で働いている）

□ border
□ confidence
□ exchange
□ parcel
□ pay
□ period
□ strength
□ view
□ bargain
□ desire
□ experiment
□ glance
□ goods
□ intention
□ labor
□ party

Day 26 名詞14

Check 1   Chants 》 MP3-051

□ 0401
loss
/lɔ́:s/
Part 5, 6

名❶損失(額)(⇔profit) ❷(量・程度の)減少、低下(⇔gain) ❸死
▶ 動lose：❶〜を失う、なくす ❷(試合など)に負ける ▶

□ 0402
background
/bǽkgràund/
Part 7

名❶経歴、学歴 ❷(事件・風景などの)背景

□ 0403
document
/dάkjəmənt/
❶発音注意
Part 1

名書類、文書
動(/dάkjəmènt/)❶〜を記録する ❷〜に証拠を提供する

□ 0404
effect
/ifékt/
Part 7

名❶影響(≒influence, impact)、(原因に対する)結果(≒result, outcome, consequence)(⇔cause：原因) ❷(〜に対する)効果(on [upon] 〜) ❸(〜s)個人資産、身の回り品
形effective：効果的な、有効な

□ 0405
envelope
/énvəlòup/
Part 2, 3

名封筒

□ 0406
object
/άbdʒikt/
❶アクセント注意
Part 5, 6

名❶物体 ❷(〜の)対象(of 〜) ❸(〜の)目的(of 〜)
動(/əbdʒékt/)(object toで)〜に反対する
名objection：(〜に対する)反対(to [against] 〜)
名objective：(達すべき)目標、目的

□ 0407
public
/pʌ́blik/
Part 5, 6

名(the 〜)(集合的に)一般の人々、大衆
形公の、公共の(⇔private)
名publicity：❶周知、知名度、評判 ❷宣伝、広報

□ 0408
situation
/sìtʃuéiʃən/
Part 5, 6

名❶状況、事態、立場(≒circumstance) ❷(建物などのある)場所、位置(≒location)
形situated：(be situated inで)〜に位置する、ある

continued ▼

見出し語下の「Part 1」マークの単語には、Check 3でPart 1型の例文を用意している。情景を頭に浮かべながら聞いて、音読しよう！

☐ 聞くだけモード　Check 1
☐ しっかりモード　Check 1 ▸ 2
☐ かんぺきモード　Check 1 ▸ 2 ▸ 3

CHAPTER 1
CHAPTER 2
CHAPTER 3
CHAPTER 4
CHAPTER 5
CHAPTER 6
CHAPTER 7
CHAPTER 8
CHAPTER 9
CHAPTER 10
CHAPTER 11

Check 2　Phrase

☐ make a huge loss（巨額の損失を出す）
☐ weight loss（減量）

☐ a criminal background（犯罪歴）
☐ the background of the problem（問題の背景）

☐ an official [a private] document（公[私]文書）

☐ have an effect on ~（~に影響を与える、~に効果がある）
☐ cause and effect（原因と結果）

☐ an airmail envelope（航空便用封筒）

☐ an unidentified flying object（未確認飛行物体）❶略語はUFO
☐ an object of criticism（非難の対象）

☐ the general public（一般大衆）

☐ the economic [financial] situation（経済[財政]状況）
☐ a pleasant situation（快適な場所）

Check 3　Sentence ♪ MP3-052

☐ The insurance company reported losses of $78 million for the second quarter.（その保険会社は第2四半期の7800万ドルの損失を報告した）

☐ He has a background in software engineering.（彼にはソフトウエア工学での経歴がある）

☐ The woman is handing out the documents.（女性は書類を配っている）

☐ Some people are not aware of the harmful effects of smoking.（喫煙の悪影響に気づいていない人もいる）

☐ He opened the envelope and found a birthday card from his girlfriend in it.（彼は封筒を開け、その中に恋人からのバースデーカードがあるのを見つけた）

☐ The instrument can detect objects in space that we can't see.（その機器は目に見えない宇宙の物体を検知できる）

☐ The historical temple is now open to the public.（その歴史的な寺は現在、一般に開放されている）

☐ The situation is getting serious.（状況は深刻になってきている）

continued
▼

Check 1　Chants ») MP3-051

□ 0409
effort
/éfərt/
Part 5, 6

图(〜しようとする)**努力**(to do)

□ 0410
exception
/iksépʃən/
Part 5, 6

图**例外**(≒ exclusion)
剛except：〜以外は、〜を除いて
形exceptional：❶非常に優れた　❷例外的な
剛exceptionally：例外的に、特別に、異常に

□ 0411
failure
/féiljər/
Part 5, 6

图❶(〜での)**失敗**(in [of] 〜)(⇔success)　❷(〜)しない[できない]こと(to do)
剛fail：❶(fail inで)〜に失敗する、(試験など)に落ちる　❷(fail to doで)〜(しようとして)できない、〜し損なう

□ 0412
law
/lɔ́:/
Part 7

图❶**法律**、法　❷法(律)学
图lawyer：弁護士
图lawsuit：訴訟

□ 0413
variety
/vəráiəti/
❶発音注意
Part 5, 6

图❶**種類**(≒ kind, sort)　❷多様性(≒ diversity)
剛vary：❶(〜の点で)異なる(in 〜)　❷変わる　❸〜を変える
形various：さまざまな、いろいろな

□ 0414
bush
/búʃ/
Part 1

图(低木の)**茂み**、低木(≒ shrub)

□ 0415
clothing
/klóuðiŋ/
Part 5, 6

图(集合的に)**衣類**、服、衣料品(≒ apparel, attire)
图cloth：布、服地
图clothes：(集合的に)衣服

□ 0416
cupboard
/kʌ́bərd/
❶発音注意
Part 1

图**戸棚**、食器棚(≒ cabinet)

Day 25 ») MP3-049
Quick Review
答えは右ページ下

□ 人口
□ 基準
□ 体重
□ 天井

□ 定期刊行物
□ 知識
□ 仕事量
□ 経営者

□ パン屋
□ 大工
□ 競争
□ 小切手

□ 招待状
□ 援助
□ 損害
□ 地区

CHAPTER 1

CHAPTER 2

CHAPTER 3

CHAPTER 4

CHAPTER 5

CHAPTER 6

CHAPTER 7

CHAPTER 8

CHAPTER 9

CHAPTER 10

CHAPTER 11

☐ make an effort（努力する）
☐ efforts to lose weight（減量しようとする努力）

☐ You should make every effort to achieve your goal.（あなたは目標を達成するためにあらゆる努力をするべきだ）

☐ with the exception of ～（～を除いて）
☐ without exception（例外なく）

☐ It's been very hot, but today's an exception.（このところとても暑かったが、今日は例外だ）

☐ the failure of the project（プロジェクトの失敗）
☐ failure to reach an agreement（合意に達しないこと）

☐ The negotiations ended in failure.（交渉は失敗に終わった）

☐ break the law（法律を犯す）
☐ study law（法学を学ぶ）

☐ We must obey the law.（私たちは法律に従わなければならない）

☐ varieties of apples（いろいろな種類のリンゴ）
☐ variety of species（種の多様性）

☐ There are about 1,700 varieties of tulips.（チューリップには約1700の種類がある）

☐ a rose bush（バラの低木）

☐ A gardener is trimming the bushes.（庭師が茂みを刈り込んでいる）

☐ a piece [an item, an article] of clothing（衣類1点）
☐ a clothing store（衣料品店）

☐ Be sure that you wear warm clothing and bring an umbrella.（必ず暖かい服を着て、傘を持ってくること）

☐ a kitchen cupboard（台所の食器棚）

☐ He is installing a cupboard.（彼は戸棚を取りつけている）

Day 25 ») MP3-049
Quick Review
答えは左ページ下

☐ population
☐ standard
☐ weight
☐ ceiling

☐ journal
☐ knowledge
☐ workload
☐ manager

☐ bakery
☐ carpenter
☐ competition
☐ check

☐ invitation
☐ assistance
☐ damage
☐ district

Day 27　名詞15

Check 1　Chants 》 MP3-053

□ 0417
economy
/ikánəmi/
Part 7

▸

名❶経済　❷(～の)節約、倹約(of [in] ～)
形 経済的な
形economic：経済(上)の
形economical：❶経済的な、節約になる　❷やりくり上手の
名economics：❶経済学　❷経済状態

▸

□ 0418
length
/léŋkθ/
Part 2, 3

▸

名長さ　➕「幅」はbreadth、width、「奥行き」はdepth
形long：長い
動lengthen：～を長くする、伸ばす
形lengthy：❶(話などが)長ったらしい、冗長な　❷非常に長い

▸

□ 0419
line
/láin/
❶定義注意
Part 5, 6

▸

名❶在庫商品、製品　❷線　❸列

▸

□ 0420
platform
/plætfɔːrm/
Part 1

▸

名❶(駅の)(プラット)ホーム　❷演壇　❸(政党の)綱領

▸

□ 0421
proof
/prúːf/
Part 7

▸

名❶(～の)証拠(of ～)(≒evidence)　❷証拠品　❸(通例～s)校正刷り
動prove：❶～を証明[立証]する　❷(prove to beで)～であると判明する

▸

□ 0422
copy
/kápi/
Part 2, 3

▸

名❶(本などの)1部[冊、枚]　❷コピー、写し、複写(≒duplicate)
動(書類など)を写す、～をコピーする(≒duplicate)
名copier：コピー機

▸

□ 0423
growth
/gróuθ/
Part 5, 6

▸

名❶(～の)増加、伸び(in ～)　❷成長
動grow：❶成長する　❷～を栽培する、育てる

▸

□ 0424
human
/hjúːmən/
Part 5, 6

▸

名人間(≒human being)
形❶人間の　❷人間的な
名humanity：❶人間性　❷(集合的に)人間、人類

▸

---

continued
▼

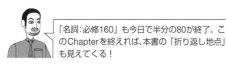

「名詞：必修160」も今日で半分の80が終了。このChapterを終えれば、本書の「折り返し地点」も見えてくる！

□ 聞くだけモード　Check 1
□ しっかりモード　Check 1 ▶ 2
□ かんぺきモード　Check 1 ▶ 2 ▶ 3

CHAPTER 1
CHAPTER 2
CHAPTER 3
CHAPTER 4
CHAPTER 5
CHAPTER 6
CHAPTER 7
CHAPTER 8
CHAPTER 9
CHAPTER 10
CHAPTER 11

Check 2　Phrase	Check 3　Sentence ♪ MP3-054
□ the slowdown in the American economy（アメリカ経済の減速） □ make economies（節約する）	□ The economy has not fully recovered from the recession yet.（経済は不況から完全には回復していない）
□ 10 meters [hours, pages] in length（10メーター[10時間、10ページ]の長さ）	□ I don't like the length of my hair.（私は自分の髪の長さを気に入っていない）
□ a new line of clothing for winter（冬服の新商品）	□ Toyota has come out with a new line of minivans.（トヨタはミニバンの新車を市場に出した）
□ an arrival [a departure] platform（到着[出発]ホーム） □ step up onto the platform（演壇に登る）	□ There are a few people on the platform.（ホームには人が数人いる）
□ as (a) proof of ～（～の証拠として） □ read proofs（校正をする）	□ Some claim that the increased frequency of hurricanes is proof of global warming.（ハリケーンの発生数の増加が地球温暖化の証拠だと主張する人もいる）
□ a copy of *TIME* magazine（『タイム』誌1冊） □ make a copy of ～（～のコピーを取る）	□ The novel sold over 50,000 copies in its first week.（その小説は最初の1週間で5万部以上売れた）
□ population growth（人口増加） □ the growth of children（子どもの成長）	□ India's economic growth is one of the fastest in the world.（インドの経済成長は世界で最も速いものの1つだ）
□ humans and animals（人間と動物）	□ Malaria is spread to humans by mosquitoes.（マラリアは蚊によって人間に広まる）

continued
▼

Check 1　Chants))) MP3-053

□ 0425
prize
/práiz/
Part 5, 6

名 賞、賞品、賞金(≒award)

□ 0426
revolution
/rèvəljúːʃən/
Part 5, 6

名 (〜の)革命、大変革(in 〜)
形 revolutionary：❶画期[革命]的な　❷革命の
動 revolutionize：〜に革命をもたらす、大変革を起こす

□ 0427
garage
/ɡərάːdʒ/　⑦/ɡǽrɑːdʒ, ɡǽridʒ/
❶発音注意
Part 1

名 ❶車庫、ガレージ(≒carport)　❷自動車修理工場

□ 0428
membership
/mémbərʃip/
Part 2, 3

名 ❶会員の資格[地位]、会員であること　❷会員数
名 member：会員、メンバー

□ 0429
pot
/pάt/
Part 1

名 鍋、鉢

□ 0430
operation
/àpəréiʃən/
Part 4

名 ❶営業、操業、事業　❷(〜の)手術(on 〜)　❸(機械などの)操作
動 operate：❶〜を操作する　❷〜を経営する　❸作動する
名 operator：❶運転手　❷(電話の)交換手、オペレーター

□ 0431
disease
/dizíːz/
❶発音注意
Part 2, 3

名 病気(≒sickness, illness)

□ 0432
employer
/implɔ́iər/
Part 7

名 雇用者[主](⇔employee：従業員)
動 employ：❶〜を雇う　❷(手段など)を(…のために)利用する(for …)
名 employment：❶雇用、勤務　❷仕事、職業

Day 26))) MP3-051
Quick Review
答えは右ページ下

□ 損失
□ 経歴
□ 書類
□ 影響

□ 封筒
□ 物体
□ 一般の人々
□ 状況

□ 努力
□ 例外
□ 失敗
□ 法律

□ 種類
□ 茂み
□ 衣類
□ 戸棚

CHAPTER
1

CHAPTER
2

CHAPTER
3

CHAPTER
4

CHAPTER
5

CHAPTER
6

CHAPTER
7

CHAPTER
8

CHAPTER
9

CHAPTER
10

CHAPTER
11

Check 2　Phrase

□ win a prize(賞を獲得する)
□ prize money(賞金)

□ a technological [social] revolution(技術[社会]革命)
□ a revolution in the educational system(教育制度の大変革)

□ an attached garage(家続きの車庫)
□ take one's car to the garage(車を自動車修理工場に持って行く)

□ a membership card(会員証)
□ a membership of over 1,000(1000人以上の会員数)

□ a stainless pot(ステンレス製の鍋)
□ a plant pot(植木鉢)

□ begin [start] operations(営業を始める)
□ perform an operation on ~(~への手術を行う)

□ heart disease(心臓病)

□ one's former employer(前[元]の雇用者)

Check 3　Sentence 》MP3-054

□ She won first prize in the contest.(彼女はそのコンテストで1等賞を獲得した)

□ The information revolution has changed our lives.(情報革命は私たちの生活を変化させてきた)

□ A car is parked in the garage.(車が車庫に止めてある)

□ You need to renew your membership.(あなたは会員資格を更新する必要があります)

□ A pot is on the stove.(鍋がレンジに載っている)

□ The new plant will be in operation soon.(新しい工場は間もなく操業を始めるだろう)

□ Scientists are searching for a cure for Alzheimer's disease.(科学者たちはアルツハイマー病の治療法を探し求めている)

□ The company is the largest employer in this town.(その会社はこの街で最大の雇用主だ)

Day 26 》MP3-051
Quick Review
答えは左ページ下

□ loss
□ background
□ document
□ effect

□ envelope
□ object
□ public
□ situation

□ effort
□ exception
□ failure
□ law

□ variety
□ bush
□ clothing
□ cupboard

Day 28　名詞16

Check 1　Chants ») MP3-055

□ 0433
foundation
/faundéiʃən/
Part 4

名❶(建物の)**基礎**、土台(≒base)　❷(報道などの)根拠　❸財団
動found：～を設立[創立、創設]する
名founder：創業[設立、創設]者

□ 0434
graduate
/grǽdʒuət/
❶発音注意
Part 7

名❶(～の)**卒業生**(of ～)　❷大学院生(≒postgraduate)(⇔undergraduate：学部学生)
動(/grǽdʒuèit/)(graduate fromで)～を卒業する
名graduation：卒業、卒業式

□ 0435
return
/ritə́ːrn/
❶定義注意
Part 7

名❶(しばしば～s)**利益**、収益(≒profit)　❷返却、返品
動❶(～から/…へ)戻る(from ～/to . . .)　❷～を(…へ)戻す(to . . .)

□ 0436
row
/róu/
Part 1

名(横に並んだ)**列**、並び　❶lineは、縦・横いずれの「列」も表す
動ボートをこぐ

□ 0437
sale
/séil/
Part 2, 3

名❶(～s)**売上高**、販売数　❷販売　❸特売
動sell：❶(ある金額・ある状態で)売れる、売られている　❷～を売る

□ 0438
sink
/síŋk/
❶定義注意
Part 1

名**流し**、洗面台
動❶沈む　❷～を沈める

□ 0439
capital
/kǽpətl/
❶定義注意
Part 7

名❶**資本**(金)　❷首都　❸大文字
形❶資本の　❷大文字の　❸死刑の、死刑に値する
名capitalism：資本主義
名capitalist：❶資本家　❷資本主義者

□ 0440
climate
/kláimit/
❶発音注意
Part 4

名❶**気候**　❷(ある時代・社会の)風潮、傾向、趨勢

「声に出す」練習は続けている？ えっ、周りに人がいてできない?! そんなときは「口パク」でもOK。「耳＋口」の練習を忘れずに！

☐ 聞くだけモード　Check 1
☐ しっかりモード　Check 1 ▶ 2
☐ かんぺきモード　Check 1 ▶ 2 ▶ 3

CHAPTER 1
CHAPTER 2
CHAPTER 3
CHAPTER 4
CHAPTER 5
CHAPTER 6
CHAPTER 7
CHAPTER 8
CHAPTER 9
CHAPTER 10
CHAPTER 11

Check 2　Phrase

☐ lay the foundation（基礎を築く）❶比喩的な意味でも用いられる
☐ without foundation（根拠がない、事実無根で）

☐ a high school graduate（高卒者）

☐ a return on investment（投資利益）
☐ the return of the book（本の返却）

☐ the front row（最前列）
☐ a row of houses（家並み）

☐ an increase [a decrease] in sales（売上高の増加[減少]）
☐ make a sale（売り上げる）

☐ a kitchen sink（台所の流し）

☐ foreign capital（外資）
☐ the capital of Japan（日本の首都）

☐ climate change（気候変動）
☐ an economic climate（経済情勢）

Check 3　Sentence ⟫ MP3-056

☐ After the earthquake, I found several cracks in the foundation of my house.（地震の後、家の基礎にいくつかひびが入っているのを見つけた）

☐ She is a graduate of Yale University.（彼女はエール大学の卒業生だ）

☐ A few people get high returns from their personal investments.（個人投資で高い利益を上げる人は少ない）

☐ A row of trees lines the street.（並木が通り沿いにある）

☐ We're expecting sales of $7 million this year.（当社は今年、700万ドルの売上高を予想している）

☐ Dishes are piled up in the sink.（流しに皿が積み重ねられている）

☐ The company was started with $5,000 in capital.（その会社は資金金5000ドルで創業した）

☐ Sydney has a temperate climate.（シドニーは温暖な気候だ）

continued ▼

Check 1　Chants ») MP3-055

□ 0441
governor
/gávərnər/
Part 4

名**知事**
動govern：〜を統治する、治める
▶ 名government：政府

□ 0442
director
/diréktər/
Part 4

名❶(会社の)**取締役**、重役　❷(映画などの)監督
動direct：❶〜を指導する　❷(direct A to Bで)AにBへの道を教える、A(注意など)をBに向ける
形direct：❶真っすぐな　❷直接の
名direction：❶(〜s)道順、指示　❷(〜s)使用法

□ 0443
entertainment
/èntərtéinmənt/
Part 7

名**娯楽**、エンターテインメント(≒amusement)
動entertain：❶〜を(…で)楽しませる(with . . .)　❷〜をもてなす
形entertaining：(人・映画などが)面白い、愉快な

□ 0444
exit
/égzit, éksit/
❶発音注意
Part 4

名**出口**(⇔entrance)
動(〜から)退出[退去]する(from [through] 〜)

□ 0445
explanation
/èksplənéiʃən/
Part 5, 6

名(理由などの)**説明**(for [of] 〜)
動explain：❶〜を(…に)説明する(to . . .)　❷(〜に／…について)説明[弁明]する(to 〜/about . . .)

□ 0446
finance
/fáinæns/
Part 5, 6

名❶(〜s)**財源**、資金、財務状態　❷財政、財務
動〜に資金を供給する
形financial：❶財務の、財政上の、金銭上の　❷金融の

□ 0447
label
/léibəl/
❶発音注意
Part 2, 3

名**ラベル**
動❶〜にラベルを貼る　❷〜を(…と)呼ぶ(as . . .)

□ 0448
literature
/lítərətʃər/
❶アクセント注意
Part 7

名❶**文学**　❷文献　❸印刷物
名literacy：❶識字能力、読み書きの能力　❷(コンピューターなどの)使用能力
形literary：❶文学の　❷文語の　❸文学に通じた
副literally：❶文字通りに　❷本当に

Day 27 ») MP3-053
Quick Review
答えは右ページ下

□ 経済	□ 証拠	□ 賞	□ 鍋
□ 長さ	□ 1部	□ 革命	□ 営業
□ 在庫商品	□ 増加	□ 車庫	□ 病気
□ ホーム	□ 人間	□ 会員の資格	□ 雇用者

CHAPTER
1

CHAPTER
2

CHAPTER
3

CHAPTER
4

CHAPTER
5

CHAPTER
6

CHAPTER
7

CHAPTER
8

CHAPTER
9

CHAPTER
10

CHAPTER
11

Check 2　Phrase

Check 3　Sentence 》 MP3-056

☐ the governor of New York(ニューヨーク州知事)

☐ He announced that he will run for governor.(彼は州知事に立候補することを発表した)

☐ a board of directors(取締役[重役]会)
☐ a movie director(映画監督)

☐ He was appointed to the position of sales director.(彼は販売担当取締役の職に任命された)

☐ family entertainment(家族向けの娯楽)
☐ live entertainment(ライブ公演)

☐ The city is famous for its entertainment industry.(その都市は娯楽産業で有名だ)

☐ an emergency [a fire] exit(非常口)

☐ Exit 29 is blocked off due to an accident.(29番出口は事故のため閉鎖されている)

☐ an explanation for one's absence(欠席理由の説明)
☐ without explanation(説明なしに、理由も言わずに)

☐ Her explanation sounded believable enough.(彼女の説明は十分に信用できると思えた)

☐ family finances(家計)
☐ the Minister of Finance([日本の]財務大臣)

☐ The company's finances are in good shape.(その会社の財務状態は良好だ)

☐ put a label on ~(~にラベルを貼る)
☐ remove a label(ラベルをはがす)

☐ Please read the recommended dose on the label.(ラベルに書いてある推奨用量をお読みください)

☐ modern [classic] literature(現代[古典]文学)
☐ medical literature(医学の文献)

☐ I majored in English literature at university.(私は大学で英文学を専攻した)

Day 27 》 MP3-053
Quick Review
答えは左ページ下

☐ economy
☐ length
☐ line
☐ platform
☐ proof
☐ copy
☐ growth
☐ human
☐ prize
☐ revolution
☐ garage
☐ membership
☐ pot
☐ operation
☐ disease
☐ employer

Day 29　名詞17

Check 1　Chants ») MP3-057

□ 0449
refrigerator
/rifrídʒərèitər/
Part 2, 3

名 **冷蔵庫**　❶日常会話では短縮形のfridgeもよく使われる

□ 0450
rumor
/rú:mər/
Part 7

名 (〜についての) **うわさ** (about [of] 〜)
動 (be rumored to doで) 〜するとうわさされている

□ 0451
scale
/skéil/
❶定義注意
Part 1

名 ❶**はかり**、てんびん　❷規模　❸等級
動 ❶〜に登る　❷〜を率に応じて決める

□ 0452
vision
/víʒən/
Part 7

名 ❶ (〜の) **理想像**、想像(図)(of 〜)(≒dream)　❷視力
(≒eyesight)　❸想像力(≒imagination)　❹幻覚(≒illusion)

□ 0453
business
/bíznis/
❶定義注意
Part 2, 3

名 ❶**商取引**、商売　❷事業、業務

□ 0454
diet
/dáiət/
Part 7

名 ❶ (日常の) **食事**、食生活(≒food)　❷ダイエット、規定食
動 ダイエットする

□ 0455
down payment
Part 7

名 (〜の) **頭金**、手付金(on 〜)

□ 0456
export
/ékspɔːrt/
❶アクセント注意
Part 7

名 **輸出**、(通例〜s)輸出品(⇔import)
動 (/ikspɔ́ːrt/)〜を(…へ)輸出する(to …)

continued ▼

138 ▶ 139

「分散学習」も効果的。朝起きたらCheck 1、昼食後にCheck 2、寝る前にCheck 3といった具合に、学習時間を作る工夫をしてみよう。

☐ 聞くだけモード　Check 1
☐ しっかりモード　Check 1 ▶ 2
☐ かんぺきモード　Check 1 ▶ 2 ▶ 3

CHAPTER 1

CHAPTER 2

CHAPTER 3

CHAPTER 4

CHAPTER 5

CHAPTER 6

CHAPTER 7

CHAPTER 8

CHAPTER 9

CHAPTER 10

CHAPTER 11

Check 2　Phrase	Check 3　Sentence ⟩) MP3-058
☐ keep ~ in the refrigerator(~を冷蔵庫にしまっておく)	☐ It's time to buy a new refrigerator.(そろそろ新しい冷蔵庫を買うころだね)
☐ Rumor has it that ~.(うわさでは~ということだ)	☐ The CEO denied rumors that he would resign.(その最高経営責任者は自分が辞職するといううわさを否定した)
☐ a bathroom scale(体重計) ☐ on a large [small] scale(大[小]規模に)	☐ The shop clerk is placing fish on a scale.(店員ははかりの上に魚を置いている)
☐ a vision of a classless society(階級なき社会という理想像) ☐ have poor vision(視力が弱い)	☐ He has visions of becoming a politician.(彼は政治家になる夢を持っている)
☐ domestic [foreign] business(国内[海外]取引) ☐ the advertising business(広告業)	☐ Business is brisk at the store.(その店は商売が繁盛している)
☐ a balanced diet(バランスのとれた食事) ☐ be [go] on a diet(ダイエットをしている[する])	☐ You should have a healthy diet.(あなたは健康的な食事をとったほうがいい)
☐ make a down payment on ~(~の頭金を払う)	☐ I paid a down payment of $2,000 on the car.(私はその車に2000ドルの頭金を払った)
☐ the export market(輸出市場)	☐ Oil is one of Indonesia's largest exports.(石油はインドネシア最大の輸出品の1つだ)

continued
▼

Check 1　　Chants))) MP3-057

□ 0457
information
/ìnfərméiʃən/
Part 5, 6

名(〜に関する)**情報**(about [on] 〜)　⊕不可算名詞であることに注意
▶ 動inform：(inform A of Bで)AにBについて知らせる、通知する ▶

□ 0458
lot
/lát/
Part 1

名❶(特定用途の)**用地**、敷地　❷くじ引き、抽選
▶ ▶

□ 0459
press
/prés/
❶定義注意
Part 4

名❶(通例the 〜)**報道機関**　❷(通例the 〜)(集合的に)新聞、雑誌
▶ 動〜を押す ▶

□ 0460
reason
/rí:zn/
Part 2, 3

名❶(〜の)**理由**、訳(for 〜)　❷道理、理屈
動〜だと判断[推測、推論]する
▶ 形reasonable：❶理にかなった、もっともな　❷(値段が)手ごろな、相応な ▶

□ 0461
right
/ráit/
❶定義注意
Part 5, 6

名(〜する/…に対する)**権利**(to do/to [of] . . .)
形❶正しい　❷適切な(≒proper, appropriate)
▶ ▶

□ 0462
agent
/éidʒənt/
Part 4

名**代理人**(≒representative)、仲介人、代理店
名agency：❶代理店　❷政府機関、〜庁[局]
▶ ▶

□ 0463
lid
/líd/
Part 1

名(箱・なべなどの)**ふた**　⊕瓶の「ふた」はtop
▶ ▶

□ 0464
operator
/ápərèitər/
Part 1

名❶(機械などの)**運転手**、操作者　❷(通例the 〜)(電話の)交換手、オペレーター
▶ 動operate：❶〜を操作する　❷〜を経営する　❸作動する
名operation：❶営業、操業、事業　❷(〜の)手術(on 〜)❸(機械などの)操作 ▶

Day 28))) MP3-055
Quick Review
答えは右ページ下

□ 基礎　□ 売上高　□ 知事　□ 説明
□ 卒業生　□ 流し　□ 取締役　□ 財源
□ 利益　□ 資本　□ 娯楽　□ ラベル
□ 列　□ 気候　□ 出口　□ 文学

CHAPTER 1
CHAPTER 2
CHAPTER 3
CHAPTER 4
CHAPTER 5
CHAPTER 6
CHAPTER 7
CHAPTER 8
CHAPTER 9
CHAPTER 10
CHAPTER 11

Check 2　Phrase

□ **information about the tour**
（そのツアーに関する情報）
□ **gather [collect] information**
（情報を集める）

□ **a vacant** lot（空き地）
□ **draw** lots（くじを引く）

□ **freedom of the** press（報道の自由）
□ **release the information to the** press（その情報を新聞に公表する）

□ **the** reason **for the decision**
（決定の理由）
□ **see** reason（道理が分かる、道理をわきまえる）

□ rights **and duties**（権利と義務）
□ **the** right **to vote**（投票権、選挙権）

□ **a real estate** agent（不動産仲介人）

□ **the** lid **of a box**（箱のふた）

□ **an elevator** operator（エレベーターの操作者）
□ **dial "0" to get the** operator
（「0」を押してオペレーターにつなぐ）

Check 3　Sentence 》MP3-058

□ **The Internet is full of** information.
（インターネットは情報に満ちている）

□ **There are a few cars in the parking** lot.（駐車場に車が数台止めてある）

□ **The president refused to speak to the** press.（大統領は報道機関に対して発言するのを拒んだ）

□ **The company's CEO resigned for health** reasons.（その会社の最高経営責任者は健康上の理由で辞任した）

□ **Every child has the** right **to education.**（すべての子どもは教育を受ける権利を持っている）

□ **Our** agent **in London will pick you up at the airport and take you to a hotel.**（当社のロンドンの代理業者が空港であなたを迎え、ホテルまで連れて行く予定だ）

□ **The man is taking the** lid **off.**（男性はふたを取ろうとしている）

□ **An** operator **is using the machine.**（運転手が機械を使用している）

Check 1　Chants ») MP3-059

□ 0465
section
/sékʃən/
Part 4

名❶**区域**、区画　❷部分　❸(会社などの)課、部(≒department)　❹(書物の)項
動〜を区分[分割]する

□ 0466
shape
/ʃéip/
Part 5, 6

名❶**体調**、状態、調子(≒condition)　❷形(≒form)
動❶〜を形作る　❷(将来など)を決定[方向]づける

□ 0467
shot
/ʃát/
❶定義注意
Part 2, 3

名❶**注射**(≒injection)　❷発射　❸写真　❹シュート、ショット

□ 0468
structure
/strʌ́ktʃər/
Part 7

名❶**建造**[建築]**物**(≒building)　❷構造、構成(≒construction)
動〜を組織[構造]化する
形structural：構造[構成]上の

□ 0469
sum
/sʌ́m/
Part 7

名❶**金額**　❷(the 〜)総計、合計
動(sum upで)〜を要約する
名summary：(〜の)要約(of 〜)
動summarize：〜を要約する

□ 0470
argument
/ɑ́:rɡjəmənt/
Part 5, 6

名❶(〜との)**議論**、論争(with 〜)(≒debate)　❷(〜に賛成する/…に反対する)主張、理由(for 〜/against . . .)
動argue：❶(〜のことで)議論する、言い争う(about [over] 〜)　❷(〜に賛成の/…に反対の)論を唱える(for 〜/against . . .)　❸〜だと主張する

□ 0471
city hall
Part 7

名**市役所**、市庁舎　➊「町[村]役場」はtown hall

□ 0472
example
/iɡzǽmpl/
Part 5, 6

名**例**、実例(≒instance)

continued ▼

定義が分かっていても、その単語を「使える」とは限らない。Check 2と3の和訳を見て、英語がすぐに出てくれば「使える」レベルは目前！

☐ 聞くだけモード　Check 1
☐ しっかりモード　Check 1 ▶ 2
☐ かんぺきモード　Check 1 ▶ 2 ▶ 3

CHAPTER 1
CHAPTER 2
CHAPTER 3
CHAPTER 4
CHAPTER 5
CHAPTER 6
CHAPTER 7
CHAPTER 8
CHAPTER 9
CHAPTER 10
CHAPTER 11

Check 2　Phrase

☐ the poorest section of town
(街の最貧困区域)
☐ the smoking section (喫煙場所)

☐ in good [bad] shape (体調がよくて[悪くて]、よい[悪い]状態で)
☐ in the shape of ~ (~の形をした)

☐ have [get] a shot (注射を打ってもらう)
☐ fire a shot (発砲する)

☐ a stone structure (石造建造物)
☐ the social structure (社会構造)

☐ a large [small] sum of money
(多額[少額]の金)
☐ the sum of the angles of a triangle (三角形の3つの角の和)

☐ get into an argument with him (彼と議論[口論]を始める)
☐ an argument against smoking (喫煙に反対する主張)

☐ work at the city hall (市役所で働く)

☐ give ~ an example (~に例を挙げる)
☐ a typical example (典型的な例)

Check 3　Sentence 》MP3-060

☐ The car accident occurred on a straight section of the highway. (その自動車事故は、幹線道路の直線区域で起きた)

☐ He looked in good shape. (彼は体調がよいように見えた)

☐ You should get a flu shot before winter. (冬になる前にインフルエンザの予防接種を打ってもらったほうがいい)

☐ Todaiji Temple is one of the biggest wooden structures in the world. (東大寺は世界最大の木造建築物の1つだ)

☐ The painting was sold for a large sum. (その絵は高額で売却された)

☐ They had a heated argument about the issue. (彼らはその問題について激論を交わした)

☐ The new city hall is currently under construction. (新しい市役所が現在建設中だ)

☐ This church is a good example of Gothic architecture. (この教会はゴシック建築の好例だ)

continued ▼

Check 1　　Chants 》MP3-059

□ 0473
fashion
/fǽʃən/
❶定義注意
Part 5, 6

▶

名❶やり方、仕方(≒ way, manner)　❷流行、はやり(≒ vogue)

▶

□ 0474
heat wave
Part 4

名熱波、猛暑、酷暑

▶

□ 0475
importance
/impɔ́ːrtəns/
Part 5, 6

▶

名重要性、重大さ(≒ significance)
形important：重要[重大]な

▶

□ 0476
rest
/rést/
Part 2, 3

▶

名❶(the 〜)(〜の)残り(of 〜)(≒ remainder)　❷休息、休み(≒ break)
動休む、休息する

▶

□ 0477
surface mail
Part 2, 3

▶

名(航空便に対して)船[列車、トラック]便、海上[陸上]便(⇔ airmail)

▶

□ 0478
head office
Part 4

▶

名本社(≒ headquarters)、本店(⇔ branch：支店)

▶

□ 0479
hour
/áuər/
❶定義注意
Part 4

▶

名❶(〜s)営業[勤務]時間　❷1時間　❸時刻

▶

□ 0480
brick
/brík/
Part 1

▶

名れんが

▶

---

144 ▶ 145

Day 29 》MP3-057
Quick Review
答えは右ページ下

□ 冷蔵庫	□ 商取引	□ 情報	□ 権利
□ うわさ	□ 食事	□ 用地	□ 代理人
□ はかり	□ 頭金	□ 報道機関	□ ふた
□ 理想像	□ 輸出	□ 理由	□ 運転手

Check 2　Phrase

- □ in one's own fashion（自分のやり方で）
- □ be in fashion（はやっている）

- □ a record heat wave（記録的な熱波）

- □ stress the importance of ~（~の重要性を強調する）
- □ of great [vital] importance（極めて重要な）

- □ the rest of the day（その日の残り）
- □ take [have] a rest（休息する、一休みする）

- □ send ~ by surface mail（~を船便で送る）

- □ the head office building（本社ビル）

- □ office [business] hours（勤務[営業]時間）
- □ after hours（勤務時間後に）

- □ lay bricks（れんがを積む）
- □ a brick wall（れんがの壁[塀]）

Check 3　Sentence 》MP3-060

- □ She speaks in an elegant fashion.（彼女は上品な話し方をする）

- □ A heat wave is predicted for the weekend.（週末は熱波が予想されている）

- □ This is a matter of the greatest importance.（これは最も重要な問題だ）

- □ Keep the rest of the pizza in the refrigerator.（ピザの残りを冷蔵庫にしまっておいてね）

- □ Surface mail costs about half the price of standard airmail.（船便は通常の航空便のほぼ半分の値段だ）

- □ He was transferred from a branch in Osaka to the head office.（彼は大阪支社から本社へ転勤になった）

- □ Our opening hours are 10 a.m. to 8 p.m.（当店の営業時間は午前10時から午後8時までです）

- □ The house is built of brick.（その家はれんが造りだ）

CHAPTER 1
CHAPTER 2
CHAPTER 3
CHAPTER 4
CHAPTER 5
CHAPTER 6
CHAPTER 7
CHAPTER 8
CHAPTER 9
CHAPTER 10
CHAPTER 11

Day 31　名詞19

Check 1　　Chants ♪) MP3-061

☐ 0481
deck
/dék/
❶発音注意
Part 1

图❶**甲板**、デッキ　❷(木製の)テラス(≒terrace)

☐ 0482
credit
/krédit/
Part 7

图❶**信用貸し**、クレジット　❷信用、信頼(≒trust)
動❶〜を信用する　❷(be credited with [for]で)〜の功績を認められている

☐ 0483
path
/pǽθ/
Part 1

图❶**小道**(≒lane)、通り道　❷進路

☐ 0484
patience
/péiʃəns/
❶発音注意
Part 4

图**忍耐**(力)、我慢
形patient：(〜に)辛抱[忍耐]強い(with〜)
图patient：患者、病人

☐ 0485
warning
/wɔ́:rniŋ/
Part 4

图(〜の／…に対する)**警告**、警報(of 〜/against . . .)(≒caution)
動warn：❶〜だと警告[注意]する　❷(warn A of [about] Bで)AにB(危険など)を警告[注意]する　❸(warn A to do で)Aに〜するように警告[注意]する

☐ 0486
offense
/əféns/
Part 7

图❶(〜に対する)**違反**、犯罪(against 〜)　❷気分を害するもの、無礼
動offend：❶〜の感情を害する　❷罪を犯す
形offensive：❶(〜に)不快な、無礼な(to 〜)　❷攻撃側の

☐ 0487
trade
/tréid/
Part 7

图❶(〜との)**貿易**、通商(with 〜)　❷商売、(the 〜)(修飾語と共に)〜業
動❶(〜と)貿易[取引]する(with 〜)　❷(trade A for B で)AをB(物)と交換する
图trading：❶取引　❷証券取引

☐ 0488
defeat
/difí:t/
Part 5, 6

图**敗北**、敗戦(⇔victory)　❹「打破、勝利」という逆の意味で用いられることもある
動〜に勝つ、〜を破る

英字紙・英字雑誌などを使って、語彙との出合いを増やそう。今まで学習した語彙とも遭遇するはず。出合いの数と定着度は正比例する！

☐ 聞くだけモード　Check 1
☐ しっかりモード　Check 1 ▶ 2
☐ かんぺきモード　Check 1 ▶ 2 ▶ 3

CHAPTER 1

Check 2　Phrase

☐ **go up on** deck（甲板に上がる）
☐ **relax on the** deck（テラスでくつろぐ）

☐ **buy ~ on** credit（~をクレジットで買う）
☐ **gain** credit（信用を得る）

☐ **a** path **through the forest**（森の中の小道）
☐ **the** path **of a typhoon**（台風の進路）

☐ **have the** patience **to do ~**（辛抱強く~する）
☐ **lose one's** patience **with ~**（~に我慢できなくなる）

☐ **without** warning（警告[予告]もなしに、いきなり）

☐ **a traffic** offense（交通違反）
☐ **cause [give]** offense **to ~**（~を怒らせる）

☐ **the arms** trade（武器貿易）
☐ **the tourist** trade（観光業）

☐ **an election** defeat（選挙での敗北）
☐ **admit** defeat（負けを認める）

Check 3　Sentence ») MP3-062

☐ **Several people are out on the** deck.（何人かの人たちが甲板に出ている）

☐ **The store offers three months of interest-free** credit.（その店は3カ月の無利息の信用貸しをしている）

☐ **The** path **winds through the trees.**（小道が木々の中を曲がりくねっている）

☐ **This job needs a lot of** patience.（この仕事には多くの忍耐が必要だ）

☐ **The weather service has issued a hurricane** warning.（気象予報会社はハリケーン警報を出した）

☐ **Drunk driving is a criminal** offense.（飲酒運転は刑事犯罪だ）

☐ **The new agreement will increase** trade **among countries.**（その新しい協定は各国間の貿易を増大させるだろう）

☐ **She managed a smile after her** defeat.（敗戦の後、彼女は何とか笑ってみせた）

CHAPTER 2

CHAPTER 3

CHAPTER 4

CHAPTER 5

CHAPTER 6

CHAPTER 7

CHAPTER 8

CHAPTER 9

CHAPTER 10

CHAPTER 11

continued ▼

Check 1　　Chants))) MP3-061

□ 0489
profession
/prəféʃən/
Part 4

▶

名(知的な)**職業**、専門職(≒job, occupation, career)
形professional：❶専門家による　❷プロの
名professional：❶専門家　❷プロ選手

▶

□ 0490
aim
/éim/
Part 5, 6

▶

名❶(～の)**目標**、目的(of ～)　❷狙い
動❶(aim to doで)～することを目指す、～しようと努力する　❷(aim atで)～を狙う、目指す　❸(aim A at Bで)A(武器・批判など)をBに向ける

□ 0491
disappointment
/disəpɔ́intmənt/
Part 5, 6

▶

名(～に対する)**失望**(at [in, with] ～)
動disappoint：❶～を失望させる、がっかりさせる　❷(be disappointed with [at, about]で)～に失望している、がっかりしている

▶

□ 0492
flood
/flʌ́d/
❶発音注意
Part 4

▶

名**洪水**
動❶～を水浸しにする　❷(be flooded withで)～であふれかえっている

▶

□ 0493
witness
/wítnis/
Part 2, 3

▶

名(～の)**目撃者**(to ～)
動～を目撃する

▶

□ 0494
appearance
/əpíərəns/
Part 5, 6

名❶**登場**　❷見かけ、外見(≒look)　❸出演、出場
動appear：❶～のように見える[思える]　❷(appear to doで)～するように見える　❸現れる
形apparent：明らかな、明白な
副apparently：どうやら[見たところでは]～らしい

□ 0495
change
/tʃéindʒ/
❶定義注意
Part 2, 3

▶

名❶**小銭**、釣り銭　❷変化
動❶～を変える　❷変わる
形changeable：(天候が)変わりやすい、(契約などが)変更可能の

▶

□ 0496
crowd
/kráud/
Part 1

▶

名**群衆**、人込み
動❶(場所)に詰めかける　❷群がる
形crowded：(～で)混雑した、満員の(with ～)

▶

Day 30))) MP3-059
Quick Review
答えは右ページ下

□ 区域	□ 金額	□ やり方	□ 船便
□ 体調	□ 議論	□ 熱波	□ 本社
□ 注射	□ 市役所	□ 重要性	□ 営業時間
□ 建造物	□ 例	□ 残り	□ れんが

□ a respectable profession(ちゃんとした職業)

□ She is a lawyer by profession.(彼女の職業は弁護士だ)

□ achieve one's aim(目標を達成する)
□ take aim at ~(~に狙いを定める)

□ The aim of a carbon tax is to halt the increase of global warming.(炭素税の目的は地球温暖化の進行を止めることだ)

□ express disappointment(失意を表す)
□ to one's disappointment(がっかりしたことには)

□ She tried to smile, but her disappointment was obvious.(彼女はほほ笑もうとしたが、彼女の失望は明らかだった)

□ flood warning(洪水警報)

□ The village was completely destroyed by floods.(その村は洪水で全滅した)

□ a witness to the murder(殺人の目撃者)

□ Police are looking for witnesses to the car accident.(警察はその自動車事故の目撃者を探している)

□ make an appearance(登場する)
□ physical appearance(外見、容姿)

□ The band will make its first appearance this Saturday.(そのバンドは今週の土曜日に初登場する)

□ in (small) change(小銭で)
□ a change of temperature(気温の変化)

□ Can you make change for a dollar?(1ドルをくずしてくれませんか?)

□ an enormous crowd(大群衆)

□ The street is filled with the crowd.(通りは群衆でいっぱいになっている)

Day 30 ♪ MP3-059
Quick Review
答えは左ページ下

□ section
□ shape
□ shot
□ structure

□ sum
□ argument
□ city hall
□ example

□ fashion
□ heat wave
□ importance
□ rest

□ surface mail
□ head office
□ hour
□ brick

CHAPTER 1
CHAPTER 2
CHAPTER 3
CHAPTER 4
CHAPTER 5
CHAPTER 6
CHAPTER 7
CHAPTER 8
CHAPTER 9
CHAPTER 10
CHAPTER 11

Day 32　名詞20

Check 1　Chants)) MP3-063

☐ 0497
employment
/implɔ́imənt/
Part 7

> 名❶**雇用**、勤務(⇔unemployment:失業)　❷仕事、職業
> 動employ:❶~を雇う　❷(手段など)を(…のために)利用する(for . . .)
> 名employee:従業員、被雇用者
> 名employer:雇用者[主]

☐ 0498
fault
/fɔ́:lt/
❶発音注意
Part 7

> 名❶(過失の)**責任**、罪、過失、誤り(≒mistake)　❷故障　❸(性格などの)短所、欠点

☐ 0499
favor
/féivər/
Part 5, 6

> 名❶**親切な行為**、恩恵　❷支持、援助
> 動❶(計画など)に賛成する　❷~を好む
> 形favorite:お気に入りの、大好きな
> 名favorite:お気に入りの人[物]
> 形favorable:❶好意的な　❷好都合な

☐ 0500
search
/sɔ́:rtʃ/
Part 4

> 名(~の)**捜索**、調査(for [of] ~)
> 動❶(search forで)~を探す　❷(search A for Bで)A(場所)をBを求めて捜索[探索]する

☐ 0501
story
/stɔ́:ri/
❶定義注意
Part 1

> 名❶(建物の)**階**　❷話、物語

☐ 0502
absence
/ǽbsəns/
Part 2, 3

> 名❶**欠席**、欠勤、不在(⇔presence)　❷(~の)ないこと、欠如(of ~)(≒lack, shortage)
> 形absent:(be absent fromで)❶~を欠席[欠勤]している　❷~が欠けている

☐ 0503
celebration
/sèləbréiʃən/
Part 7

> 名❶**祝賀会**、祭典、式典、祝典　❷祝賀、祝い
> 動celebrate:~を祝う、祝賀する
> 名celebrity:有名[著名]人

☐ 0504
lecture
/léktʃər/
Part 2, 3

> 名(~についての)**講義**、講演(on [about] ~)
> 動~に(…について)講義[講演]する(on [about] . . .)
> 名lecturer:講演者、講師

continued ▼

今日でChapter 4は最後! 時間に余裕があったら、章末のReviewにも挑戦しておこう。忘れてしまった単語も結構あるのでは?!

☐ 聞くだけモード　Check 1
☐ しっかりモード　Check 1 ▶ 2
☐ かんぺきモード　Check 1 ▶ 2 ▶ 3

CHAPTER 1

CHAPTER 2

CHAPTER 3

CHAPTER 4

CHAPTER 5

CHAPTER 6

CHAPTER 7

CHAPTER 8

CHAPTER 9

CHAPTER 10

CHAPTER 11

Check 2　Phrase

☐ be in [out of, without] employment(就業[失業]している)
☐ look for employment(仕事を探す)

☐ commit a fault(過失を犯す)
☐ a fault in the engine(エンジンの故障)

☐ ask her a favor(彼女に頼みごとをする)
☐ lose [find, gain, win] favor with him(彼の支持を失う[得る])

☐ a search for victims(犠牲者の捜索)
☐ in search of ~(~を探して)

☐ a 20-story building(20階建てのビル)

☐ absence from work [school](欠勤[欠席])
☐ the absence of evidence(証拠の欠如)

☐ a birthday celebration(誕生祝賀会)
☐ in celebration of ~(~を祝って)

☐ a lecture on modern architecture(現代建築についての講義)

Check 3　Sentence ♫ MP3-064

☐ Employment in the service industry has been increasing.(サービス業での雇用は増加している)

☐ It's my fault that we're late.(私たちが遅刻したのは私の責任だ)

☐ Thank you very much — I'll return the favor sometime.(どうもありがとうございます—この恩はいつかお返しします)

☐ Police called off the search for the missing boy.(警察は行方不明の少年の捜索を打ち切った)

☐ The house is three stories high.(その家は3階建てだ)

☐ A new manager was appointed during his absence.(彼のいない間に新しい部長が任命された)

☐ The school's 50th anniversary celebration will be held next week.(その学校の50周年記念祝賀会が来週開かれる)

☐ Professor Nelson will give a lecture on economics at 1 p.m. in the auditorium.(ネルソン教授は講堂で午後1時から経済学について講義する)

continued
▼

Check 1　　Chants ») MP3-063

□ 0505
merit
/mérit/
Part 7

图❶**長所**(⇔demerit)　❷価値　❸(通例~s)功績
働~に値する(≒deserve)

□ 0506
stockholder
/stάkhòuldər/
Part 4

图**株主**(≒shareholder)
图stock：❶株　❷蓄え　❸在庫品
働stock：❶(店など)に(商品を)蓄える、仕入れる(with . . .)　❷(商品)を店に置いている

□ 0507
tradition
/trədíʃən/
Part 5, 6

图❶**伝統**　❷しきたり、習わし
形traditional：伝統的な

□ 0508
work
/wə́ːrk/
❶定義注意
Part 7

图❶(芸術などの)**作品**(≒piece)　❷仕事、職
働働く

□ 0509
comfort
/kʌ́mfərt/
Part 7

图❶**快適さ**、くつろぎ　❷安らぎ、慰め(≒consolation)
働~を慰める(≒console)
形comfortable：❶(人が)くつろいだ　❷(家具・部屋などが)快適な

□ 0510
paper
/péipər/
❶定義注意
Part 5, 6

图❶(~s)**書類**、文書(≒document)　❷新聞　❸論文　❹紙

□ 0511
technique
/tekníːk/
❶アクセント注意
Part 5, 6

图**技術**、技法、手法(≒skill, method)
图technology：科学[工業]技術、テクノロジー

□ 0512
time line
Part 2, 3

图**予定[スケジュール]表**　❶timelineと1語でつづる場合もある

Day 31 ») MP3-061
Quick Review
答えは右ページ下

□ 甲板	□ 警告	□ 職業	□ 目撃者
□ 信用貸し	□ 違反	□ 目標	□ 登場
□ 小道	□ 貿易	□ 失望	□ 小銭
□ 忍耐	□ 敗北	□ 洪水	□ 群衆

Check 2 Phrase	Check 3 Sentence))) MP3-064
□ the merits of the new plan (新しい計画の長所) □ literary [artistic] merit(文学的[芸術的]価値)	□ The management discussed the merits of opening a new branch.(経営陣は新しい支店を開くことの長所を話し合った)
□ a stockholders' meeting(株主総会)	□ Mr. Brown is a major stockholder of the company.(ブラウン氏はその会社の大株主だ)
□ follow a tradition(伝統に従う) □ break with tradition(しきたりに反する)	□ The company has a long tradition of product development.(その会社には製品開発の長い伝統がある)
□ works of literature(文学作品) □ look for work(仕事を探す)	□ The museum has over 4,000 works of art.(その美術館には4000を超える芸術作品がある)
□ in comfort(くつろいで) □ take [draw] comfort from ~ (~から安らぎを得る、~に慰められる)	□ The hotel offers luxury and comfort.(そのホテルは豪華さと快適さを提供している)
□ identification papers(身分証明書) □ a morning [an evening] paper(朝[夕]刊)	□ He searched the papers on his desk for the receipt.(彼はそのレシートを見つけようと机の上の書類を探した)
□ develop a technique(技術を開発する) □ marketing techniques(マーケティング手法)	□ We need to master new techniques.(私たちは新しい技術を習得する必要がある)
□ the time line for the construction of the bridge(その橋の建設の予定表)	□ We need a realistic time line for the completion of the project.(私たちはそのプロジェクトを完成させるための現実的な予定表を必要としている)

Day 31))) MP3-061
Quick Review
答えは左ページ下

□ deck
□ credit
□ path
□ patience

□ warning
□ offense
□ trade
□ defeat

□ profession
□ aim
□ disappointment
□ flood

□ witness
□ appearance
□ change
□ crowd

CHAPTER 1
CHAPTER 2
CHAPTER 3
CHAPTER 4
CHAPTER 5
CHAPTER 6
CHAPTER 7
CHAPTER 8
CHAPTER 9
CHAPTER 10
CHAPTER 11

Chapter 4 Review

左ページの(1)〜(20)の名詞の同意・類義語（≒）を右ページのA〜Tから選び、カッコの中に答えを書き込もう。意味が分からないときは、見出し番号を参照して復習しておこう（答えは右ページ下）。

☐ (1) advance (0354) ≒は? (　　)

☐ (2) location (0356) ≒は? (　　)

☐ (3) practice (0362) ≒は? (　　)

☐ (4) confidence (0370) ≒は? (　　)

☐ (5) pay (0373) ≒は? (　　)

☐ (6) goods (0381) ≒は? (　　)

☐ (7) journal (0389) ≒は? (　　)

☐ (8) damage (0399) ≒は? (　　)

☐ (9) variety (0413) ≒は? (　　)

☐ (10) cupboard (0416) ≒は? (　　)

☐ (11) proof (0421) ≒は? (　　)

☐ (12) prize (0425) ≒は? (　　)

☐ (13) foundation (0433) ≒は? (　　)

☐ (14) entertainment (0443) ≒は? (　　)

☐ (15) vision (0452) ≒は? (　　)

☐ (16) agent (0462) ≒は? (　　)

☐ (17) example (0472) ≒は? (　　)

☐ (18) head office (0478) ≒は? (　　)

☐ (19) profession (0489) ≒は? (　　)

☐ (20) technique (0511) ≒は? (　　)

A. harm

B. kind

C. award

D. custom

E. occupation

F. amusement

G. progress

H. instance

I. periodical

J. representative

K. cabinet

L. trust

M. headquarters

N. dream

O. evidence

P. place

Q. skill

R. base

S. salary

T. merchandise

【解答】 (1) G　(2) P　(3) D　(4) L　(5) S　(6) T　(7) I　(8) A　(9) B　(10) K
(11) O　(12) C　(13) R　(14) F　(15) N　(16) J　(17) H　(18) M　(19) E　(20) Q

CHAPTER 1

CHAPTER 2

CHAPTER 3

CHAPTER 4

CHAPTER 5

CHAPTER 6

CHAPTER 7

CHAPTER 8

CHAPTER 9

CHAPTER 10

CHAPTER 11

CHAPTER 5

動詞：必修112

Chapter 5では、TOEICで必修の動詞112を見ていきます。このChapterの途中で、本書は後半戦に突入！ 身につけてきた単語の数は、なんと600を突破します。まさに、「塵も積もれば山となる」！

TOEIC的格言

A penny saved is a penny earned.

塵も積もれば山となる。
[直訳] 1ペニーの節約は1ペニーの稼ぎ。

CHAPTER 1
CHAPTER 2
CHAPTER 3
CHAPTER 4
CHAPTER 5
CHAPTER 6
CHAPTER 7
CHAPTER 8
CHAPTER 9
CHAPTER 10
CHAPTER 11

Day 33　動詞8

Check 1　　Chants))) MP3-065

□ 0513
fit
/fít/
Part 2, 3

動 (衣服などが) **〜に** (大きさ・型が) **合う**
形❶ (〜に)適した (for 〜)　❷健康 [元気] な

□ 0514
surround
/səráund/
Part 1

動❶ **〜を囲む**、取り巻く　❷ (be surrounded byで) 〜に囲まれている
名 surrounding : (〜s) (周囲の)環境
形 surrounding : 周囲 [周辺] の

□ 0515
create
/kriéit/
Part 4

動 **〜を生み出す**、創造する (≒make)
名 creation : ❶創造　❷創造物
名 creature : 生き物
形 creative : 創造的な

□ 0516
follow
/fálou/
Part 5, 6

動❶ (規則など) **に従う** (≒obey)　❷〜に続く　❸〜の後について行く
形 following : (the 〜)次の、次に述べる [来る]
前 following : 〜に引き続いて、〜の後で

□ 0517
lay
/léi/
Part 1

動 **〜を** (…に) **置く**、敷く (in [on, under] . . .) (≒put, place)、〜を横たえる　⊕ 「横たわる」 は lie

□ 0518
lift
/líft/
Part 1

動 **〜を持ち上げる**
名❶持ち上げること　❷車に乗せること (≒ride)　❸リフト

□ 0519
tie
/tái/
Part 1

動 **〜を結ぶ** (≒do up)、(ベルトなど)を締める
名❶ (通例〜s) つながり、関係 (≒bond)　❷ネクタイ (≒necktie)

□ 0520
describe
/diskráib/
Part 2, 3

動❶ **〜を描写 [説明] する** (≒depict, portray)　❷ (describe A as B)AをBだと言う [評する]
名 description : 描写、説明、記述

continued ▼

Chapter 5では、7日をかけて必修動詞112をチェック。まずはチャンツを聞いて、単語を「耳」からインプット！

☐ 聞くだけモード　Check 1
☐ しっかりモード　Check 1 ▸ 2
☐ かんぺきモード　Check 1 ▸ 2 ▸ 3

CHAPTER 1
CHAPTER 2
CHAPTER 3
CHAPTER 4
CHAPTER 5
CHAPTER 6
CHAPTER 7
CHAPTER 8
CHAPTER 9
CHAPTER 10
CHAPTER 11

Check 2　Phrase

| Check 3　Sentence 》MP3-066

☐ fit ~ like a glove（[衣服などが]~にぴったり合う）

☐ That dress fits her perfectly.（そのドレスは彼女にぴったり合っている）

☐ surround the enemy（敵を包囲する）
☐ be surrounded by people（人々に囲まれている）

☐ The fence surrounds the construction site.（フェンスが建設現場を囲んでいる）

☐ create a new trend（新しい傾向[流行]を生み出す）

☐ The project is expected to create 1,000 jobs in the local community.（そのプロジェクトは地元社会に1000人の職を生み出すと期待されている）

☐ follow instructions（指示に従う）
☐ be followed by ~（~が続く）

☐ Why didn't you follow her advice?（なぜ彼女の忠告に従わなかったのですか?）

☐ lay a carpet on the floor（床にカーペットを敷く）
☐ lay the baby on the bed（赤ん坊をベッドに寝かせる）

☐ The waiter is laying plates on the table.（ウエーターはテーブルに皿を置いている）

☐ lift a chair（いすを持ち上げる）

☐ The tow truck is lifting the car.（レッカー車は車を持ち上げている）

☐ tie one's belt（ベルトを締める）

☐ The woman is tying her shoelaces.（女性は靴ひもを結んでいる）

☐ describe a scene（場面を描写する）
☐ describe him as outgoing（彼を社交的だと評する）

☐ Can you describe the man's physical characteristics?（その男性の身体的特徴を説明してくれますか?）

continued
▼

Check 1　Chants)) MP3-065

□ 0521

dismiss

/dismís/
Part 7

動 ~を解雇する(≒fire)(⇔employ, hire)
名dismissal: (~からの)解雇、免職(from ~)

□ 0522

found

/fáund/
Part 4

動 ~を設立[創立、創設]する(≒establish, set up)
名foundation: ❶(建物の)基礎、土台　❷(報道などの)根拠　❸財団
名founder: 創業[設立、創設]者

□ 0523

occur

/əkə́:r/
❶アクセント注意
Part 5, 6

動❶(事件などが)起こる、生じる(≒happen)　❷(occur toで)(考えなどが)~の心に(ふと)浮かぶ
名occurrence: ❶事件、出来事　❷(事件などの)発生

□ 0524

pile

/páil/
Part 1

動 ~を積み上げる、積み重ねる
名❶(物の)積み重ね、山　❷(a pile ofで)~の山、多数[多量]の~

□ 0525

suspect

/səspékt/
❶アクセント注意
Part 7

動❶~だと疑う、思う　❷(suspect A of Bで)AにB(犯罪など)の容疑[嫌疑]をかける
名(/sʌ́spekt/)容疑者
名suspicion: (~に対する)疑い(about [against, for] ~)

□ 0526

aid

/éid/
Part 2, 3

動❶(~の)助けとなる(in ~)　❷~を(仕事などで)助ける、手伝う(in [with] . . .)(≒help, assist)
名援助

□ 0527

gain

/géin/
Part 7

動❶~を得る、手に入れる(≒get, obtain)　❷(力・価値など)を増す
名❶利益　❷(数・量の)増加(⇔loss)

□ 0528

settle

/sétl/
Part 2, 3

動❶(問題など)を解決する　❷(settle downで)落ち着く、~を落ち着かせる　❸(settle inで)~に定住[移住]する
名settlement: ❶合意、和解　❷移民、植民

Check 2　Phrase

CHAPTER 1
CHAPTER 2
CHAPTER 3
CHAPTER 4
CHAPTER 5
CHAPTER 6
CHAPTER 7
CHAPTER 8
CHAPTER 9
CHAPTER 10
CHAPTER 11

□ dismiss several employees
（数名の従業員を解雇する）

□ found a new nation（新国家を樹
立する）

□ if anything occurs（もし何か起き
たら、万一の場合には）

□ pile dishes（皿を積み重ねる）

□ suspect that she is lying（彼女
がうそをついていると疑う）
□ suspect him of murder（彼に
殺人の容疑をかける）

□ aid her in her work（彼女の仕事
を手伝う）

□ gain support（支持を得る）
□ gain weight [speed]（体重［速
度］を増す）

□ settle a dispute（紛争を解決する）
□ settle him down（彼を落ち着かせ
る）

Check 3　Sentence ⟫ MP3-066

□ He was dismissed for neglect of
duty.（彼は職務怠慢で解雇された）

□ The university was founded in
1868.（その大学は1868年に設立された）

□ The traffic accident occurred
around 4 a.m.（その交通事故は午前4時ごろ
に起きた）

□ The books are piled on the table.
（テーブルの上に本が積み上げられている）

□ Police suspect that the fire was
started on purpose.（その火災は故意に起
こされたと警察は疑っている）

□ Calcium aids in the development
of strong bones and teeth.（カルシウム
は丈夫な骨と歯の成長の助けとなる）

□ India gained independence from
Britain in 1947.（インドは1947年にイギリ
スから独立を勝ち取った）

□ Nothing has been settled yet.（まだ
何も解決されていない）

Day 32 ⟫ MP3-063
Quick Review
答えは左ページ下

□ employment	□ story	□ merit	□ comfort
□ fault	□ absence	□ stockholder	□ paper
□ favor	□ celebration	□ tradition	□ technique
□ search	□ lecture	□ work	□ time line

Day 34 動詞9

Check 1　Chants ») MP3-067

162 ▶ 163

□ 0529
spread
/spréd/
❶発音注意
Part 5, 6

動❶〜を広げる　❷広がる　❸〜を広める　❹広まる
名普及

□ 0530
employ
/implɔ́i/
Part 4

動❶〜を雇う（≒hire）（⇔fire, dismiss）　❷（手段など）を利用する（≒use）
名employment：❶雇用、勤務　❷仕事、職業
名employee：従業員、被雇用者
名employer：雇用者［主］

□ 0531
land
/lǽnd/
❶定義注意
Part 4

動（飛行機が）**着陸する**（⇔take off）
名土地、陸地

□ 0532
occupy
/ákjupài/
Part 1

動❶（場所など）**を占める**、占有する　❷（be occupied withで）〜に従事している、〜で忙しい
名occupation：❶職業、仕事　❷（土地・家屋などの）占有、占拠（of 〜）

□ 0533
order
/ɔ́ːrdər/
Part 2, 3

動❶〜を（…に）**注文する**（from . . .）　❷〜に（…するよう）命じる（to do）（≒command）
名❶注文　❷命令　❸順番

□ 0534
allow
/əláu/
❶発音注意
Part 5, 6

動❶〜を許す（≒permit）（⇔forbid）　❷（allow A to doで）Aに〜することを許す（≒permit A to do）
名allowance：❶手当、支給額、お小遣い　❷割当量

□ 0535
cancel
/kǽnsəl/
Part 7

動（取り決め・注文など）**を取り消す**、中止する、キャンセルする（≒call off）
名cancellation：取り消し、キャンセル

□ 0536
chair
/tʃéər/
❶定義注意
Part 4

動**〜の議長を務める**
名❶（the 〜）議長　❷いす
名chairman：❶議長、司会者　❷（会社などの）会長、社長

continued
▼

単語上のチェックボックスを使ってる？ 覚えた単語にはチェックマーク、自信のないものには？マークなどをつけて復習に役立てよう。

☐ 聞くだけモード　Check 1
☐ しっかりモード　Check 1 ▶ 2
☐ かんぺきモード　Check 1 ▶ 2 ▶ 3

CHAPTER 1
CHAPTER 2
CHAPTER 3
CHAPTER 4
CHAPTER 5
CHAPTER 6
CHAPTER 7
CHAPTER 8
CHAPTER 9
CHAPTER 10
CHAPTER 11

Check 2　Phrase

Check 3　Sentence 》MP3-068

☐ spread a map（地図を広げる）
☐ spread rumors（うわさを広める）

☐ He spread the newspaper on the table.（彼は新聞をテーブルの上に広げた）

☐ employ him as an assistant（彼を助手として雇う）
☐ employ various means（さまざまな手段を用いる）

☐ Over 1,000 people are employed at the factory.（その工場では1000人以上が雇用されている）

☐ be about to land（まさに着陸しようとしている）

☐ We'll be landing at Narita International Airport in about 30 minutes.（当機は約30分後に成田国際空港に着陸します）➕ 機内アナウンス

☐ occupy a house（家を占有する）
☐ be occupied with cooking（料理で忙しい）

☐ All the seats are occupied.（すべての席は埋まっている）

☐ order the book from a bookstore（その本を本屋に注文する）
☐ order him to leave the room（部屋から出るよう彼に命じる）

☐ I ordered steak and a mixed salad at the restaurant.（私はそのレストランでステーキとミックスサラダを注文した）

☐ No pets allowed.（[掲示で]ペットお断り）
☐ allow him to be absent（彼に欠席を許可する）

☐ Smoking is not allowed in public areas.（公共の場所での喫煙は許されていない）

☐ cancel the order（注文を取り消す）
☐ cancel the meeting（会議を中止する）

☐ I called and canceled the reservation.（私は電話をして予約を取り消した）

☐ chair a committee（委員会の議長を務める、委員長を務める）

☐ Will you chair tomorrow's meeting?（明日の会議の議長を務めてくれませんか?）

continued ▼

Check 1　Chants ») MP3-067

□ 0537
cross
/krɔ́:s/
Part 1

動❶**～を横断する**、横切る、渡る　❷(腕・脚など)を組み合わせる
名crossing：❶横断歩道　❷交差点

□ 0538
impress
/imprés/
Part 5, 6

動❶**～に感銘を与える**、～を感動させる　❷(be impressed by [with]で)～に感動[感心]している
名impression：❶印象　❷(～という)考え、感じ(that節～)
形impressive：印象的な

□ 0539
print
/prínt/
❶定義注意
Part 7

動❶**～を活字体で書く**　❷～を印刷する
名❶活字　❷印刷

□ 0540
regret
/rigrét/
Part 5, 6

動❶**～を後悔する**、残念に思う　❷(regret doingで)～したことを後悔する、残念に思う　❸(regret to doで)残念ながら～する
名後悔
副regrettably：遺憾ながら、残念なことには

□ 0541
borrow
/bárou/
Part 2, 3

動**～を(…から)借りる**(from . . .)(⇔lend, loan)　❶「～を賃借りする」はrent

□ 0542
maintain
/meintéin/
Part 4

動❶**～を維持[保持]する**(≒keep, preserve, sustain)　❷～だと主張する(≒claim)
名maintenance：❶(～の)維持(of ～)　❷(～の)管理、整備(of ～)

□ 0543
match
/mǽtʃ/
❶定義注意
Part 7

動❶**～と調和する**、～に似合う　❶suit, fitと違い、「人」を目的語に取れない　❷～に匹敵する
名試合、競技

□ 0544
recover
/rikʌ́vər/
Part 5, 6

動❶(失ったものなど)**を取り戻す**、回収する(≒recoup, retrieve)(⇔lose)　❷(recover fromで)～から回復する(≒get better from)
名recovery：❶(～からの)回復(from ～)　❷(～を)取り戻すこと(of ～)

| Day 33 ») MP3-065
Quick Review
答えは右ページ下 | □ ～に合う
□ ～を囲む
□ ～を生み出す
□ ～に従う | □ ～を置く
□ ～を持ち上げる
□ ～を結ぶ
□ ～を描写する | □ ～を解雇する
□ ～を設立する
□ 起こる
□ ～を積み上げる | □ ～だと疑う
□ 助けとなる
□ ～を得る
□ ～を解決する |

CHAPTER
1

CHAPTER
2

CHAPTER
3

CHAPTER
4

CHAPTER
5

CHAPTER
6

CHAPTER
7

CHAPTER
8

CHAPTER
9

CHAPTER
10

CHAPTER
11

Check 2　Phrase

☐ cross **a river**(川を渡る)
☐ cross **one's legs [arms]**(脚[腕]を組む)

☐ **deeply** impress **him**(彼を深く感動させる)
☐ **be** impressed **by [with] the movie**(その映画に感動している)

☐ print **one's name**(名前を活字体で書く)
☐ print **a document**(書類を印刷する)

☐ regret **one's mistakes**(自分の過ちを後悔する)
☐ regret **not going to college**(大学に行かなかったことを後悔する)

☐ borrow **$100 from him**(彼から100ドルを借りる)

☐ maintain **world peace**(世界の平和を維持する)
☐ maintain **that he is innocent**(彼は無実だと主張する)

☐ match **her shirt exactly**([上着などが]彼女のシャツにぴったり合っている)
☐ **be well** matched([力などが]よく釣り合っている、互角である)

☐ recover **a loss**(損失を取り戻す)
☐ recover **from one's operation**(手術から回復する)

Check 3　Sentence ♪) MP3-068

☐ **People are** crossing **the road.**(人々は道路を横断している)

☐ **He has** impressed **people with his hard work.**(彼はその勤勉さで人々に感銘を与えてきた)

☐ **Please** print **your name and address clearly on the back of the envelope.**(封筒の裏に名前と住所をはっきりと活字体でご記入ください)

☐ **We sincerely** regret **any inconvenience this has caused.**(このたびおかけした不都合を心から遺憾に思います)

☐ **Can I** borrow **your car for this evening?**(今夜、あなたの車を借りてもいいですか?)

☐ **The police are needed to** maintain **law and order.**(警察は法と秩序を維持するために必要とされている)

☐ **The shirt** matched **his jeans.**(そのシャツは彼のジーンズによく合っていた)

☐ **It will take years to** recover **the cost.**(その費用を回収するには何年もかかるだろう)

Day 33 ♪) MP3-065
Quick Review
答えは左ページ下

☐ fit
☐ surround
☐ create
☐ follow

☐ lay
☐ lift
☐ tie
☐ describe

☐ dismiss
☐ found
☐ occur
☐ pile

☐ suspect
☐ aid
☐ gain
☐ settle

Check 1　Chants))) MP3-069

□ 0545
reform
/rifɔ́:rm/
Part 7

動 (制度・社会など)**を改善[改革]する**(≒improve)
名 改善、改革

□ 0546
unload
/ʌnlóud/
Part 1

動 **～を(…から)降ろす**(from . . .)(⇔load)

□ 0547
introduce
/ìntrədjú:s/
❶定義注意
Part 4

動 ❶(商品など)**を**(市場などに)**売り出す**(to . . .)　❷
～を(…に)紹介する(to . . .)　❸～を導入する
名 introduction:❶(～への)導入(into [to] ～)　❷(～への)
紹介(to ～)

□ 0548
wear
/wéər/
Part 1

動 ❶**～を身に着けている**、着ている　✚ wearは状
態、put onは「～を身に着ける」という動作を表す　❷擦
り減る　❸～を擦り減らす
名 ❶(集合的に)衣服、衣類　❷擦り切れ、摩耗

□ 0549
dig
/díg/
Part 1

動 **～を掘る**(≒excavate)

□ 0550
climb
/kláim/
Part 1

動 ❶(階段など)**を上る**(≒go up)　❷(山など)を登る

□ 0551
greet
/grí:t/
Part 1

動 ❶**～にあいさつする**(≒say hello to, salute)　❷
～を(…で)迎える(with . . .)
名 greeting:あいさつ(の言葉)

□ 0552
market
/má:rkit/
❶定義注意
Part 7

動 (商品)**を市場に出す**、売り込む
名 市場、マーケット

continued
▼

166 ▶ 167

Quick Reviewは使ってる? 昨日覚えた単語でも、記憶に残っているとは限らない。学習の合間に軽くチェックするだけでも効果は抜群!

☐ 聞くだけモード　Check 1
☐ しっかりモード　Check 1 ▶ 2
☐ かんぺきモード　Check 1 ▶ 2 ▶ 3

CHAPTER 1
CHAPTER 2
CHAPTER 3
CHAPTER 4
CHAPTER 5
CHAPTER 6
CHAPTER 7
CHAPTER 8
CHAPTER 9
CHAPTER 10
CHAPTER 11

Check 2　Phrase

Check 3　Sentence 》MP3-070

☐ reform the education system（教育制度を改革する）

☐ The union is seeking to reform working conditions.（その労働組合は労働条件を改善しようと努めている）

☐ unload cargo from a ship（船から積み荷を降ろす）

☐ They are unloading the sofa from the truck.（彼らはトラックからソファを降ろしている）

☐ introduce a new product（新製品を売り出す）
☐ introduce oneself（自己紹介する）

☐ The first notebook computer was introduced in 1981.（最初のノートブックコンピューターは1981年に発売された）

☐ wear glasses [a shirt]（眼鏡をかけている[シャツを着ている]）
☐ start to wear（[服などが]擦り切れ始める）

☐ The man is wearing a cap.（男性は帽子をかぶっている）

☐ dig the ground（地面を掘る）

☐ The man is digging a hole in the garden.（男性は庭で穴を掘っている）

☐ climb the slope（坂を上る）
☐ climb the hill（丘を登る）

☐ The woman is climbing the steps.（女性は階段を上っている）

☐ greet her on the street（道で彼女にあいさつする）
☐ greet one's guests with a smile（客を笑顔で迎える）

☐ Two people are greeting each other.（2人は互いにあいさつしている）

☐ market a new product（新製品を市場に出す）

☐ The car is marketed towards singles.（その車は独身者をターゲットに販売されている）

continued
▼

Check 1　Chants ») MP3-069

□ 0553
discuss
/dɪskʌs/
Part 5, 6

動 ～を(…と)話し合う、論議[討論]する(with . . .) ➕
他動詞なので、(×)discuss aboutのように後ろに前置詞
aboutはつかない
名discussion：(～についての)論議、討論(about [on] ～)

□ 0554
display
/dɪspléɪ/
Part 1

動❶～を展示[陳列]する(≒exhibit)　❷(感情など)を表す
名❶(集合的に)展示品　❷展示

□ 0555
fire
/fáɪər/
❶定義注意
Part 7

動 ～を(…から)解雇する(from . . .)(≒dismiss)
(⇔hire, employ)
名❶火　❷火事

□ 0556
celebrate
/séləbrèɪt/
Part 7

動 ～を祝う、祝賀する
名celebration：❶祝賀会、祭典、式典、祝典　❷祝賀、祝い
名celebrity：有名[著名]人

□ 0557
interrupt
/ìntərʌ́pt/
❶アクセント注意
Part 5, 6

動 ～を遮る、妨げる
名interruption：遮ること、妨害、遮る物、妨害物

□ 0558
wonder
/wʌ́ndər/
Part 2, 3

動❶～だろうかと思う　❷(～について)あれこれ考える、思いを巡らす(about ～)
名驚嘆、感嘆
形wonderful：素晴らしい、見事な

□ 0559
admit
/ædmít/
Part 5, 6

動❶～を認める(⇔deny：～を否認する)　❷(admit doingで)～したことを認める　❸(admit A to [into] Bで)AにBへの入場[入会、入学]を認める
名admission：❶入場料　❷入場[入学、入社]許可　❸(罪などの)自白(of ～)

□ 0560
consider
/kənsídər/
❶アクセント注意
Part 2, 3

動❶～をよく考える、熟慮[熟考]する　❷(consider doingで)～することをよく考える
名consideration：考慮、考察
形considerable：(数量などが)かなりの、相当な
形considerate：思いやりがある、理解がある

Day 34 ») MP3-067
Quick Review
答えは右ページ下

□ ～を広げる
□ ～を雇う
□ 着陸する
□ ～を占める

□ ～を注文する
□ ～を許す
□ ～を取り消す
□ ～の議長を務める

□ ～を横断する
□ ～に感銘を与える
□ ～を活字体で書く
□ ～を後悔する

□ ～を借りる
□ ～を維持する
□ ～と調和する
□ ～を取り戻す

Check 2　Phrase

□ discuss the project with colleagues(同僚たちとそのプロジェクトについて話し合う)

□ display paintings(絵画を展示する)
□ display little emotion(感情をほとんど表さない)

□ fire her from the job(彼女をその仕事から解雇する)

□ celebrate New Year [Christmas](新年[クリスマス]を祝う)

□ interrupt train service(列車の運行を妨げる)
□ Can I interrupt for a second?(ちょっと割り込んでもいいですか?)

□ wonder what she is thinking about(彼女は何を考えているのだろうかと思う)
□ wonder about one's future(将来についてあれこれ考える)

□ admit the truth(事実を認める)
□ admit breaking the law(法律を破ったことを認める)

□ consider several options(いくつかの選択肢を考慮する)
□ consider getting a new car(新車の購入を検討する)

Check 3　Sentence 》MP3-070

□ We will discuss the matter at the next meeting.(私たちはその問題について次の会議で話し合う予定だ)

□ The goods are displayed on shelves.(商品が棚に陳列されている)

□ I got fired last week.(私は先週、解雇された)

□ We celebrated our 20th wedding anniversary.(私たちは結婚20周年記念日を祝った)

□ Our conversation was interrupted by a phone call.(私たちの会話は電話で遮られた)

□ I wonder if he can help me.(彼は私を手伝ってくれるだろうか)

□ He was too proud to admit his mistakes.(彼は自尊心が強過ぎて、自分の間違いを認めなかった)

□ We have to consider what's best for our company.(会社にとって何が最善か私たちは考えなければならない)

Day 34 》MP3-067
Quick Review
答えは左ページ下

□ spread □ order □ cross □ borrow
□ employ □ allow □ impress □ maintain
□ land □ cancel □ print □ match
□ occupy □ chair □ regret □ recover

CHAPTER 1 / CHAPTER 2 / CHAPTER 3 / CHAPTER 4 / CHAPTER 5 / CHAPTER 6 / CHAPTER 7 / CHAPTER 8 / CHAPTER 9 / CHAPTER 10 / CHAPTER 11

Day 36　動詞11

Check 1　Chants ♪) MP3-071

□ 0561
list
/líst/
❶定義注意
Part 2, 3

> 動 **〜をリスト[目録]に載せる**、記載する
> 名 表、目録、リスト

□ 0562
manage
/mǽnidʒ/
Part 5, 6

> 動 ❶**〜を管理[経営]する**(≒be in charge of, run)　❷
> (manage to doで)どうにか[何とか]〜する
> 名manager：経営[管理、責任]者、(会社の)部長、課長
> 名management：❶(集合的に)経営陣　❷管理、経営
> 形managerial：管理[経営](者)の

□ 0563
miss
/mís/
Part 2, 3

> 動 ❶**〜に乗り遅れる**(⇔catch：〜に間に合う)　❷〜
> を見逃す　❸〜がいないのを寂しく思う

□ 0564
suffer
/sʌ́fər/
Part 4

> 動 ❶(損害など)**を被る**、受ける(≒undergo)　❷(suffer
> fromで)〜に苦しむ、(病気)を患う
> 名suffering：❶苦しみ、苦痛　❷(しばしば〜s)苦難

□ 0565
target
/tá:rgit/
Part 7

> 動 ❶**〜を(…の)対象[標的]にする**(for . . .)　❷(tar-
> get A at [on] Bで)BをAの目標に定める、ターゲットにす
> る
> 名目標、対象(≒objective, goal)

□ 0566
add
/ǽd/
Part 4

> 動 ❶**〜を(…に)加える**(to . . .)　❷〜だと言い足す
> ❸(add toで)〜を増やす(≒increase)
> 名addition：❶追加　❷追加分　❸足し算
> 形additional：追加の

□ 0567
argue
/á:rgju:/
Part 4

> 動 ❶(〜のことで)**議論する**、言い争う(about [over] 〜)
> ❷(〜に賛成の／…に反対の)論を唱える(for 〜/against
> . . .)　❸〜だと主張する
> 名argument：❶(〜との)議論、論争(with 〜)　❷(〜に賛
> 成する／…に反対する)主張、理由(for 〜/against . . .)

□ 0568
deny
/dinái/
Part 5, 6

> 動 ❶**〜を否定[否認]する**(⇔admit, acknowledge：〜
> を認める)　❷(deny doingで)〜しなかった[しない]と言
> う
> 名denial：❶否定　❷拒否

continued
▼

今日から『キクタンTOEIC L&Rテスト SCORE 600』は後半戦に突入！ 残りは35日＝5週間。計画通りに学習を進めていこう！

☐ 聞くだけモード　Check 1
☐ しっかりモード　Check 1 ▶ 2
☐ かんぺきモード　Check 1 ▶ 2 ▶ 3

CHAPTER 1
CHAPTER 2
CHAPTER 3
CHAPTER 4
CHAPTER 5
CHAPTER 6
CHAPTER 7
CHAPTER 8
CHAPTER 9
CHAPTER 10
CHAPTER 11

Check 2　Phrase

Check 3　Sentence 》MP3-072

☐ list recommended books on the handout(推薦図書を配付資料に記載する)

☐ The guide lists the 20 best hotels and 50 best restaurants in New York.(そのガイドにはニューヨークの最高級のホテル20とレストラン50が載っている)

☐ manage a restaurant(レストランを経営する)
☐ manage to finish the job(どうにか仕事を終える)

☐ He manages a staff of over 100 people.(彼は100人を超える職員を管理している)

☐ miss the last bus(最終バスに乗り遅れる)
☐ miss the beginning of the film(その映画の冒頭を見逃す)

☐ Hurry up, or you will miss your train.(急がないと電車に乗り遅れますよ)

☐ suffer a defeat(敗北を喫する)
☐ suffer from a headache(頭痛に苦しむ)

☐ The region has suffered severe drought for the past five years.(その地域はこの5年間、深刻な干ばつに見舞われている)

☐ target senior citizens(高齢者を対象にする)
☐ be targeted at the young(若者をターゲットにする)

☐ The magazine targets women around 40.(その雑誌は40歳前後の女性を対象にしている)

☐ add sugar to tea(紅茶に砂糖を加える)
☐ add to the problem(問題を大きくする)

☐ The company is planning to add 100 employees by the end of this year.(その会社は年末までに従業員を100人加える予定だ)

☐ argue about the issue(その問題のことで議論する)
☐ argue against the plan(その計画に反対の論を唱える)

☐ Every time they meet, they argue.(彼らは会うたびに言い争いになる)

☐ deny a rumor(うわさを否定する)
☐ deny stealing the money(その金を盗まなかったと言う)

☐ The White House strongly denied the report.(アメリカ政府はその報道を強く否定した)

continued ▼

Check 1　　Chants ») MP3-071

□ 0569
head
/héd/
❶定義注意
Part 5, 6

動❶〜を率いる、〜の長を務める　❷進む、向かう
名❶頭　❷(集団の)長

□ 0570
import
/impɔ́:rt/
❶アクセント注意
Part 5, 6

動〜を(…から)輸入する(from . . .)(⇔export)
名(/ímpɔ:rt/)輸入、(通例〜s)輸入品

□ 0571
lead
/lí:d/
Part 5, 6

動❶〜を導く、指揮する　❷〜を導く　❸(ある人生)を送る　❹(lead toで)(ある結果)に至る、つながる
名率先、先導
形leading：第一流[一位、一級]の、主要な

□ 0572
satisfy
/sǽtisfài/
❶アクセント注意
Part 5, 6

動❶〜を満足させる(⇔disappoint：〜を失望させる)　❷(必要など)を満たす　❸(be satisfied withで)〜に満足している
名satisfaction：満足、充足
形satisfactory：(〜にとって)満足な、納得のいく(to [for] 〜)

□ 0573
warn
/wɔ́:rn/
Part 4

動❶〜だと警告[注意]する　❷(warn A of [about] Bで)AにBを警告[注意]する　❸(warn A to do で)Aに〜するように警告[注意]する
名warning：(〜の/…に対する)警告、警報(of 〜/against . . .)

□ 0574
continue
/kəntínju:/
❶アクセント注意
Part 4

動❶続く(≒last)　❷〜を続ける　❸(continue to do [doing]で)〜し続ける
名continuity：連続性
形continual：(特に嫌なことが)連続的な
形continuous：絶え間のない、連続した

□ 0575
meet
/mí:t/
❶定義注意
Part 2, 3

動❶(要求など)を満たす(≒fulfill, satisfy)　❷〜に会う
名meeting：会議

□ 0576
oppose
/əpóuz/
Part 5, 6

動❶〜に反対する　❹他動詞であることに注意(≒object to, disagree with)(⇔agree with)　❷〜と敵対する　❸(be opposed toで)〜に反対している
名opposition：❶反対　❷(集合的に)対戦チーム
形opposite：❶反対側の　❷正反対の

Check 2　Phrase

☐ head the investigation team（調査団を率いる）
☐ head north（北へ向かう）

☐ import wheat from Australia（小麦をオーストラリアから輸入する）

☐ lead the investigation（調査を指揮する）
☐ lead the guests to their rooms（客を部屋へ導く）

☐ satisfy customers（顧客を満足させる）
☐ satisfy a demand（要求を満たす）

☐ warn that high oil prices will have an impact on the global economy（高い原油価格は世界経済に影響を及ぼすだろうと警告する）

☐ continue for two weeks（2週間続く）
☐ continue one's studies（学業を続ける）

☐ meet requirements（要件を満たす）
☐ meet a deadline（締め切りに間に合う）

☐ oppose a plan（計画に反対する）
☐ oppose the enemy（敵と争う）

Check 3　Sentence 》MP3-072

☐ He heads the accounting department of the company.（彼はその会社の経理部長だ）

☐ Japan imports oil from the Middle East.（日本は石油を中東から輸入している）

☐ I was asked to lead the discussion.（私はその討論を主導するように求められた）

☐ The report I wrote seemed to satisfy my boss.（私が書いた報告書は上司を満足させたようだった）

☐ Police warned that there would be major traffic congestion all afternoon and into the evening.（午後いっぱいと夜にかけて大渋滞になるだろうと警察は警告した）

☐ Cold weather will continue through the weekend.（週末いっぱい寒い天気が続くだろう）

☐ We haven't yet found a house that meets our needs.（私たちの要求を満たす家を私たちはまだ見つけていない）

☐ The local residents oppose the closing of the hospital.（地元の住民たちはその病院の閉鎖に反対している）

Day 35 》MP3-069
Quick Review
答えは左ページ下

☐ reform	☐ dig	☐ discuss	☐ interrupt
☐ unload	☐ climb	☐ display	☐ wonder
☐ introduce	☐ greet	☐ fire	☐ admit
☐ wear	☐ market	☐ celebrate	☐ consider

CHAPTER 1
CHAPTER 2
CHAPTER 3
CHAPTER 4
CHAPTER 5
CHAPTER 6
CHAPTER 7
CHAPTER 8
CHAPTER 9
CHAPTER 10
CHAPTER 11

Check 1　　Chants 》MP3-073

□ 0577
run
/rʌ́n/
❶定義注意
Part 5, 6

動❶〜を経営する(≒operate)　❷走る

□ 0578
design
/dizáin/
Part 4

動〜を設計[立案]する
名設計図、デザイン

□ 0579
win
/wín/
❶定義注意
Part 5, 6

動❶(賞など)を獲得する　❷〜に勝つ(⇔lose)
名勝利(≒victory, triumph)(⇔defeat)
名winner：❶優勝者、勝者　❷受賞者、入賞者

□ 0580
wheel
/hwíːl/
❶定義注意
Part 1

動(車輪のついたもの)を押す、動かす(≒push, move)
名車輪

□ 0581
farm
/fɑ́ːrm/
❶定義注意
Part 1

動❶(土地)を耕す、耕作する　❷耕作する、農業を営む
名農場、農園
名farmer：農場経営者、農民

□ 0582
perform
/pərfɔ́ːrm/
Part 7

動❶(任務など)を遂行する、行う(≒do, carry out)　❷
〜を演奏[上演]する
名performance：❶(仕事などの)実績、成果　❷(業務などの)遂行　❸演奏、上演

□ 0583
admire
/ædmáiər/
Part 2, 3

動❶〜に感心[感嘆]する　❷(admire A for Bで)Aを
Bの点で称賛する
名admiration：(〜に対する)感嘆、称賛(の気持ち)(for 〜)

□ 0584
judge
/dʒʌ́dʒ/
Part 2, 3

動〜を(…で)判断[評価]する(by …)
名❶審判(員)、審査員　❷裁判官、判事(≒justice)
名judgment：判断、評価

continued
▼

今日は「❶定義注意」の単語が続出！ TOEIC 頻出の意味を、しっかりと押さえておこう。それでは、チャンツからスタート！

☐ 聞くだけモード　Check 1
☐ しっかりモード　Check 1 ▸ 2
☐ かんぺきモード　Check 1 ▸ 2 ▸ 3

CHAPTER 1
CHAPTER 2
CHAPTER 3
CHAPTER 4
CHAPTER 5
CHAPTER 6
CHAPTER 7
CHAPTER 8
CHAPTER 9
CHAPTER 10
CHAPTER 11

Check 2　Phrase

☐ run a hotel(ホテルを経営する)

☐ design a building(ビルを設計する)
☐ design a dress(ドレスをデザインする)

☐ win a prize [an award](賞を獲得する、受賞する)
☐ win a game [an election](試合[選挙]に勝つ)

☐ wheel a stroller(ベビーカーを押す)

☐ farm a rice field(田んぼを耕す)

☐ perform one's duties(職務を遂行する)
☐ perform an opera(オペラを上演する)

☐ admire his talent(彼の才能に感心する)
☐ admire her for her efforts(彼女の努力を称賛する)

☐ judge the project (to be) a success(その計画を成功だと判断する)

Check 3　Sentence 》MP3-074

☐ He runs three restaurants in the city.(彼はその街でレストランを3軒経営している)

☐ We designed this software.(私たちがこのソフトウエアを設計した)

☐ She won three gold medals in the Olympics.(彼女はオリンピックで3つの金メダルを獲得した)

☐ The man is wheeling his bicycle.(男性は自転車を押している)

☐ The man is farming the land.(男性は土地を耕している)

☐ The operation will be performed tomorrow.(その手術は明日行われる予定だ)

☐ The audience admired the performance of the pianist.(聴衆はそのピアニストの演奏に感嘆した)

☐ Don't judge a person by their appearance.(人を外見で判断してはならない)

continued
▼

Check 1　　Chants))) MP3-073

☐ 0585
appear
/əpíər/
Part 5, 6

動❶～のように見える[思える](≒seem)　❷(appear to doで)～するように見える(≒seem to do)　❸現れる(⇔disappear)
名appearance：❶登場　❷見かけ、外見　❸出演、出場
形apparent：明らかな、明白な

☐ 0586
decide
/disáid/
Part 5, 6

動❶～を決定[解決]する(≒determine, resolve)　❷(decide to doで)～しようと決心する、～することにする
名decision：❶(～に関する)決定(about [on] ～)　❷(～しようという)決心(to do)　❸判決

☐ 0587
polish
/páliʃ/
Part 1

動～を磨く、～のつやを出す(≒shine)
名つや出し、磨き粉

☐ 0588
prefer
/prifə́:r/
❶アクセント注意
Part 2, 3

動❶(…より)～を好む(to . . .)　❷(prefer to doで)～することが好きである、むしろ～したい
名preference：❶(～に対する)好み(for ～)　❷優先

☐ 0589
project
/prɑdʒékt/
❶定義注意　❶アクセント注意
Part 5, 6

動❶(結果など)を予想する　❷～を見積もる　❸～を計画する
名(/prɑ́dʒekt/)❶(～する)計画(to do)(≒plan)　❷(大規模な)事業、プロジェクト
名projection：(将来の)予測、見積もり

☐ 0590
ruin
/rú:in/
Part 4

動❶～を台無しにする(≒spoil)　❷～を破滅させる　❸～を破壊する(≒destroy)
名❶(身の)破滅　❷遺跡、廃墟

☐ 0591
select
/silékt/
Part 4

動～を(…のために)選ぶ(for . . .)(≒choose, pick)
形えり抜きの、選ばれた
名selection：❶品ぞろえ　❷(～から)選ばれた物[人](from ～)　❸選択、選抜

☐ 0592
suppose
/səpóuz/
Part 5, 6

動❶～だと思う、考える(≒think, imagine)　❷～だと推測する　❸(be supposed to doで)～することになっている

Day 36))) MP3-071
Quick Review
答えは右ページ下

☐ ～をリストに載せる	☐ ～を対象にする	☐ ～を率いる	☐ ～だと警告する
☐ ～を管理する	☐ ～を加える	☐ ～を輸入する	☐ 続く
☐ ～に乗り遅れる	☐ 議論する	☐ ～を導く	☐ ～を満たす
☐ ～を被る	☐ ～を否定する	☐ ～を満足させる	☐ ～に反対する

Check 2　Phrase

- □ appear **very angry**(とても怒っているように見える)
- □ **It appears that** ~ .(~のようだ) ▶

- □ decide **one's future**(将来を決める)
- □ decide **to resign**(辞職を決意する) ▶

- □ polish **one's glasses**(眼鏡を磨く)

▶

- □ prefer **coffee to tea**(紅茶よりコーヒーが好きだ)
- □ prefer **not to discuss the issue**(その問題を話し合いたくない) ▶

- □ project **population growth**(人口増加を予想する)
- □ project **the costs of construction**(建築費を見積もる) ▶

- □ ruin **one's life**(人生を台無しにする)
- □ ruin **a house**(家を破壊する) ▶

- □ select **him for the post**(彼をその職に選ぶ)

▶

- □ suppose **that he'll come**(彼は来ると思う)
- □ **be** supposed **to arrive at 10** (10時に到着することになっている) ▶

Check 3　Sentence 》MP3-074

- □ **It** appears **that the economy is recovering.**(景気は回復しているようだ)

- □ **The issue will be** decided **by a vote.**(その問題は投票で決着がつけられる予定だ)

- □ **The man is** polishing **his shoes.** (男性は靴を磨いている)

- □ **He** prefers **playing soccer to watching it.**(彼はサッカーを見るより、するほうが好きだ)

- □ **World economic growth is** projected **to slow.**(世界の経済成長は減速すると予想されている)

- □ **His career was** ruined **by injury.** (彼のキャリアはけがで台無しになった)

- □ **He was** selected **as the new sales manager.**(彼は新しい販売部長に選ばれた)

- □ **Do you** suppose **that Greg will marry her?**(グレッグは彼女と結婚すると思いますか?)

CHAPTER 1

CHAPTER 2

CHAPTER 3

CHAPTER 4

CHAPTER 5

CHAPTER 6

CHAPTER 7

CHAPTER 8

CHAPTER 9

CHAPTER 10

CHAPTER 11

Day 36 》MP3-071
Quick Review
答えは左ページ下

□ list	□ target	□ head	□ warn
□ manage	□ add	□ import	□ continue
□ miss	□ argue	□ lead	□ meet
□ suffer	□ deny	□ satisfy	□ oppose

Check 1   Chants) MP3-075

□ 0593
trust
/trʌ́st/
Part 5, 6

動 ～を信頼[信用]**する**(≒believe)
名 (～に対する)信頼、信用(in ～)(≒faith, belief)
▶ 名trustee：❶(会社・学校などの)理事、役員、評議員 ❷
(他人の財産の)管財[保管]人

□ 0594
wipe
/wáip/
Part 1

動 ～をふく

□ 0595
desert
/dizə́:rt/
❶アクセント注意
Part 5, 6

動 ～を見捨てる、捨てる
名 (/dézərt/)砂漠
▶ 形deserted：人けのない、人通りのない

□ 0596
enter
/éntər/
Part 5, 6

動❶(場所)**に入る** ➕他動詞なので、(×)enter intoとは
言わない ❷～に加わる ❸(データ)を入力する
名entrance：❶(～への)入り口、玄関(to [of] ～) ❷(～へ
の)入学、入社(to [into] ～)
名entry：❶入ること、参加 ❷(辞書の)見出し

□ 0597
feed
/fí:d/
Part 1

動❶～に餌[食べ物]**を与える** ❷～に(…を)供給す
る(with . . .)(≒provide, supply)

□ 0598
guess
/gés/
Part 2, 3

動 (根拠はないが)**～だと思う**(≒think, suppose)
名 推測、憶測

□ 0599
move
/mú:v/
❶定義注意
Part 2, 3

動❶(～から/…へ)**引っ越す**(from ～/to . . .) ❷～を
動かす ❸動く
名❶動き ❷進展
名movement：❶動き、移動 ❷動作 ❸(社会・政治的)
運動

□ 0600
park
/pá:rk/
Part 1

動 (車)**を駐車する**、止めておく
名 公園
名parking：❶駐車 ❷駐車場

---

continued
▼

今日も「❶定義注意」の単語がいくつか登場！意味がなかなか押さえられないときこそ、「音読」が効果的だよ！

☐ 聞くだけモード　Check 1
☐ しっかりモード　Check 1 ▶ 2
☐ かんぺきモード　Check 1 ▶ 2 ▶ 3

CHAPTER
1

CHAPTER
2

CHAPTER
3

CHAPTER
4

CHAPTER
5

CHAPTER
6

CHAPTER
7

CHAPTER
8

CHAPTER
9

CHAPTER
10

CHAPTER
11

Check 2　Phrase

☐ trust **her story**(彼女の話を信用する)

☐ wipe **one's hands with a towel**(タオルで手をふく)
☐ wipe **one's eyes**(涙をふく)

☐ desert **one's post**(地位を捨てる)

☐ enter **the building through the rear entrance**(裏口からビルに入る)
☐ enter **politics**(政界に入る)

☐ feed **a dog**(イヌに餌を与える)
☐ feed **the fire with wood**(火にまきをくべる)

☐ guess **it's time to ~**(そろそろ~する時間だと思う)
☐ **Can you** guess **~?**(~だと思う?)

☐ move **from London to Chicago**(ロンドンからシカゴへ引っ越す)
☐ move **into a new house**(新居へ引っ越す)

☐ park **one's van**(ワゴン車を駐車する)

Check 3　Sentence 》MP3-076

☐ **The testimony of the witness is not to be** trusted.(その目撃者の証言は信用できない)

☐ **The woman is** wiping **the table.**(女性はテーブルをふいている)

☐ **He** deserted **his family after the divorce.**(彼は離婚後、彼の家族を見捨てた)

☐ **The man illegally** entered **the US and was arrested.**(その男性はアメリカに不法入国して逮捕された)

☐ **The man is** feeding **the cows.**(男性はウシに餌を与えている)

☐ **I** guess **he's about 50.**(彼は50歳前後だと思う)

☐ **When did you** move **to Tokyo?**(東京へいつ引っ越したのですか?)

☐ **Cars are** parked **in rows.**(車が列を成して止めてある)

continued
▼

Check 1　Chants 》MP3-075

□ 0601
rise
/ráiz/
Part 5, 6

▶ 動(価格などが)**上がる**、増す(≒increase)　➕「～を上げる」はraise
名(価格などの)上昇、増加(in ～) ▶

□ 0602
survive
/sərváiv/
Part 7

▶ 動❶**生き残る**(≒exist)　❷(苦境など)を生き延びる
名survival：生き残る[延びる]こと、生存 ▶

□ 0603
train
/tréin/
❶定義注意
Part 4

▶ 動❶**～を(…するように)訓練[教育]する**(to do)　❷訓練[教育]を受ける
名列車、電車
名training：(～の)訓練、教育、養成(in ～) ▶

□ 0604
cast
/kǽst/ ⏴/ká:st/
❶定義注意
Part 1

▶ 動❶(影など)**を投げかける**、落とす、(光など)を放つ(≒emit)　❷(俳優)を(ある役に)配役する、キャスティングする(in ...)
名(集合的に)出演者、キャスト ▶

□ 0605
collect
/kəlékt/
Part 4

▶ 動**～を集める**、収集する(≒gather)
名collection：❶収集物[品]、コレクション　❷収集 ▶

□ 0606
imagine
/imǽdʒin/
Part 2, 3

▶ 動❶**～を想像する**　❷～だと思う(≒think, suppose)
名imagination：想像、想像力
形imaginary：想像上の、架空の ▶

□ 0607
star
/stá:r/
❶定義注意
Part 4

▶ 動❶(～に／…の役で)**主演する**(in ～/as ...)　❷～を主演させる
名❶スター(選手)　❷主役、主演俳優 ▶

□ 0608
behave
/bihéiv/
Part 5, 6

▶ 動**行動[態度]を取る**、振る舞う(≒act)
名behavior：行動、振る舞い、行儀 ▶

Day 37 》MP3-073
Quick Review
答えは右ページ下

□ ～を経営する
□ ～を設計する
□ ～を獲得する
□ ～を押す

□ ～を耕す
□ ～を遂行する
□ ～に感心する
□ ～を判断する

□ ～のように見える
□ ～を決定する
□ ～を磨く
□ ～を好む

□ ～を予想する
□ ～を台無しにする
□ ～を選ぶ
□ ～だと思う

CHAPTER 1

CHAPTER 2

CHAPTER 3

CHAPTER 4

CHAPTER 5

CHAPTER 6

CHAPTER 7

CHAPTER 8

CHAPTER 9

CHAPTER 10

CHAPTER 11

Check 2　Phrase

□ rise by [at] 5 percent(5パーセント上がる)
□ rise sharply(急激に上昇する)

□ survive in cold temperatures(低温の中を生き残る)
□ survive the war(戦争を生き延びる)

□ train new employees(新入社員を教育する)
□ train as [to be] a teacher(教師になるための教育を受ける)

□ cast a light(光を放つ)
□ cast her in the leading role(彼女を主役に抜てきする)

□ collect information [data](情報[データ]を集める)

□ imagine the world 100 years from now(100年後の世界を想像する)
□ imagine that it will rain tomorrow(明日は雨が降ると思う)

□ star as a spy(スパイの役で主演する)
□ a movie starring Sophia Loren(ソフィア・ローレン主演の映画)

□ behave like a child(子どものように振る舞う)

Check 3　Sentence)) MP3-076

□ Housing prices are rising in the area.(その地域では住宅価格が上昇している)

□ The company is struggling to survive in a competitive market.(その会社は競争の激しい市場の中で生き残ろうと奮闘している)

□ Police dogs are trained to detect explosives and drugs.(警察犬は爆発物や薬物を感知するように訓練を受けている)

□ The tree is casting a shadow on the ground.(木が地面に影を落としている)

□ Do you collect anything in particular?(何か特に集めているものがありますか?)

□ I can't imagine how it feels to have so much money.(そんな大金を持っているのがどんな気持ちか私は想像できない)

□ She has starred in a number of movies.(彼女は多くの映画に主演してきた)

□ He always behaves in a sensible way.(彼は常に分別のある行動を取る)

Day 37)) MP3-073
Quick Review
答えは左ページ下

□ run
□ design
□ win
□ wheel
□ farm
□ perform
□ admire
□ judge
□ appear
□ decide
□ polish
□ prefer
□ project
□ ruin
□ select
□ suppose

Check 1　Chants 》MP3-077

□ 0609
rank
/rǽŋk/
Part 7

動❶ランク[順位]を占める ❷～をランク[格]付けする
名階級、地位(≒ position)

□ 0610
spend
/spénd/
Part 7

動❶(金)を(…に)使う(on . . .)　❷(時間)を過ごす、費やす
名spending：支出(額)

□ 0611
walk
/wɔ́ːk/
❶定義注意
Part 1

動❶(犬など)を散歩させる　❷(人)を(歩いて)送って行く　❸歩く
名散歩(≒ stroll)

□ 0612
arrest
/ərést/
Part 4

動 ～を(…の容疑で)**逮捕する**(for . . .)
名逮捕

□ 0613
neglect
/niglékt/
Part 5, 6

動❶～を無視[軽視]する(≒ disregard, ignore)　❷(仕事など)を怠る
名❶無視、軽視　❷怠慢
名negligence：❶怠慢　❷過失

□ 0614
offend
/əfénd/
Part 2, 3

動❶～の感情を害する　❷罪を犯す
名offense：❶(～に対する)違反、犯罪(against ～)　❷気分を害するもの、無礼
形offensive：❶(～に)不快な、無礼な(to ～)　❷攻撃側の

□ 0615
realize
/ríːəlàiz/
❶アクセント注意
Part 2, 3

動❶～をはっきり理解する、～に気がつく　❷(計画など)を実現する

□ 0616
transport
/trænspɔ́ːrt/
Part 4

動 ～を(…へ)**輸送[運送]する**(to . . .)
名transportation：輸送、運送、交通[輸送]機関

continued
▼

今日でChapter 5は最後！ 時間に余裕があったら、章末のReviewにも挑戦しておこう。忘れてしまった単語も結構あるのでは?!

☐ 聞くだけモード Check 1
☐ しっかりモード Check 1 ▶ 2
☐ かんぺきモード Check 1 ▶ 2 ▶ 3

CHAPTER 1
CHAPTER 2
CHAPTER 3
CHAPTER 4
CHAPTER 5
CHAPTER 6
CHAPTER 7
CHAPTER 8
CHAPTER 9
CHAPTER 10
CHAPTER 11

Check 2　Phrase

☐ rank high [low](上位[下位]を占める)
☐ be ranked 10th in the world (世界10位にランキングされる)

☐ spend $300 on a new suit (300ドルを新しいスーツに使う)
☐ spend three days in Sydney (シドニーで3日過ごす)

☐ walk one's dog(犬を散歩させる)
☐ walk her home(彼女を家まで送って行く)

☐ arrest him for theft(彼を窃盗の容疑で逮捕する)

☐ neglect a law(法律を無視する)
☐ neglect one's duties(職務を怠る)

☐ deeply offend everyone(みんなの気分をひどく悪くする)
☐ offend against the law(法律に違反する)

☐ realize one's error(自分の間違いに気づく)
☐ realize one's ambition(野望を実現する)

☐ transport a patient to a hospital(患者を病院へ運ぶ)

Check 3　Sentence 》MP3-078

☐ The hotel ranks among the best in the United States.(そのホテルはアメリカで最高級のランクに入っている)

☐ How much are you going to spend on Christmas?(クリスマスにいくら使うつもりですか?)

☐ They're walking their dogs.(彼らは犬を散歩させている)

☐ Police arrested 12 demonstrators for disorderly conduct.(警察はデモ参加者12名を治安を乱した容疑で逮捕した)

☐ You shouldn't neglect your doctor's advice.(医者の忠告を無視するべきではない)

☐ I was offended by his behavior.(私は彼の態度に気分を害した)

☐ I finally realized that I had been wrong.(私は自分が間違っていたことにようやく気がついた)

☐ The goods will be transported to China by air.(その商品は中国に空輸される予定だ)

Check 1　　Chants))) MP3-077

□ 0617
afford
/əfɔ́:rd/
Part 2, 3

動❶(canを伴って)**〜を買う**[支払う、持つ]**余裕がある** ❷(afford to doで)(canを伴って)〜する余裕がある
形affordable：(価格などが)手ごろな、購入しやすい

□ 0618
carry
/kǽri/
❶定義注意
Part 2, 3

動❶(店が)(商品)**を扱っている**、売っている(≒deal in)　❷〜を運ぶ
名carrier：❶運送[輸送]会社　❷配達人　❸保菌者

□ 0619
treat
/tríːt/
Part 7

動❶**〜を**(…のように)**扱う**、待遇する(like [as] . . .)　❷〜を治療する　❸(treat A to Bで)AにBをおごる、ごちそうする
名treatment：❶(〜の)治療(for [of] 〜)　❷(〜の)待遇、取り扱い(of 〜)

□ 0620
cure
/kjúər/
Part 4

動(人・病気)**を治す**(≒heal)、(人)の(病気を)治す(of . . .)
名治療(法)

□ 0621
disappoint
/dìsəpɔ́int/
Part 5, 6

動❶**〜を失望させる**、がっかりさせる(⇔satisfy：〜を満足させる)　❷(be disappointed with [at, about]で)〜に失望している、がっかりしている
名disappointment：(〜に対する)失望(at [in, with] 〜)
形disappointing：期待外れの、失望[がっかり]させる

□ 0622
ignore
/ignɔ́:r/
Part 7

動**〜を無視する**(≒disregard, neglect)
名ignorance：(〜を)知らないこと(of 〜)、無知、無学
形ignorant：❶無知の、無学の　❷(〜を)知らない(of [about] 〜)

□ 0623
defend
/difénd/
Part 5, 6

動❶(行動など)**を擁護**[弁護、支持]**する**(≒justify, support)(⇔attack)　❷(場所など)を(…から)守る、防衛する(against [from] . . .)(≒protect)(⇔attack)
名defense：❶擁護、弁護　❷防衛
形defensive：防衛的な、自衛上の

□ 0624
exist
/igzíst/
❶発音注意
Part 5, 6

動❶**存在**[実在、現存]**する**　❷(〜で)生きていく(on 〜)(≒survive)
名existence：❶(〜の)存在(of 〜)　❷生活(状況)
形existing：既存[現在、現存]の

Day 38))) MP3-075
Quick Review
答えは右ページ下

□ 〜を信頼する
□ 〜をふく
□ 〜を見捨てる
□ 〜に入る

□ 〜に餌を与える
□ 〜だと思う
□ 引っ越す
□ 〜を駐車する

□ 上がる
□ 生き残る
□ 〜を訓練する
□ 〜を投げかける

□ 〜を集める
□ 〜を想像する
□ 主演する
□ 行動を取る

Check 2　Phrase

CHAPTER 1

CHAPTER 2

CHAPTER 3

CHAPTER 4

CHAPTER 5

CHAPTER 6

CHAPTER 7

CHAPTER 8

CHAPTER 9

CHAPTER 10

CHAPTER 11

□ can't afford a new car ＝ can't afford to buy a new car (新車を買う余裕がない)

□ carry a variety of goods(さまざまな商品を扱っている)
□ carry the bags to the car(かばんを車まで運ぶ)

□ treat him like a child(彼を子どものように扱う)
□ treat an injury(けがを治療する)

□ cure diabetes(糖尿病を治す)
□ cure a patient of a disease (患者の病気を治す)

□ disappoint the fans(ファンを失望させる)
□ be disappointed with the result(その結果にがっかりしている)

□ ignore regulations(規則を無視する)
□ ignore him(彼のことを無視する)

□ defend one's decision(自分の決定を擁護する)
□ defend one's country against attack(自国を攻撃から守る)

□ cease to exist(消滅する)
□ exist on the minimum wage (最低賃金で生きていく)

Check 3　Sentence ») MP3-078

□ Right now we can't afford a house.(今のところ、私たちは家を買う余裕はない)

□ The discount store carries brand-name merchandise at low prices. (そのディスカウント店ではブランド品を低価格で販売している)

□ We should treat each other with respect.(私たちは敬意を持って互いを遇すべきだ)

□ Many early cancers can be cured by surgery.(多くの初期がんは手術によって治すことができる)

□ The movie really disappointed me.(その映画には本当に失望した)

□ The government should not ignore the wishes of its citizens.(政府は国民の願いを無視するべきではない)

□ I can't defend his behavior.(私は彼の行動を擁護できない)

□ Poverty still exists in many parts of the world.(貧困はいまだに世界の多くの地域に存在している)

□ trust	□ feed	□ rise	□ collect
□ wipe	□ guess	□ survive	□ imagine
□ desert	□ move	□ train	□ star
□ enter	□ park	□ cast	□ behave

Chapter 5 Review

左ページの(1)～(20)の動詞の同意・類義語［熟語］（≒）を右ページのA～T
から選び、カッコの中に答えを書き込もう。意味が分からないときは、見出し番
号を参照して復習しておこう（答えは右ページ下）。

☐ (1) lay (0517) ≒は? (　　)

☐ (2) occur (0523) ≒は? (　　)

☐ (3) gain (0527) ≒は? (　　)

☐ (4) maintain (0542) ≒は? (　　)

☐ (5) recover (0544) ≒は? (　　)

☐ (6) reform (0545) ≒は? (　　)

☐ (7) dig (0549) ≒は? (　　)

☐ (8) display (0554) ≒は? (　　)

☐ (9) manage (0562) ≒は? (　　)

☐ (10) suffer (0564) ≒は? (　　)

☐ (11) meet (0575) ≒は? (　　)

☐ (12) wheel (0580) ≒は? (　　)

☐ (13) appear (0585) ≒は? (　　)

☐ (14) polish (0587) ≒は? (　　)

☐ (15) select (0591) ≒は? (　　)

☐ (16) guess (0598) ≒は? (　　)

☐ (17) collect (0605) ≒は? (　　)

☐ (18) behave (0608) ≒は? (　　)

☐ (19) neglect (0613) ≒は? (　　)

☐ (20) defend (0623) ≒は? (　　)

CHAPTER
1

CHAPTER
2

CHAPTER
3

CHAPTER
4

CHAPTER
6

CHAPTER
7

CHAPTER
8

CHAPTER
9

CHAPTER
10

CHAPTER
11

A. excavate

B. retrieve

C. push

D. act

E. be in charge of

F. choose

G. improve

H. fulfill

I. put

J. ignore

K. undergo

L. exhibit

M. shine

N. happen

O. gather

P. suppose

Q. obtain

R. support

S. seem

T. preserve

【解答】 (1) I (2) N (3) Q (4) T (5) B (6) G (7) A (8) L (9) E (10) K
(11) H (12) C (13) S (14) M (15) F (16) P (17) O (18) D (19) J (20) R

CHAPTER
6
形容詞：必修80

Chapter 6では、TOEICで必修の形容詞80をマスターします。ところで、学習は着実に進んでいますか？「忙しい」というのは言い訳になりませんよ。英語でもこんな（↗）言い回しがあります。

TOEIC的格言

Busiest men find the most time.

忙中閑あり。
[直訳] 最も忙しい人ほど最も多くの時間を見つける。

CHAPTER 1
CHAPTER 2
CHAPTER 3
CHAPTER 4
CHAPTER 5
CHAPTER 6
CHAPTER 7
CHAPTER 8
CHAPTER 9
CHAPTER 10
CHAPTER 11

Day 40 形容詞6

□ 0625
active
/ǽktiv/
Part 5, 6

形❶積極的な(⇔passive) ❷活動的な、元気[活発]な
(≒energetic)
名activity：活動
動activate：❶～を活性化する、活発にする ❷～を始動
[起動、稼働]させる

□ 0626
actual
/ǽktʃuəl/
Part 4

形 実際[現実]の(≒real)
動actually：❶実は ❷実際に、本当に

□ 0627
flat
/flǽt/
❶定義注意
Part 1

形❶(タイヤが)空気の抜けた ❷(料金が)均一の、固
定の ❸平らな(≒level)
名アパート

□ 0628
industrial
/indʌ́striəl/
❶アクセント注意
Part 4

形 産業[工業]の
名industry：産業、(産業各部門の)～業
形industrious：勤勉な

□ 0629
rapid
/rǽpid/
Part 7

形❶急な、速い(≒fast, quick) ❷素早い
副rapidly：急速に、速く

□ 0630
daily
/déili/
Part 5, 6

形 毎日の、日常の ❶dairy(乳製品の)と混同しないよう
に注意
副毎日

□ 0631
demanding
/dimǽndiŋ/
Part 2, 3

形❶(仕事などが)きつい、骨の折れる ❷(人が)要求の
厳しい
名demand：❶(～の)需要(for ～) ❷(～を求める)要求
(for ～)
動demand：～を(…に)要求する(of [from] . . .)

□ 0632
global
/glóubəl/
Part 5, 6

形❶世界的な(≒worldwide)、地球上の ❷包括的な
名globe：(the ～)地球

continued
▼

Chapter 6では、5日をかけて必修形容詞80を
チェック。まずはチャンツを聞いて、単語を
「耳」からインプット！

□ 聞くだけモード　Check 1
□ しっかりモード　Check 1 ▶ 2
□ かんぺきモード　Check 1 ▶ 2 ▶ 3

CHAPTER 1

CHAPTER 2

CHAPTER 3

CHAPTER 4

CHAPTER 5

CHAPTER 6

CHAPTER 7

CHAPTER 8

CHAPTER 9

CHAPTER 10

CHAPTER 11

Check 2　Phrase	Check 3　Sentence 》MP3-080
□ active involvement [participation]（積極的な関与[参加]） □ an active lifestyle（活動的なライフスタイル）	□ She takes an active role in our community.（彼女は私たちの地域社会で積極的な役割を果たしている）
□ an actual event（現実の出来事） □ an actual person（実在の人物）	□ The costs were estimated at \$30 million, but the actual amount is unknown.（経費は3000万ドルと見積もられていたが、実際の額は分かっていない）
□ go flat（[タイヤが]パンクする） □ a flat price（均一料金）	□ The car has a flat tire.（その車のタイヤはパンクしている）
□ industrial waste（産業廃棄物） □ industrial products（工業製品）	□ The US is the largest industrial nation.（アメリカは最大の工業国だ）
□ rapid change（急激な変化） □ a rapid worker（仕事の早い人）	□ China is experiencing rapid economic growth.（中国は急速な経済成長を経験している）
□ a daily newspaper（日刊新聞） □ daily life（日常生活）	□ I'm getting tired of the daily routine at the office.（私は職場での日常業務に飽きてきている）
□ a demanding job（きつい仕事） □ a demanding boss（厳しい上司）	□ Raising children is a demanding but rewarding job.（子育てはきついがやりがいのある仕事だ）
□ a global problem（世界的な問題） □ a global study（包括的な調査）	□ Global warming is also known as the greenhouse effect.（地球温暖化は温室効果としても知られている）

continued
▼

Check 1　Chants ») MP3-079

□ 0633
academic
/ækədémik/
Part 7

形**学業**[教育、学園]**の**
名academy：❶高等教育機関　❷学士[芸術]院

□ 0634
busy
/bízi/
❶定義注意
Part 1

形❶(場所が)**にぎやかな**、混雑した、人[車]が多い(≒hectic)　❷忙しい　❸(電話が)話し中の

□ 0635
dramatic
/drəmǽtik/
Part 7

形❶**劇的**[飛躍的]**な**　❷感動的[印象的]な
副dramatically：劇的[飛躍的]に

□ 0636
perfect
/pə́ːrfikt/
❶アクセント注意
Part 2, 3

形❶(〜に)**最適**[最善]**の**(for 〜)(≒ideal)　❷完璧[完全]な、申し分のない(≒ideal)
動(/pərfékt/)〜を完璧[完全]にする
副perfectly：❶全く、十分に　❷完璧[完全]に

□ 0637
past
/pǽst/
Part 2, 3

形❶(期間を表す語につけて)**この〜**、過去〜(≒last)　❷過去の
名(the 〜)過去、昔
前❶〜のそば[前]を通り過ぎて　❷〜を過ぎて

□ 0638
winding
/wáindiŋ/
Part 1

形(道などが)**曲がりくねった**
動wind：❶曲がりくねる　❷〜を巻く　❸〜を巻きつける

□ 0639
correct
/kərékt/
Part 5, 6

形❶**正しい**、正確な(≒right, accurate, exact, precise)　❷適切な、妥当な(≒appropriate)
動(誤りなど)を訂正する
副correctly：正しく、正確に

□ 0640
rare
/réər/
Part 2, 3

形❶**まれな**、珍しい　❷(肉が)生焼け[レアー]の
副rarely：めったに[たまにしか]〜しない

Day 39 ») MP3-077
Quick Review
答えは右ページ下

□ ランクを占める
□ 〜を使う
□ 〜を散歩させる
□ 〜を逮捕する

□ 〜を無視する
□ 〜の感情を害する
□ 〜をはっきり理解する
□ 〜を輸送する

□ 〜を買う余裕がある
□ 〜を扱っている
□ 〜を扱う
□ 〜を治す

□ 〜を失望させる
□ 〜を無視する
□ 〜を擁護する
□ 存在する

CHAPTER 1

CHAPTER 2

CHAPTER 3

CHAPTER 4

CHAPTER 5

CHAPTER 6

CHAPTER 7

CHAPTER 8

CHAPTER 9

CHAPTER 10

CHAPTER 11

Check 2　Phrase

☐ the academic year(学年)
☐ academic standards(教育水準)

☐ a busy station(混雑した駅)
☐ be busy doing ~(~するのに忙しい)

☐ a dramatic change [improvement](劇的な変化[進歩])
☐ the dramatic scenery of ~(~の感動的な景色)

☐ the perfect candidate for the position(その職に最適の候補者)
☐ speak perfect French(完璧なフランス語を話す)

☐ the past 10 hours [days](この10時間[日間])
☐ past experience(過去の経験)

☐ a winding staircase(らせん階段)

☐ a correct answer(正解)
☐ correct behavior(正しい行い)

☐ rare animals(希少動物)
☐ a rare steak(レアステーキ)

Check 3　Sentence 》MP3-080

☐ Her academic achievements are impressive.(彼女の学業成績は称賛に値する)

☐ The street is busy with people.(通りは人々でにぎわっている)

☐ Last year saw a dramatic increase in the number of foreign tourists.(昨年は外国人観光客数の劇的な増加があった)

☐ Today is a perfect day for a picnic.(今日はピクニックに最適な日だ)

☐ He's been sick in bed for the past few days.(この数日間、彼は病気で寝ている)

☐ There is a winding path leading up to the house.(家へと続く曲がりくねった小道がある)

☐ I'm convinced that my decision was correct.(私は自分の決定が正しかったと確信している)

☐ It is rare for her to be late for work.(彼女が仕事に遅刻するのはまれだ)

☐ rank	☐ neglect	☐ afford	☐ disappoint
☐ spend	☐ offend	☐ carry	☐ ignore
☐ walk	☐ realize	☐ treat	☐ defend
☐ arrest	☐ transport	☐ cure	☐ exist

Day 41　形容詞7

Check 1　Chants ⑴ MP3-081

□ 0641
extra
/ékstrə/
Part 2, 3

形 **追加の**(≒additional)、余分の
副 特別に、余分に

□ 0642
raw
/rɔ́:/
Part 4

形 **❶生の**、料理していない(⇔cooked)　**❷加工していない**、原料のままの

□ 0643
upset
/ʌ̀psét/
❶アクセント注意
Part 2, 3

形 **❶(〜に)怒った**、動転した(about [over] 〜)　❷(特に胃が)不調の
動 ❶〜を動揺させる　❷〜を完全に混乱させる
名 (/ʌ́psèt/)❶予想外の敗戦、番狂わせ　❷転覆、転倒

□ 0644
average
/ǽvəridʒ/
Part 5, 6

形 **平均の**(≒mean)
名 ❶平均(値)　❷(on averageで)平均して

□ 0645
free
/frí:/
Part 4

形 **❶無料の**　❷自由な　❸(be free to doで)自由に〜できる　❹(be free of [from]で)〜を免れている
副 ❶無料で(≒for free)　❷自由に
動 〜を解放する、自由にする

□ 0646
independent
/ìndipéndənt/
Part 4

形 **❶自主性のある**、自立的な　❷(be independent ofで)〜から独立[自立]している(⇔be dependent on : 〜に頼っている)
副 independently : 独力で、自立[独立]して、自主的に
名 independence : (〜からの)独立(from 〜)

□ 0647
probable
/prábəbl/
Part 5, 6

形 **ありそうな**、起こりそうな、まず確実な(≒likely)
副 probably : 多分、恐らく
名 probability : (〜の)見込み、公算(of 〜)

□ 0648
real
/rí:əl/
Part 5, 6

形 **❶実際の**、現実の(≒actual)　❷本当の、本物の
名 reality : 現実(性)、真実(性)
副 really : ❶実際は、本当は　❷確かに、本当に

---

continued
▼

「声に出す」練習もずいぶん慣れてきたのでは？
次はチャンツの「単語」だけでなく、Check 2
の「フレーズ」の音読にも挑戦してみよう！

☐ 聞くだけモード　Check 1
☐ しっかりモード　Check 1 ▶ 2
☐ かんぺきモード　Check 1 ▶ 2 ▶ 3

CHAPTER 1
CHAPTER 2
CHAPTER 3
CHAPTER 4
CHAPTER 5
CHAPTER 6
CHAPTER 7
CHAPTER 8
CHAPTER 9
CHAPTER 10
CHAPTER 11

Check 2　Phrase

☐ at no extra cost [charge, fee]
(追加料金なしで)

☐ raw fish [meat](生魚[肉])
☐ raw materials(原料)

☐ be upset about his behavior
(彼の態度に怒っている)
☐ have an upset stomach(胃の
調子が悪い)

☐ the average rainfall(平均雨量)

☐ a free sample(無料サンプル)
☐ a free election(自由選挙)

☐ independent thinking(自主性
のある思考)
☐ be independent of one's
parents(親から独立している)

☐ a probable candidate(当選しそ
うな候補者)
☐ It is probable that ~.(恐らく~
だろう)

☐ the real world(実社会)
☐ the real thing(本物)

Check 3　Sentence 》MP3-082

☐ I need some extra time to finish
this report.(この報告書を仕上げるためにも
う少し時間が必要だ)

☐ Raw vegetables contain more
nutrients than cooked ones.(生野菜に
は調理された野菜よりも多くの栄養素が含まれ
ている)

☐ What are you upset about?(何に怒
っているのですか?)

☐ The average household income in
Japan is about six million yen a
year.(日本の平均世帯収入は年間約600万円だ)

☐ I was given free tickets to the
concert.(私はそのコンサートの無料チケット
をもらった)

☐ Keiko is an independent, strong-
minded woman.(ケイコは自主性のある、
意志の強い女性だ)

☐ Rain is probable tonight.(今夜は雨が
降るだろう)

☐ The novel is based on real peo-
ple.(その小説は実在の人々に基づいている)

continued ▼

Check 1　　Chants)) MP3-081

□ 0649
absolute
/ǽbsəlù:t/
Part 5, 6

形 **全くの**、完全な(≒complete, total)
副absolutely：❶完全に、全く　❷(返事として)その通り、(否定文で)絶対に

□ 0650
general
/dʒénərəl/
Part 7

形 ❶**全般[全体]的な**(⇔particular：特定の)　❷世間一般の、普通の
副generally：❶一般に、概して　❷通例　❸一般的に言って
動generalize：❶〜を一般[普遍]化する　❷〜を普及させる

□ 0651
net
/nét/
Part 7

形 (諸費用を差し引いた)**正味の**、純〜(⇔gross：総計[全体]の)
名 ❶網、ネット　❷(the N〜)インターネット

□ 0652
professional
/prəféʃənl/
Part 4

形 ❶**専門家の**[による]　❷プロの
名 ❶専門家(≒expert, technician)(⇔amateur)　❷プロ選手
名profession：(知的な)職業、専門職

□ 0653
unique
/ju:ní:k/
Part 5, 6

形 ❶**独特の**、類のない　❷(be unique to で)〜に特有である(≒be typical of, be characteristic of, be peculiar to, be proper to)

□ 0654
casual
/kǽʒuəl/
❶定義注意
Part 7

形 ❶**たまの**、不定期の(≒occasional)　❷(服装などが)カジュアルな、くだけた(⇔formal)
副casually：❶カジュアルに　❷気軽に

□ 0655
female
/fí:meil/
Part 4

形 ❶**女性の**　➕学術・統計上の用語以外で使うのは軽蔑的とされることもある　❷雌の(⇔male)
名 ❶女性　❷雌

□ 0656
final
/fáinl/
Part 5, 6

形 **最後[最終]の**(≒last)(⇔first)
名 ❶最終試験　❷(しばしばthe 〜s)決勝戦
副finally：❶ついに、とうとう　❷最後に
動finalize：〜に決着をつける、〜を仕上げる、完結させる

Day 40)) MP3-079
Quick Review
答えは右ページ下

□ 積極的な	□ 急な	□ 学業の	□ この〜
□ 実際の	□ 毎日の	□ にぎやかな	□ 曲がりくねった
□ 空気の抜けた	□ きつい	□ 劇的な	□ 正しい
□ 産業の	□ 世界的な	□ 最適の	□ まれな

CHAPTER
1

CHAPTER
2

CHAPTER
3

CHAPTER
4

CHAPTER
5

CHAPTER
6

CHAPTER
7

CHAPTER
8

CHAPTER
9

CHAPTER
10

CHAPTER
11

Check 2　Phrase

□ absolute **silence**(完全な沈黙)
□ absolute **confidence**(全幅の信頼)

□ a general **introduction**(概略紹介)
□ a subject of general **interest**(一般の人々が関心を持つ話題)

□ a net **profit [loss]**(純益[純損失])

□ professional **advice**(専門家の助言)
□ **turn [go]** professional(プロに転向する)

□ a unique **talent**(類いまれな才能)
□ a unique **opportunity**(絶好の[またとない]機会)

□ a casual **user**(たまの利用者)
□ casual **clothes**(カジュアルな服装)

□ the average female life **expectancy**(女性の平均寿命)
□ a female **lion**(雌のライオン)

□ the final **decision**(最終決定)

Check 3　Sentence ⑩ MP3-082

□ She was an absolute beginner in French.(彼女はフランス語は全くの初心者だった)

□ A general election will be held soon.(総選挙が近いうちに行われるだろう)

□ A company's net worth is its assets minus its liabilities.(会社の純資産[自己資本]とは負債を引いた資産である)

□ I think you should get some professional help.(あなたは専門家の助けをもらったほうがいいと思う)

□ He has a unique style of handwriting.(彼の筆跡は独特のスタイルだ)

□ Casual skiers can participate in the race.(たまにスキーをする人でもそのレースに参加できる)

□ The number of female employees has been increasing in Japan.(日本では女性の雇用者の数は増えてきている)

□ The project is in its final stage.(そのプロジェクトは最終段階に入っている)

Day 40 ⑩ MP3-079
Quick Review
答えは左ページ下

□ active
□ actual
□ flat
□ industrial

□ rapid
□ daily
□ demanding
□ global

□ academic
□ busy
□ dramatic
□ perfect

□ past
□ winding
□ correct
□ rare

Day 42　形容詞8

Check 1　　Chants ») MP3-083

☐ 0657
bold
/bóuld/
Part 4

形 **大胆な**、勇敢な(≒daring, brave)(⇔timid：臆病な)
副boldly：大胆に

☐ 0658
fixed
/fíkst/
Part 7

形 (金額などが)**固定した**、一定の、決められた
動fix：❶～を修理する　❷(会合などの)(日時など)を決める(for . . .)　❸(値段など)を決める、定める

☐ 0659
key
/kí:/
❶定義注意
Part 5, 6

形 **重要な**、不可欠な
名❶(the ～)(解決などの)手がかり、秘けつ(to ～)　❷鍵

☐ 0660
guided
/gáidid/
Part 4

形 **ガイド付きの**
名guide：ガイド
動guide：(人)を(道)案内する

☐ 0661
favorite
/féivərit/
Part 2, 3

形 **お気に入りの**、大好きな
名お気に入りの人[物]
名favor：❶親切な行為、恩恵　❷支持、援助
動favor：❶(計画など)に賛成する　❷～を好む
形favorable：❶好意的な　❷好都合な

☐ 0662
overnight
/óuvərnáit/
Part 4

形❶**翌日配達の**　❷一晩中の　❸一泊の
副 一晩中

☐ 0663
sensible
/sénsəbl/
Part 5, 6

形 **賢明な**、分別のある(≒reasonable)
名sense：❶感覚　❷意味　❸分別、判断力
形sensitive：❶(問題などが)デリケートな、取り扱いに慎重を要する　❷感受性の鋭い　❸(be sensitive toで)～に敏感である、～に(よく)気が回る

☐ 0664
vague
/véig/
❶発音注意
Part 5, 6

形❶(考えなどが)**はっきりしない**、漠然とした(≒ambiguous)　❷(形などが)ぼんやりした

---

continued
▼

今日は使えそうで使えない単語が続出！「夜勤」「つけまつげ」って英語で何て言う？ 意外と簡単な英語で言えるよ。

□ 聞くだけモード　Check 1
□ しっかりモード　Check 1 ▶ 2
□ かんぺきモード　Check 1 ▶ 2 ▶ 3

Check 2　Phrase	Check 3　Sentence ⟫ MP3-084
□ a bold decision（大胆な決定） □ a bold adventurer（勇敢な冒険家）	□ We must make a bold move to improve the situation.（私たちは状況を改善するため大胆な措置を講じなければならない）
□ a fixed price（固定価格、定価） □ a fixed period（一定期間）	□ The loan is available at a fixed rate of interest.（そのローンは固定金利で利用できる）
□ a key figure（重要[中心]人物）	□ Good communication is key for business success.（十分なコミュニケーションはビジネスの成功に不可欠だ）
□ a guided walk（ガイド付きの散策）	□ A free guided tour is included in the price.（無料のガイド付きツアーが料金に含まれている）
□ one's favorite restaurant（お気に入りのレストラン）	□ Who is your favorite singer?（あなたの好きな歌手は誰ですか?）
□ an overnight letter（翌日配達郵便） □ overnight duty（夜勤）	□ Extra charges apply to overnight deliveries.（翌日配達便には追加料金が適用される）
□ a sensible choice（賢明な選択）	□ She is a sensible and intelligent person.（彼女は分別のある、聡明な人だ）
□ a vague promise（あいまいな約束） □ a vague smile（含み笑い）	□ I have a vague memory of the movie.（私はその映画のことをはっきり覚えていない）

CHAPTER 1

CHAPTER 2

CHAPTER 3

CHAPTER 4

CHAPTER 5

CHAPTER 6

CHAPTER 7

CHAPTER 8

CHAPTER 9

CHAPTER 10

CHAPTER 11

continued
▼

Day 42

Check 1　Chants))) MP3-083

□ 0665
whole
/hóul/
Part 5, 6

形（通例the ～）**全体の**、すべての　➌allと違い、複数名詞・固有名詞を直接修飾できない

□ 0666
false
/fɔ́ːls/
❶発音注意
Part 5, 6

形❶**事実と異なる**、間違った、誤った、正しくない（⇔true）　❷人工[人造]の（≒artificial）

□ 0667
familiar
/fəmíljər/
❶アクセント注意
Part 2, 3

形❶（～に）**聞き[見]覚えのある**、よく知られた（to ～）　❷（be familiar withで）～に精通している

□ 0668
keen
/kíːn/
Part 5, 6

形❶**熱心な**（≒enthusiastic）、（欲求などが）激しい　❷（be keen onで）～を熱望している　❸（be keen to doで）～したがっている　❹（感覚などが）鋭敏な

□ 0669
loose
/lúːs/
❶発音注意
Part 4

形❶**緩い**、緩んだ（⇔tight）　❷解放された（≒free）
動（動物など）を解き放つ

□ 0670
political
/pəlítikəl/
Part 2, 3

形 **政治（上）の**
名politics：❶政治、政治学　❷政治問題
名politician：政治家

□ 0671
conscious
/kánʃəs/
❶定義注意
Part 5, 6

形❶**意識[意図]的な**、故意の（⇔unconscious）　❷（be conscious ofで）～を意識[自覚]している、～に気づいている（≒be aware of）（⇔be unconscious of）　❸意識のある

□ 0672
joint
/dʒɔ́int/
Part 7

形 **共同[共有、共通]の**（⇔several：めいめいの）
名❶関節　❷継ぎ目
動join：❶～に加入[参加]する　❷～を（…に）つなぐ（to . . .）

200 ▶ 201

Day 41))) MP3-081 Quick Review 答えは右ページ下	□ 追加の □ 生の □ 怒った □ 平均の	□ 無料の □ 自主性のある □ ありそうな □ 実際の	□ 全くの □ 全般的な □ 正味の □ 専門家の	□ 独特の □ たまの □ 女性の □ 最後の

CHAPTER 1

CHAPTER 2

CHAPTER 3

CHAPTER 4

CHAPTER 5

CHAPTER 6

CHAPTER 7

CHAPTER 8

CHAPTER 9

CHAPTER 10

CHAPTER 11

Check 2　Phrase

☐ the whole country(全国)
☐ the whole thing(全部、何もかも)

☐ false information(事実と異なる情報)
☐ false eyelashes(つけまつげ)

☐ a familiar tune(聞き覚えのある曲)
☐ be familiar with computer technology(コンピューター技術に精通している)

☐ a keen golfer(熱心なゴルファー)
☐ be keen on studying abroad (留学を熱望している)

☐ a loose screw(緩んだネジ)
☐ a loose dog(野放しのイヌ)

☐ a political solution(政治的解決)
☐ political enemies(政敵)

☐ make a conscious attempt (意識的に試す)
☐ be conscious of one's short-comings(自分の欠点を自覚している)

☐ joint action(共同行動)
☐ a joint venture(共同[合弁]事業)

Check 3　Sentence ») MP3-084

☐ She spent the whole day cleaning and doing laundry.(彼女は丸一日を掃除と洗濯に使った)

☐ He put false information on his résumé.(彼は履歴書に事実と異なる情報を書いた)

☐ Her face looked familiar to me.(私は彼女の顔を見たことがあるようだった)

☐ He has a keen interest in astron-omy.(彼は天文学に強い関心を持っている)

☐ Your shoelaces are loose.(あなたの靴のひもは緩んでいる)

☐ Australia has two main political parties — the Liberal Party and the Labor Party.(オーストラリアには2大政党がある——自由党と労働党だ)

☐ She made a conscious effort to be aggressive.(彼女は積極的になろうと意識的に努力した)

☐ My wife and I have a joint bank account.(妻と私は共同名義の銀行口座を持っている)

Day 41 ») MP3-081
Quick Review
答えは左ページ下

☐ extra
☐ raw
☐ upset
☐ average

☐ free
☐ independent
☐ probable
☐ real

☐ absolute
☐ general
☐ net
☐ professional

☐ unique
☐ casual
☐ female
☐ final

Day 43　形容詞9

Check 1　　Chants))) MP3-085

□ 0673
polite
/pəláit/
Part 2, 3

形(〜に)**礼儀正しい**、丁寧な(to 〜)(⇔impolite, rude)
副politely：丁寧に、礼儀正しく

□ 0674
latest
/léitist/
Part 4

形(the 〜)**最新**[最近]**の**

□ 0675
stiff
/stíf/
Part 2, 3

形❶(筋肉などが)**凝った**、こわばった　❷(紙などが)堅い、曲がりにくい
動stiffen：❶(態度などが)堅くなる　❷(態度・決意など)を強める、硬化させる

□ 0676
nervous
/nə́:rvəs/
Part 2, 3

形❶**緊張して**、不安な　❷(be nervous aboutで)〜について心配している　❸神経の

□ 0677
clear
/klíər/
❶定義注意
Part 1

形❶(道が)**すいている**、障害物のない　❷澄んだ(≒transparent)　❸はっきりした(≒obvious)
動〜を片づける(≒put away)

□ 0678
formal
/fɔ́:rməl/
Part 4

形❶**正式**[公式]**の**(≒official)(⇔informal)　❷形式的な、堅苦しい
副formally：❶正式[公式]に　❷礼儀正しく

□ 0679
solid
/sálid/
❶定義注意
Part 7

形❶**堅実な**　❷(建物などが)しっかりした　❸固体の　❹硬い
名固体
副完全に、すっかり

□ 0680
cutting-edge
/kʌ́tiŋédʒ/
Part 4

形**最先端**[最前線]**の**(≒state-of-the-art)

continued
▼

疲れているときは、「聞き流す」学習だけでもOK。大切なのは途中で挫折しないこと。でもテキストを使った復習も忘れずにね！

☐ 聞くだけモード　Check 1
☐ しっかりモード　Check 1 ▶ 2
☐ かんぺきモード　Check 1 ▶ 2 ▶ 3

CHAPTER 1
CHAPTER 2
CHAPTER 3
CHAPTER 4
CHAPTER 5
CHAPTER 6
CHAPTER 7
CHAPTER 8
CHAPTER 9
CHAPTER 10
CHAPTER 11

Check 2　Phrase

☐ a polite letter（丁寧な手紙）
☐ be polite to one's elders（年長者に対して礼儀正しい）

☐ the latest fashion（最新の流行）

☐ have a stiff back（背中が凝る）
☐ stiff cardboard（堅いボール紙）

☐ a nervous look（緊張した表情）
☐ be nervous about the future（将来について心配している）

☐ a clear view of the ocean（広々とした海の眺望）
☐ a clear lake（澄んだ湖）

☐ a formal announcement（正式発表）
☐ a formal greeting（形だけのあいさつ）

☐ a solid company（堅実な会社）
☐ a solid foundation（しっかりした基礎）

☐ a cutting-edge company（最先端企業）

Check 3　Sentence 》MP3-086

☐ It's not polite to talk with your mouth full.（口にいっぱいものを入れたまま話すのは礼儀正しくない）

☐ The latest data shows that China's economy continues to grow.（最新のデータでは、中国経済は成長を続けている）

☐ Sleeping on a soft mattress can give you a stiff neck.（柔らかいマットレスで寝ると首筋が凝ることがある）

☐ I was too nervous to speak.（私は緊張し過ぎて話すことができなかった）

☐ The road is clear with light traffic.（その道は交通量も少なくすいている）

☐ She made a formal complaint to the police.（彼女は正式に警察に告訴した）

☐ The company has a solid footing in the Chinese market.（その会社は中国市場に堅固な基盤を持っている）

☐ They use cutting-edge technology to create the best products.（最高の製品を生み出すために、彼らは最先端技術を用いている）

continued ▼

Check 1　　Chants))) MP3-085

□ 0681
pleasant
/plézənt/
❶発音注意
Part 2, 3

形❶**楽しい**、愉快な(⇔ugly)　❷愛想のよい　❸(天候が)晴れて心地よい
▶ 名pleasure：喜び、楽しさ、楽しい事
形pleased：❶(be pleased withで)~に喜んでいる、満足している　❷(be pleased to doで)~してうれしい

□ 0682
bright
/bráit/
Part 2, 3

形❶**明るい**(⇔dark)　❷利口な、(考えなどが)うまい
動brighten：❶~を輝かせる　❷~を有望にする

□ 0683
calm
/kɑ́:m/
❶発音注意
Part 5, 6

形❶**落ち着いた**　❷(海・天候などが)穏やかな、風の無い(⇔stormy：嵐の)
▶ 動(calm downで)❶~を落ち着かせる　❷落ち着く

□ 0684
national
/nǽʃənl/
Part 5, 6

形❶**全国的な**、全国向けの(⇔local)　❷国家[国民]の、国家[国民]的な　❸国立の
▶ 名nation：❶国、国家　❷(the ~)(集合的に)国民
名nationality：❶国籍　❷国民、国家

□ 0685
possible
/pásəbl/
Part 2, 3

形❶**可能な**(⇔impossible)　❷起こり得る、あり得る(≒probable, potential)
▶ 名possibility：(~の)可能性(of ~)
副possibly：❶ひょっとして　❷(canを伴って)何とかして

□ 0686
tough
/tʌ́f/
❶発音注意
Part 2, 3

形❶(仕事などが)**困難な**、骨の折れる(≒difficult)　❷(人が)頑固[強情]な　❸堅い(⇔tender)

□ 0687
brilliant
/bríljənt/
Part 4

形❶(極めて)**優秀な**、素晴らしい　❷光り輝く　⊕brightの強意語

□ 0688
electric
/iléktrik/
Part 5, 6

形❶**電気の**　❷電動の　❸わくわく[はらはら]させる
▶ 形electrical：電気に関する、電気関係の
名electricity：❶電気　❷電力
名electrician：電気技師、電気工

Day 42))) MP3-083
Quick Review
答えは右ページ下

□ 大胆な
□ 固定した
□ 重要な
□ ガイド付きの

□ お気に入りの
□ 翌日配達の
□ 賢明な
□ はっきりしない

□ 全体の
□ 事実と異なる
□ 聞き覚えのある
□ 熱心な

□ 緩い
□ 政治の
□ 意識的な
□ 共同の

Check 2　Phrase

- □ have a pleasant time（楽しい時を過ごす）
- □ a pleasant boy（愛想のよい少年）

- □ a bright future（明るい将来）
- □ a bright idea（うまい考え）

- □ keep [stay, remain] calm（平静を保つ）
- □ a calm sea（穏やかな海）

- □ a national newspaper（全国紙）
- □ a national hero（国民的英雄）

- □ It is possible to do ~.（~することは可能である）
- □ a possible solution（可能性のある解決策）

- □ a tough decision（難しい決定）
- □ tough plastic（堅いプラスチック）

- □ a brilliant idea（素晴らしいアイデア）
- □ brilliant jewels（光り輝く宝石）

- □ an electric cable（電気ケーブル）
- □ an electric razor（電気かみそり）

Check 3　Sentence)) MP3-086

- □ We had a very pleasant night at the party.（私たちはパーティーでとても楽しい夜を過ごした）

- □ Look on the bright side.（明るい面を見よう[楽観的に考えよう]）

- □ She has a calm, quiet temperament.（彼女は落ち着いた、もの静かな性格だ）

- □ It is very difficult for small businesses to compete with the big national chains.（小規模商店が全国的な大規模チェーン店と競争するのは非常に難しい）

- □ Is it possible to buy tickets in advance?（前もってチケットを買うことはできますか?）

- □ Her boss gave her a tough job.（彼女の上司は彼女に困難な仕事を与えた）

- □ He is a brilliant scientist who holds degrees in medicine, psychology, and philosophy.（彼は医学、心理学、そして哲学の学位を持つ優秀な科学者だ）

- □ Automakers are trying to develop electric cars.（自動車メーカーは電気自動車の開発に努めている）

CHAPTER 1
CHAPTER 2
CHAPTER 3
CHAPTER 4
CHAPTER 5
CHAPTER 6
CHAPTER 7
CHAPTER 8
CHAPTER 9
CHAPTER 10
CHAPTER 11

Day 42)) MP3-083
Quick Review
答えは左ページ下

□ bold	□ favorite	□ whole	□ loose
□ fixed	□ overnight	□ false	□ political
□ key	□ sensible	□ familiar	□ conscious
□ guided	□ vague	□ keen	□ joint

Day 44　形容詞10

Check 1　Chants ♪ MP3-087

□ 0689
grave
/gréiv/
Part 4

形 ❶重大な(⇔trivial：ささいな)　❷厳粛な、深刻な(≒serious)
名 墓(≒tomb)
名gravity：❶重力、引力　❷重大さ

□ 0690
main
/méin/
Part 4

形 **主要な**、主な、最も重要な
副mainly：主に、主として

□ 0691
ordinary
/ɔ́ːrdənèri/
Part 4

形 ❶**普通の**、通常の(≒common)　❷平凡な(⇔extraordinary：並外れた)

□ 0692
rude
/rúːd/
Part 2, 3

形 ❶(～に) **無礼[失礼] な**(to ～)(≒impolite)(⇔polite)　❷突然の(≒sudden)

□ 0693
boring
/bɔ́ːriŋ/
Part 2, 3

形 **退屈な**、うんざりさせる
動bore：～を(…で)退屈させる(with …)
形bored：(be bored withで)～に退屈している、うんざりしている

□ 0694
sore
/sɔ́ːr/
Part 2, 3

形 (体が)**痛い**、(炎症などで)ひりひりする(≒painful)

□ 0695
informal
/infɔ́ːrməl/
Part 4

形 ❶**打ち解けた**、普段着の(≒casual)(⇔formal)　❷会話[口語]体の

□ 0696
bare
/béər/
❶定義注意
Part 1

形 ❶**草木の生えていない**　❷裸の、むき出しの　❸ありのままの

---

continued ▼

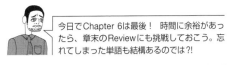

今日でChapter 6は最後！ 時間に余裕があったら、章末のReviewにも挑戦しておこう。忘れてしまった単語も結構あるのでは?!

□ しっかりモード Check 1 ▸ 2
□ かんぺきモード Check 1 ▸ 2 ▸ 3

CHAPTER 1

CHAPTER 2

CHAPTER 3

CHAPTER 4

CHAPTER 5

CHAPTER 6

CHAPTER 7

CHAPTER 8

CHAPTER 9

CHAPTER 10

CHAPTER 11

Check 2　Phrase

□ a grave **mistake**(重大な誤り)
□ **look** grave(まじめな顔をする)

□ a main **concern**(主な関心事)
□ the main **thing**(最も重要なこと)

□ ordinary **people**(普通の人々、庶民)
□ an ordinary **life**(平凡な生活)

□ a rude **attitude**(無礼な態度)
□ a rude **shock**(突然のショック)

□ a boring **lecture**(退屈な講義)

□ **have** sore **shoulders**(肩が痛い)

□ informal **dress [clothes]**(普段着)
□ informal **English**(くだけた英語)

□ bare **hills**(草木の生えていない丘)
□ **walk in one's** bare **feet**(裸足で歩く)

Check 3　Sentence 》MP3-088

□ **The world is now facing** grave **environmental problems.**(世界は今、重大な環境問題に直面している)

□ **Our** main **aim is to increase productivity.**(私たちの主要な目標は生産性を上げることだ)

□ **She is no** ordinary **scientist.**(彼女は並の科学者ではない=並外れた科学者だ)

□ **It is** rude **to stare at people.**(人をじろじろ見るのは失礼なことだ)

□ **The movie was really** boring.(その映画は本当に退屈だった)

□ **I have had a** sore **throat for the past few days.**(ここ数日間のどが痛い)

□ **The atmosphere of the meeting was** informal.(会議の雰囲気は打ち解けたものだった)

□ **The ground is almost** bare.(地面にはほとんど草木が生えていない)

continued
▼

Check 1　　Chants)) MP3-087

□ 0697
distant
/dístənt/
Part 5, 6

形 **①(~から)遠い**、離れた(from ~)　**②**(態度が)よそよそしい、冷ややかな
名distance：**①**(~からの/…の間の)距離、間隔(from ~/ between . . .)　**②**遠方

□ 0698
eager
/íːɡər/
Part 5, 6

形 **①熱心な**　**②**(be eager forで)~を切望[熱望]している　**③**(be eager to doで)しきりに~したがっている
副eagerly：熱望して、熱心に

□ 0699
plain
/pléin/
Part 4

形 **①明らかな**、明白な(≒obvious)　**②**質素な
名(しばしば~s)平原、平野
副plainly：**①**はっきりと、分かりやすく　**②**率直に

□ 0700
slight
/sláit/
Part 5, 6

形 **わずかな**、少しの
副slightly：わずかに、少し

□ 0701
terrible
/térəbl/
Part 2, 3

形 **①極めてひどい**　**②**恐ろしい(≒awful, dreadful)
副terribly：**①**ひどく、とても　**②**恐ろしく、ものすごく

□ 0702
awful
/ɔ́ːfəl/
Part 2, 3

形 **①ひどい**　**②**恐ろしい(≒terrible, dreadful)
副awfully：とても、ひどく

□ 0703
dull
/dʌ́l/
Part 4

形 **①**(商売などが)**沈滞した**、不振の(⇔active)　**②**退屈な、面白くない(≒boring, tedious, tiring, tiresome)　**③**鈍い(⇔sharp)　**④**(色・光などが)明るくない(⇔bright)

□ 0704
intelligent
/intélədʒənt/
Part 7

形 **①頭のよい**、知能の高い(≒intellectual, clever, smart)　**②**知力を持った
名intelligence：**①**知能、知力、知性　**②**情報

208 ▸ 209

□ 礼儀正しい	□ すいている	□ 楽しい	□ 可能な
□ 最新の	□ 正式の	□ 明るい	□ 困難な
□ 凝った	□ 堅実な	□ 落ち着いた	□ 優秀な
□ 緊張して	□ 最先端の	□ 全国的な	□ 電気の

☐ a distant **country**(遠い国)
☐ a distant **attitude**(よそよそしい態度)

▶ ☐ **The moon is quite** distant **from the earth.**(月は地球からとても離れた所にある)

☐ an eager **volunteer**(熱心なボランティア)
☐ be eager **for success**(成功を切望している)

☐ **More than 100** eager **shoppers crowded the newly opened store.**(100人を超える熱心な買い物客たちが、新しくオープンした店に詰めかけた)

☐ in plain **English**(分かりやすい英語で)
☐ plain **dressing**(質素な服装)

▶ ☐ **It was** plain **that he didn't agree with the plan.**(彼がその計画に賛成していないのは明らかだった)

☐ a slight **increase**(わずかな増加)
☐ have a slight **headache**(少し頭痛がする)

▶ ☐ **There was a** slight **improvement in the unemployment figures last year.**(昨年は失業者数にわずかな改善があった)

☐ make a terrible **mistake**(ひどい間違いをする)
☐ a terrible **sight**(恐ろしい光景)

▶ ☐ **I have had a** terrible **headache for about a week.**(私は1週間ほどとてもひどい頭痛が続いている)

☐ awful **weather**(ひどい天気)
☐ an awful **accident**(恐ろしい事故)

▶ ☐ **The coffee tasted** awful.(そのコーヒーはひどい味がした)

☐ a dull **economy**(沈滞した経済)
☐ a dull **speech**(退屈なスピーチ)

▶ ☐ **The stock market has been** dull **lately.**(株式市場はこのところ不調だ)

☐ a highly intelligent **child**(非常に知能の高い子ども)
☐ an intelligent **life form**(知的生命体)

▶ ☐ **Helen is a thoughtful,** intelligent **person.**(ヘレンは思いやりがあって頭のよい人だ)

Day 43 ♪ MP3-085
Quick Review
答えは左ページ下

☐ polite
☐ latest
☐ stiff
☐ nervous

☐ clear
☐ formal
☐ solid
☐ cutting-edge

☐ pleasant
☐ bright
☐ calm
☐ national

☐ possible
☐ tough
☐ brilliant
☐ electric

CHAPTER 1
CHAPTER 2
CHAPTER 3
CHAPTER 4
CHAPTER 5
CHAPTER 6
CHAPTER 7
CHAPTER 8
CHAPTER 9
CHAPTER 10
CHAPTER 11

Chapter 6 Review

左ページの(1)〜(20)の形容詞の同意・類義語（≒）を右ページのA〜Tから選び、カッコの中に答えを書き込もう。意味が分からないときは、見出し番号を参照して復習しておこう（答えは右ページ下）。

□ (1) actual (0626) ≒は? (   )

□ (2) rapid (0629) ≒は? (   )

□ (3) perfect (0636) ≒は? (   )

□ (4) past (0637) ≒は? (   )

□ (5) average (0644) ≒は? (   )

□ (6) probable (0647) ≒は? (   )

□ (7) absolute (0649) ≒は? (   )

□ (8) casual (0654) ≒は? (   )

□ (9) bold (0657) ≒は? (   )

□ (10) sensible (0663) ≒は? (   )

□ (11) vague (0664) ≒は? (   )

□ (12) keen (0668) ≒は? (   )

□ (13) formal (0678) ≒は? (   )

□ (14) tough (0686) ≒は? (   )

□ (15) ordinary (0691) ≒は? (   )

□ (16) rude (0692) ≒は? (   )

□ (17) sore (0694) ≒は? (   )

□ (18) plain (0699) ≒は? (   )

□ (19) terrible (0701) ≒は? (   )

□ (20) intelligent (0704) ≒は? (   )

A. likely

B. impolite

C. quick

D. awful

E. daring

F. mean

G. obvious

H. official

I. occasional

J. real

K. common

L. last

M. enthusiastic

N. ambiguous

O. painful

P. complete

Q. ideal

R. clever

S. reasonable

T. difficult

【解答】 (1) J (2) C (3) Q (4) L (5) F (6) A (7) P (8) I (9) E (10) S
(11) N (12) M (13) H (14) T (15) K (16) B (17) O (18) G (19) D (20) R

CHAPTER 1

CHAPTER 2

CHAPTER 3

CHAPTER 4

CHAPTER 5

CHAPTER 6

CHAPTER 7

CHAPTER 8

CHAPTER 9

CHAPTER 10

CHAPTER 11

CHAPTER
7

副詞・前置詞：必修32

Chapter 7では、TOEICで必修の副詞と前置詞32をチェック。このChapterが終われば、「単語編」は終了です。ここまで学習を続けてきた自分へ、何か「ご褒美」というのもいいのでは？

Day 45【副詞1】
▶ 214
Day 46【副詞2・前置詞】
▶ 218
Chapter 7 Review
▶ 222

TOEIC的格言

First come, first served.

先んずれば人を制す。
[直訳] 最初に来れば、最初にサービスを受ける。

CHAPTER
1

CHAPTER
2

CHAPTER
3

CHAPTER
4

CHAPTER
5

CHAPTER
6

CHAPTER
7

CHAPTER
8

CHAPTER
9

CHAPTER
10

CHAPTER
11

Day 45　副詞1

Check 1　Chants)) MP3-089

□ 0705
rapidly
/rǽpidli/
Part 5, 6

副**急速に**、速く(≒quickly, fast)
形rapid：❶急な、速い　❷素早い

□ 0706
otherwise
/ʌ́ðərwàiz/
Part 5, 6

副❶**さもなければ**　❷そのほかの点では

□ 0707
extremely
/ikstríːmli/
Part 5, 6

副**非常に**(≒very, exceedingly)、極度[極端]に
形extreme：極度の、極端な
名extreme：極度、極端

□ 0708
exactly
/igzǽktli/
Part 5, 6

副❶**正確に**、厳密に(≒precisely)　❷(同意を表して)そうです
形exact：❶正確な　❷精密[厳密]な

□ 0709
properly
/prápərli/
Part 7

副**適切に**、きちんと
形proper：❶適切な、(〜に)適した、ふさわしい(for 〜)　❷(〜に)固有の(to 〜)
名property：❶(集合的に)財産、不動産　❷(しばしば〜ies)特性

□ 0710
recently
/ríːsntli/
Part 4

副**最近**、近ごろ(≒lately, of late)
形recent：最近の、近ごろの

□ 0711
immediately
/imíːdiətli/
Part 5, 6

副**すぐに**、ただちに(≒right now, right away, at once)
形immediate：❶即座[即時]の　❷緊急の、差し迫った　❸当面の

□ 0712
especially
/ispéʃəli/
Part 2, 3

副**特に**、とりわけ(≒particularly, in particular)

214 ▸ 215

continued ▼

Chapter 7では、2日をかけて必修副詞・前置詞32をチェック。まずはチャンツを聞いて、単語を「耳」からインプット！

☐ 聞くだけモード　Check 1
☐ しっかりモード　Check 1 ▶ 2
☐ かんぺきモード　Check 1 ▶ 2 ▶ 3

CHAPTER 1
CHAPTER 2
CHAPTER 3
CHAPTER 4
CHAPTER 5
CHAPTER 6
CHAPTER 7
CHAPTER 8
CHAPTER 9
CHAPTER 10
CHAPTER 11

Check 2　Phrase & Sentence

Check 3　Sentence 》MP3-090

☐ a rapidly increasing population(急増する人口)

☐ The Indian economy has been growing rapidly.(インド経済は急速に成長している)

☐ The car needs a new battery, but otherwise it's in good condition.(その車には新しいバッテリーが必要だが、そのほかの点ではいい状態だ)

☐ We'd better leave now; otherwise we won't get good seats.(私たちは今すぐ出かけたほうがいい。さもなければ、いい席が取れないだろう)

☐ be extremely hot(非常に暑い)
☐ be extremely tired(極度に疲労している)

☐ The problem is extremely difficult to solve.(その問題は解くのが非常に難しい)

☐ exactly three hours(ちょうど3時間)
☐ remember exactly what happened(何が起きたか正確に覚えている)

☐ The flight took off exactly on time.(その便は定刻ちょうどに離陸した)

☐ work properly([機械などが]正しく作動する)

☐ Make sure that all windows are properly closed and locked.(すべての窓がきちんと閉められ、鍵がかけられているか確かめてください)

☐ until very [quite] recently(ごく最近まで)

☐ Have you seen him recently?(最近、彼に会いましたか?)

☐ immediately after his arrival(彼の到着後すぐに)

☐ Please report any suspicious persons or activity immediately to the police.(不審者や不審な行為を見たら、すぐに警察へ報告してください)

☐ Please drive carefully, especially in the rain and snow.(特に雨や雪の中では運転に注意してください)

☐ I love rock music, especially from the '80s.(私はロック音楽が大好きで、特に80年代のが好きだ)

continued
▼

Check 1　Chants))) MP3-089

□ 0713
finally
/fáinəli/
Part 4

副 ❶**ついに**、とうとう(≒ at last, in the end)　❷最後に
(≒ lastly)
形 final：最後[最終]の
名 final：❶最終試験　❷(しばしばthe ～s)決勝戦

□ 0714
actually
/ǽktʃuəli/
Part 2, 3

副 ❶**実は**　❷実際に、本当に(≒ really, in fact)
形 actual：実際[現実]の

□ 0715
slightly
/sláitli/
Part 4

副 **わずかに**、少し(≒ a little)
形 slight：わずかな、少しの

□ 0716
highly
/háili/
❶定義注意
Part 5, 6

副 ❶**非常に**、大いに　❷高度に　❸高く

□ 0717
formally
/fɔ́ːrməli/
Part 5, 6

副 ❶**正式**[公式]**に**(⇔ informally)　❷礼儀正しく　❸for-
merly(以前は、昔は)と混同しないように注意
形 formal：❶正式[公式]の　❷形式的な、堅苦しい

□ 0718
likely
/láikli/
Part 2, 3

副 **恐らく**、多分(≒ probably)
形 (be likely to doで)～しそうである(⇔ be unlikely to
do)
名 likelihood：可能性、見込み

□ 0719
hardly
/háːrdli/
Part 5, 6

副 **ほとんど～しない**[ない](≒ scarcely)

□ 0720
particularly
/pərtíkjələrli/
Part 5, 6

副 **特に**(≒ especially, in particular)
形 particular：❶特別[格別]の　❷特定の　❸(be particu-
lar aboutで)～に(好みが)うるさい、細かい
名 particular：(～s)詳細、明細

CHAPTER
1

CHAPTER
2

CHAPTER
3

CHAPTER
4

CHAPTER
5

CHAPTER
6

CHAPTER
7

CHAPTER
8

CHAPTER
9

CHAPTER
10

CHAPTER
11

Check 2   Phrase & Sentence

☐ Finally, I'd like to thank everyone for listening. (最後に、ご静聴いただき、みなさんに感謝いたします)

☐ The movie is based on events that actually happened. (その映画は実際に起きた出来事に基づいている)

☐ It's gotten slightly warmer. (少し暖かくなってきた)

☐ think [speak] highly of ~(~を高く評価する)
☐ highly-educated people(高学歴の人々)

☐ formally announce ~(~を正式に発表する)
☐ say formally(礼儀正しく言う)

☐ most likely(きっと、まず間違いなく)

☐ He has hardly any money. (彼はお金をほとんど持っていない)

☐ He likes sports, particularly baseball. (彼はスポーツが好きで、特に野球が好きだ)

Check 3   Sentence)) MP3-090

☐ After months of searching, I finally found an interesting job. (数カ月間探した後、私はついに興味のある仕事を見つけた)

☐ She may look 30, but she's actually 40. (彼女は30歳に見えるかもしれないが、実は40歳だ)

☐ The company's profits declined slightly due to rising costs and decreased sales. (コスト高と売上減少のため、その会社の収益はわずかに低下した)

☐ Gasoline is highly flammable. (ガソリンは非常に引火しやすい)

☐ The project was formally approved by the board. (その計画は取締役会によって正式に承認された)

☐ I will likely see her later. (私は恐らく後で彼女に会うだろう)

☐ I was so nervous I could hardly speak during the interview. (私はとても緊張していたので、面接の間ほとんど話すことができなかった)

☐ I didn't particularly want to eat, but I had to. (私は特に食欲はなかったが、食べなければならなかった)

Day 46　副詞2・前置詞

Check 1　Chants)) MP3-091

□ 0721
seldom
/séldəm/
Part 2, 3

副 **めったに～しない**(≒ rarely, hardly ever, scarcely ever)(⇔often)

□ 0722
directly
/diréktli/　⚡/dairéktli/
Part 2, 3

副 **直接**、じかに(⇔indirectly)
形direct：❶直接の　❷直行の

□ 0723
mainly
/méinli/
Part 4

副 **主に**、主として(≒ mostly, chiefly, primarily)
形main：主要な、主な、最も重要な

□ 0724
generally
/dʒénərəli/
Part 5, 6

副 ❶**一般に**、概して(≒ in general)　❷通例(≒ usually, as a rule)　❸一般的に言って
形general：❶全般[全体]的な　❷世間一般の、普通の
動generalize：❶～を一般[普遍]化する　❷～を普及させる

□ 0725
gradually
/grǽdʒuəli/
Part 7

副 **徐々に**、次第に
形gradual：❶少しずつの、漸進的な　❷(傾斜が)緩やかな

□ 0726
lately
/léitli/
Part 5, 6

副 **最近**、近ごろ(≒ recently, of late)
形late：❶(～に)遅れた、遅刻した(for [to] ～)　❷(普通[予定]より)遅い、遅れた

□ 0727
moreover
/mɔːróuvər/
Part 5, 6

副 **その上**、さらに(≒ furthermore, besides)

□ 0728
sharply
/ʃɑ́ːrpli/
Part 4

副 **急激に**
形sharp：急激な
副sharp：(時刻を示す語の後で)きっかり、ちょうど

218 ▶ 219

continued ▼

今日でChapter 7は最後！ 時間に余裕があったら、章末のReviewにも挑戦しておこう。忘れてしまった単語も結構あるのでは?!

☐ 聞くだけモード　Check 1
☐ しっかりモード　Check 1 ▶ 2
☐ かんぺきモード　Check 1 ▶ 2 ▶ 3

CHAPTER 1
CHAPTER 2
CHAPTER 3
CHAPTER 4
CHAPTER 5
CHAPTER 6
CHAPTER 7
CHAPTER 8
CHAPTER 9
CHAPTER 10
CHAPTER 11

Check 2　Phrase & Sentence

☐ **Our boss** seldom **praises us.**(私たちの上司は私たちのことをめったに褒めない)

☐ directly **affect our lives**(私たちの生活に直接影響する)
☐ **go** directly **to ~**(~に直行する)

☐ mainly **invest in ~**(主に~に投資する)
☐ mainly **because ~**(主に~という理由で)

☐ **be** generally **regarded as ~**(一般に~だと考えられている)
☐ generally **speaking**(一般的に言えば)

☐ Gradually, **the sky darkened and the air grew cold.**(次第に空は暗くなり、空気が冷たくなった)

☐ **Have you seen any interesting movies** lately?(最近、何か面白い映画を見ましたか?)

☐ **She is honest.** Moreover **she is kind.**(彼女は正直だ。その上、彼女は親切だ)

☐ rise [increase] sharply(急激に上がる)
☐ drop [fall, decrease] sharply(急激に下がる)

Check 3　Sentence ») MP3-092

☐ **I** seldom **eat breakfast at home on workdays.**(私は仕事のある日はめったに家で朝食を食べない)

☐ **You should talk** directly **to him.**(あなたは彼に直接話したほうがいい)

☐ **The company** mainly **targets the domestic market.**(その会社は主に国内市場を対象にしている)

☐ **Female eagles are** generally **bigger than males.**(雌のワシは一般に雄よりも大きい)

☐ **The economy is** gradually **recovering.**(経済は徐々に回復している)

☐ **I think he has been overworking** lately.(彼は最近、働き過ぎていると思う)

☐ **The report is badly written, and** moreover **inaccurate.**(その報告書はひどい書かれ方で、その上不正確だ)

☐ **Stock prices dropped** sharply **today.**(今日、株価が急激に下がった)

continued
▼

Check 1　　Chants ♪ MP3-091

□ 0729
despite
/dispáit/
Part 5, 6

前 〜にもかかわらず(≒in spite of, notwithstanding)

□ 0730
worth
/wə́:rθ/
Part 5, 6

前 〜の価値がある、〜に値する ●形容詞とも考えられる
名 価値(≒value)

□ 0731
regarding
/rigá:rdiŋ/
Part 5, 6

前 〜に関して、〜に関する(≒about, concerning, with regard [respect] to)
動 regard:(regard A as Bで)AをBと見なす、考える
名 regard:❶(〜に対する)尊敬(for 〜) ❷(〜に対する)配慮(for 〜)

□ 0732
concerning
/kənsə́:rniŋ/
Part 5, 6

前 〜に関して、〜に関する(≒about, regarding, with regard [respect] to)
名 concern:(〜に対する)懸念(about [over, for] 〜)
形 concerned:❶(通例名詞の後に置いて)関係[関与]している ❷心配そうな

□ 0733
except
/iksépt/
Part 4

前 〜以外は、〜を除いて(≒except for, apart from, excluding)
名 exception:例外
形 exceptional:❶非常に優れた ❷例外的な
副 exceptionally:例外的に、特別に、異常に

□ 0734
including
/inklú:diŋ/
Part 5, 6

前 〜を含めて(⇔excluding)
動 include:〜を含む

□ 0735
via
/ví:ə, váiə/
●発音注意
Part 4

前 〜経由で、〜を通って(≒by way of)

□ 0736
per
/pər/
Part 7

前 〜につき、〜当たり(≒a)

Day 45 ♪ MP3-089
Quick Review
答えは右ページ下

□ 急速に	□ 適切に	□ ついに	□ 正式に
□ さもなければ	□ 最近	□ 実は	□ 恐らく
□ 非常に	□ すぐに	□ わずかに	□ ほとんど〜しない
□ 正確に	□ 特に	□ 非常に	□ 特に

Check 2　Phrase & Sentence

□ despite many difficulties(多くの困難にもかかわらず)
□ despite the fact that ~(~という事実にもかかわらず)

□ be worth trying [reading](やってみる[読む]価値がある)
□ be worth a visit(行く価値がある)

□ a question regarding the product(その製品に関する質問)

□ an article concerning the accident(その事故に関する記事)

□ everyone except him(彼以外は全員)

□ $500 including shipping(送料を含めて500ドル)
□ including tax(税込みで)

□ go to Cambodia via Bangkok(バンコク経由でカンボジアへ行く)

□ work 10 hours per day(1日に10時間働く)
□ 80 kilometers per hour(時速80キロ)

Check 3　Sentence 》MP3-092

□ Despite the rain, we went on a hike.(雨にもかかわらず、私たちはハイキングに出かけた)

□ His new movie is well worth seeing.(彼の新しい映画は十分に見る価値がある)

□ She said nothing regarding the matter.(彼女はその件に関して何も言わなかった)

□ I asked several questions concerning the report.(私はその報告書に関していくつか質問した)

□ The market opens every day except Sunday.(そのマーケットは日曜日以外は毎日営業している)

□ There were 15 people including me.(私を含めて15人いた)

□ I flew to Barcelona via Paris.(私はパリ経由でバルセロナへ飛んだ)

□ The room costs €200 per person, per night.(その部屋は1泊につき1人200ユーロする)

CHAPTER 1
CHAPTER 2
CHAPTER 3
CHAPTER 4
CHAPTER 5
CHAPTER 6
CHAPTER 7
CHAPTER 8
CHAPTER 9
CHAPTER 10
CHAPTER 11

Day 45 》MP3-089
Quick Review
答えは左ページ下

□ rapidly □ otherwise □ extremely □ exactly
□ properly □ recently □ immediately □ especially
□ finally □ actually □ slightly □ highly
□ formally □ likely □ hardly □ particularly

Chapter 7 Review

左ページの(1)〜(18)の副詞または前置詞の同意・類義語［熟語］（≒）を右ページのA〜Rから選び、カッコの中に答えを書き込もう。意味が分からないときは、見出し番号を参照して復習しておこう（答えは右ページ下）。

☐ (1) rapidly (0705) ≒は? (　　　)

☐ (2) extremely (0707) ≒は? (　　　)

☐ (3) exactly (0708) ≒は? (　　　)

☐ (4) recently (0710) ≒は? (　　　)

☐ (5) immediately (0711) ≒は? (　　　)

☐ (6) especially (0712) ≒は? (　　　)

☐ (7) finally (0713) ≒は? (　　　)

☐ (8) slightly (0715) ≒は? (　　　)

☐ (9) likely (0718) ≒は? (　　　)

☐ (10) hardly (0719) ≒は? (　　　)

☐ (11) mainly (0723) ≒は? (　　　)

☐ (12) generally (0724) ≒は? (　　　)

☐ (13) moreover (0727) ≒は? (　　　)

☐ (14) despite (0729) ≒は? (　　　)

☐ (15) regarding (0731) ≒は? (　　　)

☐ (16) except (0733) ≒は? (　　　)

☐ (17) via (0735) ≒は? (　　　)

☐ (18) per (0736) ≒は? (　　　)

CHAPTER
1

CHAPTER
2

CHAPTER
3

CHAPTER
4

CHAPTER
5

CHAPTER
6

CHAPTER
7

CHAPTER
8

CHAPTER
9

CHAPTER
10

CHAPTER
11

A. probably

B. particularly

C. a

D. very

E. mostly

F. at last

G. concerning

H. quickly

I. furthermore

J. scarcely

K. lately

L. excluding

M. a little

N. in general

O. precisely

P. in spite of

Q. right away

R. by way of

【解答】 (1) H (2) D (3) O (4) K (5) Q (6) B (7) F (8) M (9) A (10) J
(11) E (12) N (13) I (14) P (15) G (16) L (17) R (18) C

CHAPTER 8

動詞句

CHAPTER 1

CHAPTER 2

CHAPTER 3

CHAPTER 4

CHAPTER 5

CHAPTER 6

CHAPTER 7

CHAPTER 8

CHAPTER 9

CHAPTER 10

CHAPTER 11

TOEIC的格言

Perseverance prevails.

石の上にも3年。
[直訳] 忍耐が勝つ。

Chapter 8からは「熟語編」が始まります。このChapterでは、動詞表現240を見ていきましょう。本書でも最も長い、まさに「胸突き八丁」のChapter。ここを乗り切れば、ゴールはすぐそこに見えてくる！

Day 47　動詞句1
「動詞＋副詞［前置詞］」型1

Check 1　Chants 》 MP3-093

□ 0737
participate in
Part 2, 3

～に参加する(≒take part in, join)
图participation：(～への)参加(in ～)
图participant：(～の)参加者、当事者(in ～)

□ 0738
sign up for
Part 7

(署名して)～に申し込む、～に参加する
图sign：❶兆候　❷標識

□ 0739
pick up
Part 2, 3

❶～を車で迎えに行く、車に乗せる　❷～を取って
くる

□ 0740
look forward to
Part 5, 6

～を楽しみに待つ(≒anticipate)

□ 0741
refer to
Part 5, 6

❶～を参照する　❷～に言及する(≒mention, cite)
图reference：❶(～への)言及(to ～)　❷参照　❸(履歴書
などの)推薦状

□ 0742
carry out
Part 5, 6

～を実行[遂行]する(≒perform, execute)

□ 0743
depend on [upon]
Part 5, 6

❶～に頼る(≒rely on, count on)　❷～によって決まる
图dependence：(～への)依存(on [upon] ～)

□ 0744
point at [to]
Part 1

～を指し示す、指さす　❶point outは「～を指摘する」

continued ▼

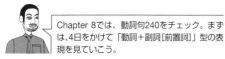

Chapter 8では、動詞句240をチェック。まずは、4日をかけて「動詞＋副詞[前置詞]」型の表現を見ていこう。

□ 聞くだけモード　Check 1
□ しっかりモード　Check 1 ▸ 2
□ かんぺきモード　Check 1 ▸ 2 ▸ 3

Check 2　Phrase	Check 3　Sentence 》MP3-094
□ participate in the Olympic Games（オリンピックに参加する）	□ More than 200 people will participate in the conference.（200人を超える人がその会議への参加を予定している）
□ sign up for dance lessons（ダンスのレッスンに申し込む）	□ Over 50 people have signed up for the yoga class.（50人を超える人たちがそのヨガ教室に申し込んでいる）
□ pick him up at the hotel（ホテルまで彼を車で迎えに行く） □ pick up a leaflet at the post office（郵便局からチラシを取ってくる）	□ I'll pick you up at the airport at 3 p.m.（午後3時に空港へあなたを迎えに車で行きます）
□ look forward to Christmas（クリスマスを楽しみに待つ）	□ We're looking forward to seeing you again.（またあなたに会うのを楽しみにしています）
□ refer to an index（索引を参照する） □ refer to the Bible（聖書に言及する）	□ Please refer to the table below.（下の表を参照してください）
□ carry out a survey（調査を行う） □ carry out an order（命令を遂行する）	□ The prime minister promised to carry out political reforms.（首相は政治改革を実行すると約束した）
□ financially depend on one's parents（金銭面で両親に頼る） □ depend on the weather（[行事の開催などが]天気次第である）	□ Many European countries depend on Russia for oil and natural gas.（多くのヨーロッパの国々は石油と天然ガスをロシアに頼っている）
□ point at a student（生徒を指さす）	□ The woman is pointing at something.（女性は何かを指さしている）

continued ▼

Check 1　　Chants))) MP3-093

□ 0745
put on
Part 1

(服など)**を身に着ける**(⇔take off)　✚wearは「〜を身に着けている」という状態を表す

□ 0746
deal with
Part 4

❶(問題など)**を処理する**、〜に対処する(≒process, handle, cope with, attend to)　❷〜を取り扱う、論じる　✚deal inは「〜を売買する」
名deal: (商品などの)商取引、契約(on 〜)

□ 0747
take over
Part 2, 3

❶(職務など)**を**(…から)**引き継ぐ**(from . . .)　❷(会社など)を買収する、乗っ取る
名takeover: (支配・管理権などの)奪取、(会社の)乗っ取り

□ 0748
try on
Part 1

〜を試着する、着て[履いて、かぶって]みる　✚服だけでなく、靴や帽子などについても用いられる

□ 0749
rely on [upon]
Part 5, 6

〜に頼る(≒depend on, count on)、〜を信頼する(≒trust)
名reliance: ❶(〜への)依存(on [in] 〜)　❷(〜に対する)信用、信頼(on [in] 〜)

□ 0750
dispose of
Part 2, 3

〜を処分[処理]**する**(≒get rid of, do away with)
名disposal: 処分、処理
形disposable: 使い捨ての

□ 0751
come up with
Part 5, 6

(考えなど)**を思いつく**、考え出す(≒hit on [upon])　✚「(考えなどが)〜の心に(ふと)浮かぶ」はoccur to

□ 0752
break down
Part 2, 3

故障する
名breakdown: ❶(機械・自動車などの)故障　❷(心身の)衰弱

| Day 46))) MP3-091 Quick Review 答えは右ページ下 | □ めったに〜しない □ 直接 □ 主に □ 一般に | □ 徐々に □ 最近 □ その上 □ 急激に | □ 〜にもかかわらず □ 〜の価値がある □ 〜に関して □ 〜に関して | □ 〜以外は □ 〜を含めて □ 〜経由で □ 〜につき |

CHAPTER
1

CHAPTER
2

CHAPTER
3

CHAPTER
4

CHAPTER
5

CHAPTER
6

CHAPTER
7

CHAPTER
8

CHAPTER
9

CHAPTER
10

CHAPTER
11

Check 2　Phrase

□ put on one's coat [shoes, glasses](コートを着る[靴を履く、眼鏡をかける])

□ deal with a food crisis(食料危機に対処する)
□ deal with Western art history([本などが]西洋美術史を扱っている)

□ take over the position from him(その職を彼から引き継ぐ)
□ take over the company(その会社を買収する)

□ try on a dress(ドレスを試着する)
□ try on a hat(帽子をかぶってみる)

□ rely on the radio for information(ラジオに情報を頼る)

□ dispose of old clothes(古着を処分する)

□ come up with a good idea(妙案を思いつく)

□ a broken-down truck(故障したトラック)

Check 3　Sentence 》MP3-094

□ The man is putting on his jacket. (男性は上着を着ようとしている)

□ The government has to deal with the problem of unemployment. (政府は失業問題に対処しなければならない)

□ He is reluctant to take over the family business. (彼は家業を継ぐのを渋っている)

□ He's trying on a shirt. (彼はシャツを試着している)

□ Japan relies heavily on Middle Eastern oil. (日本は中東の石油に大きく依存している)

□ Companies must properly dispose of industrial waste. (企業は産業廃棄物を適切に処分しなければならない)

□ We haven't come up with a solution to the problem yet. (私たちはその問題の解決策をまだ考え出していない)

□ My car broke down on the way home. (帰宅途中に私の車が故障した)

Day 46 》MP3-091
Quick Review
答えは左ページ下

□ seldom	□ gradually	□ despite	□ except
□ directly	□ lately	□ worth	□ including
□ mainly	□ moreover	□ regarding	□ via
□ generally	□ sharply	□ concerning	□ per

Day 48

動詞句2
「動詞+副詞[前置詞]」型2

Check 1　　Chants) MP3-095

□ 0753
apply to
Part 7

(規則などが)**〜に適用される**、当てはまる　●apply forは「〜を申し込む」
图application：❶(〜への)申し込み[申請](書)(for 〜)　❷(〜への)利用、適用(to 〜)
图applicant：(〜への)志願者、応募者(for 〜)

□ 0754
hand in
Part 2, 3

〜を(…に)**提出する**(to . . .)(≒ submit, turn in)

□ 0755
set up
Part 2, 3

〜を設立[創設]する(≒ establish, found)

□ 0756
go over
Part 2, 3

〜を綿密に調べる[考える]

□ 0757
call for
Part 4

❶**〜を要求する**(≒ demand)、〜を必要とする(≒ require)　❷(天気)を予報する

□ 0758
point out
Part 5, 6

〜を指摘する

□ 0759
reply to
Part 5, 6

〜に返事をする、回答[応答]する
图reply：(〜への/…からの)返事、返答(to 〜/from . . .)

□ 0760
work on
Part 1

〜に取り組む　●目的語によって「〜を治療する」「〜を修理する」「〜を調節する」などさまざまな意味になる

continued ▼

「動詞＋副詞[前置詞]」型の表現は「丸ごと1つの動詞」として覚えることが大切。そのためにも「聞いて音読する」ことを忘れずに！

☐ 聞くだけモード　Check 1
☐ しっかりモード　Check 1 ▸ 2
☐ かんぺきモード　Check 1 ▸ 2 ▸ 3

CHAPTER 1

CHAPTER 2

CHAPTER 3

CHAPTER 4

CHAPTER 5

CHAPTER 6

CHAPTER 7

CHAPTER 8

CHAPTER 9

CHAPTER 10

CHAPTER 11

Check 2　Phrase

☐ only apply to club members（[優遇措置などが]会員だけに適用される）

☐ hand in one's resignation（辞表を提出する）

☐ set up a new company（新会社を設立する）

☐ go over the problem（その問題をよく考える）

☐ call for help（助けを求める）
☐ call for rain（[天気予報が]雨を予想する）

☐ point out her mistake（彼女の間違いを指摘する）
☐ point out that ~（～ということを指摘する）

☐ reply to his e-mail（彼の電子メールに返事を出す）

☐ work on one's thesis（論文に取り組む）
☐ work on a patient（患者を治療する）

Check 3　Sentence ♪ MP3-096

☐ The new anti-smoking law applies to all public places.（新しい禁煙法はすべての公共の場に適用されている）

☐ I haven't handed in my essay yet.（私はまだ小論文を提出していない）

☐ He plans to set up his own business.（彼は自分で事業を興すことを計画している）

☐ I went over my report word by word.（私は自分の報告書を一語一語綿密に調べた）

☐ The opposition parties have called for the immediate resignation of the foreign minister.（野党は外務大臣の即時辞職を求めている）

☐ She pointed out the dangers of smoking.（彼女は喫煙の危険性を指摘した）

☐ Many people replied to our want ad in the newspaper.（多くの人が私たちの新聞の求人広告に応募してきた）

☐ The man is working on the car.（男性は車を修理している）

continued
▼

Check 1　　Chants))) MP3-095

□ 0761
bend over
Part 1

かがむ　❶「かがむ」だけでなく、「体を反らせる」場合にも用いられる

□ 0762
focus on
Part 4

～に注意を集中させる(≒concentrate on)
名focus：❶焦点　❷(興味・注目などの)中心、焦点

□ 0763
check in
Part 1

搭乗[宿泊]**手続きをする**、チェックインする

□ 0764
graduate from
Part 4

～を卒業する
名graduate：❶(～の)卒業生(of ～)　❷大学院生
名graduation：卒業、卒業式

232 ▸ 233

□ 0765
turn in
Part 7

～を(…に)**提出する**(to . . .)(≒submit, hand in)

□ 0766
turn off
Part 4

(テレビ・明かりなど)**を消す**、(ガスなど)を止める(≒ switch off)(⇔turn on)

□ 0767
go through
Part 5, 6

(苦しさなど)**を経験**[体験]**する**(≒experience)

□ 0768
put off
Part 4

～を(…まで)**延期する**(till [until] . . .)(≒postpone, delay)

Day 47))) MP3-093
Quick Review
答えは右ページ下

□ ～に参加する	□ ～を参照する	□ ～を身に着ける	□ ～に頼る
□ ～に申し込む	□ ～を実行する	□ ～を処理する	□ ～を処分する
□ ～を車で迎えに行く	□ ～に頼る	□ ～を引き継ぐ	□ ～を思いつく
□ ～を楽しみに待つ	□ ～を指し示す	□ ～を試着する	□ 故障する

Check 2　Phrase

□ bend over **and touch one's toes**(かがんでつま先を触る)➕立位体前屈のポーズ

□ focus on **one's study**(勉強に集中する)

□ check in **at the front desk**(フロントで宿泊手続きをする)

□ graduate from **college [high school]**(大学[高校]を卒業する)

□ turn in **an assignment to a teacher**(宿題を先生に提出する)

□ turn off **the light**(明かりを消す)
□ turn off **the engine**(エンジンを切る)

□ go through **a lot of difficulties**(多くの困難を経験する)

□ put off **the meeting until next week**(会議を来週まで延期する)
□ put off **making a decision**(決定を先延ばしする)

Check 3　Sentence 》MP3-096

□ **The man is** bending over **to pick** something up.(男性は何かを取ろうとしてかがんでいる)

□ **We need to** focus on **marketing** strategy.(私たちは販売戦略に傾注する必要がある)

□ **They are** checking in **at the counter.**(彼らはカウンターで搭乗手続きをしている)

□ **He** graduated from **Kyoto University in 1992.**(彼は京都大学を1992年に卒業した)

□ **She** turned in **her resignation to her boss.**(彼女は辞表を上司に提出した)

□ **I** turned off **the air conditioner when I left home.**(家を出る時に私はエアコンを消した)

□ **The company has** gone through **various ups and downs.**(その会社はさまざまな浮き沈みを経験してきた)

□ **We decided to** put off **voting on the proposal until next month.**(その提案について投票するのを来月まで延期すると私たちは決定した)

CHAPTER 1
CHAPTER 2
CHAPTER 3
CHAPTER 4
CHAPTER 5
CHAPTER 6
CHAPTER 7
CHAPTER 8
CHAPTER 9
CHAPTER 10
CHAPTER 11

Day 47 》MP3-093
Quick Review
答えは左ページ下

□ participate in
□ sign up for
□ pick up
□ look forward to

□ refer to
□ carry out
□ depend on
□ point at

□ put on
□ deal with
□ take over
□ try on

□ rely on
□ dispose of
□ come up with
□ break down

Day 49

動詞句3
「動詞+副詞［前置詞］」型3

Check 1 　　Chants 》 MP3-097

☐ 0769
make up for
Part 5, 6

（損失など）**の埋め合わせ**［償い］**をする**（≒compensate for）

☐ 0770
run out of
Part 2, 3

〜を使い果たす、〜がなくなる

☐ 0771
turn on
Part 4

（テレビ・明かりなど）**をつける**、（ガスなど）を出す（≒switch on）（⇔turn off）

☐ 0772
call on [upon]
Part 4

❶（人）**をちょっと訪れる**（≒visit）　➕call atは「（場所）に立ち寄る」　❷〜に（…を）頼む、求める（for . . .）（≒ask）

☐ 0773
figure out
Part 5, 6

❶**〜を考え出す**、解決する　❷〜を理解する（≒understand, make out）
名figure：❶数字、（数字の）けた　❷姿　❸人物　❹図

☐ 0774
complain about [of]
Part 5, 6

〜について不満［苦情、文句］**を言う**
名complaint：（〜についての／…という）不満、苦情（about 〜/that節 . . .）

☐ 0775
line up
Part 1

1列に並ぶ

☐ 0776
put away
Part 1

〜を片づける、しまう（≒clear）

continued ▾

今日で本書も7割が終了！ マラソンに例えるなら、もうすぐ30キロ地点。一番苦しいところだけれど、ここでリタイアはもったいない！

☐ 聞くだけモード　Check 1
☐ しっかりモード　Check 1 ▶ 2
☐ かんぺきモード　Check 1 ▶ 2 ▶ 3

CHAPTER 1
CHAPTER 2
CHAPTER 3
CHAPTER 4
CHAPTER 5
CHAPTER 6
CHAPTER 7
CHAPTER 8
CHAPTER 9
CHAPTER 10
CHAPTER 11

Check 2　Phrase

☐ make up for **lost time**(失った時間の埋め合わせをする、遅れを取り戻す)

☐ run out of **money**(お金を使い果たす)

☐ turn on **the radio**(ラジオをつける)
☐ turn on **one's computer**(コンピューターの電源を入れる)

☐ call on **her on my way home**(帰宅途中に彼女を訪ねる)
☐ call on **friends for help**(友人たちに助けを求める)

☐ figure out **a solution**(解決策を考え出す)
☐ figure out **what he is saying**(彼が言っていることを理解する)

☐ complain about **the noise**(その騒音について苦情を言う)

☐ line up **for the bus**(バスに乗るために1列に並ぶ)

☐ put away **the dishes**(皿を片づける)

Check 3　Sentence) MP3-098

☐ **This year's good harvest** made up for **last year's bad one.**(今年の豊作は去年の凶作を埋め合わせた)

☐ **We're** running out of **time to complete the project.**(そのプロジェクトを完了するための時間がなくなってきている)

☐ **Can you** turn on **the TV?**(テレビをつけてくれる?)

☐ **I** called on **him at his office.**(私は彼の事務所に彼を訪ねた)

☐ **She** figured out **a way of accomplishing the task in a better way.**(彼女はもっといいやり方でその任務を完了させる方法を考え出した)

☐ **Many people** complain about **the new healthcare system.**(多くの人が新しい医療制度に不満をもらしている)

☐ **They are** lining up **in front of the store.**(彼らは店の前で1列に並んでいる)

☐ **The boy is** putting away **his toys.**(男の子はおもちゃを片づけている)

continued ▼

Check 1　　Chants))) MP3-097

□ 0777
lead to
Part 4

(ある結果)に至る、つながる
名lead：率先、先導
形leading：第一流[一位、一級]の、主要な

□ 0778
prepare for
Part 4

~に備える、~に備えて準備する

□ 0779
agree with
Part 5, 6

❶(意見・計画など)に賛成[同意]する　❷(人)と意見が一致する(⇔disagree with)　➔agree on [about]は「~の点で意見が一致する」
名agreement：❶(~との/…に関する)協定、契約(with ~ /on …)　❷(~との)合意(with ~)

□ 0780
belong to
Part 7

❶~に所属する、~の一員である　❷~のものである
名belonging：(~s)(運ぶことのできる)所持品、所有物

□ 0781
go off
Part 2, 3

(目覚まし時計などが)鳴る

□ 0782
succeed in
Part 4

~に成功する(⇔fail in)　➔succeed toは「~を継承[相続]する、~の後任となる」
名success：成功

□ 0783
appeal to
Part 5, 6

~の気に入る、~の興味をそそる、~の心に訴える、~にアピールする(≒attract)
名appeal：❶(~を求める)訴え、嘆願(for ~)　❷(~に対する)魅力、人気(for ~)　❸(~への)上訴(to ~)
形appealing：魅力的な

□ 0784
sell off
Part 4

~を(安く)売り払う

236 ▶ 237

Day 48))) MP3-095
Quick Review
答えは右ページ下

□ ~に適用される
□ ~を提出する
□ ~を設立する
□ ~を綿密に調べる

□ ~を要求する
□ ~を指摘する
□ ~に返事をする
□ ~に取り組む

□ かがむ
□ ~に注意を集中させる
□ 搭乗手続きをする
□ ~を卒業する

□ ~を提出する
□ ~を消す
□ ~を経験する
□ ~を延期する

CHAPTER
1

CHAPTER
2

CHAPTER
3

CHAPTER
4

CHAPTER
5

CHAPTER
6

CHAPTER
7

CHAPTER
8

CHAPTER
9

CHAPTER
10

CHAPTER
11

Check 2 Phrase

☐ lead to flooding（[大雨などが]洪水につながる）

☐ prepare for the worst（最悪の事態に備える）

☐ agree with his opinion（彼の意見に賛成する）
☐ agree with her（彼女と意見が一致する）

☐ belong to a soccer team（サッカーチームに所属する）
☐ belong to him（彼のものである）

☐ go off at 6 a.m.（午前6時に鳴る）

☐ succeed in persuading him（彼を説得することに成功する）

☐ appeal to all ages（あらゆる年齢層の興味をそそる）

☐ sell off the house（家を安く売り払う）

Check 3 Sentence 》 MP3-098

☐ The information led to the arrest of the kidnapper.（その情報が誘拐犯の逮捕へとつながった）

☐ I haven't finished preparing for tomorrow's presentation yet.（私はまだ明日のプレゼンの準備が終わっていない）

☐ I don't agree with the plan to build a new factory.（私は新しい工場を建設するという計画に賛成していない）

☐ She belongs to the accounting department.（彼女は経理部に所属している）

☐ The alarm didn't go off because the batteries were dead.（電池切れで目覚まし時計が鳴らなかった）

☐ She succeeded in finding a suitable job.（彼女は自分に合った仕事を見つけることに成功した）

☐ The design really appealed to me.（私はそのデザインを本当に気に入った）

☐ The company sold off its mobile business.（その会社は携帯電話事業を売却した）

Day 48 》 MP3-095
Quick Review
答えは左ページ下

☐ apply to
☐ hand in
☐ set up
☐ go over

☐ call for
☐ point out
☐ reply to
☐ work on

☐ bend over
☐ focus on
☐ check in
☐ graduate from

☐ turn in
☐ turn off
☐ go through
☐ put off

Check 1　Chants))) MP3-099

□ 0785
wait on
Part 1

❶〜の給仕をする　❷(客)に対応する
名waiter : ウエーター
名waitress : ウエートレス

□ 0786
suffer from
Part 4

❶〜に苦しむ　❷(病気)を患う

□ 0787
search for
Part 5, 6

〜を探す(≒look for)
名search : (〜の)捜索、調査(for [of] 〜)

□ 0788
take off
Part 2, 3

❶離陸する(⇔land)　❷(衣服など)を脱ぐ(⇔put on)
❸(ある期間・日)を休暇として取る

□ 0789
stand by
Part 4

❶(人)を支持［支援］する(≒support)　➕stand forは
「(考え・主義など)を支持する」　❷(決定など)を固守する

□ 0790
reach for
Part 1

〜を取ろうと手を伸ばす

□ 0791
reflect on [upon]
Part 5, 6

〜を熟考［思案］する(≒consider)
名reflection : ❶(鏡・水面などに)映った姿［像、影］　❷(〜
についての)考え、意見(on 〜)

□ 0792
result from
Part 5, 6

〜に起因［由来］する　➕result inは「〜という結果にな
る」
名result : ❶(〜の)結果(of 〜)　❷(〜s)成果

continued
▼

Check 2の「フレーズ」の音読をやってる？　慣れてきたら、Check 3の「センテンス」にも挑戦しよう。定着度がさらにアップするよ！

☐ 聞くだけモード　Check 1
☐ しっかりモード　Check 1 ▶ 2
☐ かんぺきモード　Check 1 ▶ 2 ▶ 3

CHAPTER 1
CHAPTER 2
CHAPTER 3
CHAPTER 4
CHAPTER 5
CHAPTER 6
CHAPTER 7
CHAPTER 8
CHAPTER 9
CHAPTER 10
CHAPTER 11

Check 2　Phrase

☐ wait on **them at dinner**(ディナーで彼らの給仕をする)
☐ wait on **a customer**(接客する)

☐ suffer from **poverty**(貧困に苦しむ)
☐ suffer from **asthma**(ぜん息を患う)

☐ search for **a missing girl**(行方不明の少女を探す)

☐ take off **on time**(定刻通りに離陸する)
☐ take off **one's shoes**(靴を脱ぐ)

☐ stand by **the governor**(知事を支持する)
☐ stand by **one's principle**(信念を固守する)

☐ reach for **the phone**(電話を取ろうと手を伸ばす)

☐ reflect on **the problem**(その問題を熟考する)

☐ result from **a lack of sleep**([病気などが]睡眠不足に起因する)

Check 3　Sentence 》 MP3-100

☐ **He's** waiting on **his guests.**(彼は客の給仕をしている)

☐ **The US has been** suffering from **a trade deficit.**(アメリカは貿易赤字に苦しんでいる)

☐ **Police are still** searching for **the murderer.**(警察はいまだにその殺人犯を探している)

☐ **The plane** took off **two hours late.**(その飛行機は2時間遅れで離陸した)

☐ **She** stood by **him during his illness.**(彼が病気の間、彼女は彼を支えた)

☐ **The woman is** reaching for **the book.**(女性は本を取ろうと手を伸ばしている)

☐ **We must** reflect on **what to do next.**(私たちは次に何をすべきか熟考しなければならない)

☐ **The fire** resulted from **a gas explosion.**(その火事はガス爆発によるものだった)

continued
▼

Check 1　　Chants ») MP3-099

☐ 0793
set aside
Part 5, 6

▶

(金・時間など)**を**(…のために)**取っておく** (for . . .) (≒ put aside, save, reserve)

▶

☐ 0794
amount to
Part 7

▶

総計〜に達する[上る]、合計〜となる(≒ total, add up to)

❷amount：❶量、額　❷(the 〜)総計、総数

▶

☐ 0795
calm down
Part 2, 3

▶

❶**〜を落ち着かせる**　❷落ち着く

❸calm：❶落ち着いた　❷(海・天候などが)穏やかな、風の無い

▶

☐ 0796
care for
Part 5, 6

▶

❶(通例否定・疑問文で)**〜が好きである**(≒ like)　❷〜の世話をする(≒ take care of, look after)　❹care aboutは「〜に関心がある、〜を心配する」

❸care：❶世話、介護　❷注意、用心

▶

☐ 0797
gaze at [into]
Part 1

▶

〜をじっと見る、凝視する(≒ stare at [into])

❸gaze：凝視、注視

▶

☐ 0798
interfere with
Part 7

▶

〜を邪魔する、妨げる　❹interfere inは「〜に口出しする、干渉する」

❸interference：(〜への)妨害、邪魔、干渉(with [in] 〜)

▶

☐ 0799
do away with
Part 5, 6

▶

❶**〜を廃止する**(≒ abolish)　❷〜を処分する(≒ dispose of, get rid of)

▶

☐ 0800
occur to
Part 5, 6

▶

(考えなどが)**〜の心に**(ふと)**浮かぶ**　❹「(考えなど)を思いつく」はcome up with, hit on [upon]

❸occur：(事件などが)起こる、生じる

❸occurrence：❶事件、出来事　❷(事件などの)発生

▶

Day 49 ») MP3-097
Quick Review
答えは右ページ下

☐ 〜の埋め合わせをする
☐ 〜を使い果たす
☐ 〜をつける
☐ 〜をちょっと訪れる

☐ 〜を考え出す
☐ 〜について不満を言う
☐ 1列に並ぶ
☐ 〜を片づける

☐ 〜に至る
☐ 〜に備える
☐ 〜に賛成する
☐ 〜に所属する

☐ 鳴る
☐ 〜に成功する
☐ 〜の気に入る
☐ 〜を売り払う

CHAPTER
1

CHAPTER
2

CHAPTER
3

CHAPTER
4

CHAPTER
5

CHAPTER
6

CHAPTER
7

CHAPTER
8

CHAPTER
9

CHAPTER
10

CHAPTER
11

☐ set aside **money for future expenses**(将来の出費のためにお金を取っておく)

☐ I've set aside **some time for you on Wednesday.**(あなたのために私は水曜日に時間を取ってあります)

☐ amount to **$500**([請求額などが]総額500ドルに上る)

☐ **The company's net profits** amounted to **$93 million.**(その会社の純益は総計9300万ドルに達した)

☐ calm **a child** down(子どもをなだめる)

☐ I tried to calm **him** down, **but it didn't work.**(私は彼を落ち着かせようとしたが、うまくいかなかった)

☐ **not** care for **him**(彼のことが好きではない)
☐ care for **one's elderly mother**(年を取った母親の世話をする)

☐ **Would you** care for **something to drink?**(何かお飲み物をいかがですか?)

☐ gaze at **the stars**(星をじっと見る)

☐ **They are** gazing at **the landscape.**(彼らは景色をじっと眺めている)

☐ interfere with **his work**(彼の仕事を邪魔する)

☐ **High gas prices** interfere with **economic activities.**(高いガソリン価格が経済活動の妨げとなっている)

☐ do away with **old rules**(古い規則を廃止する)
☐ do away with **an old sofa**(古いソファを処分する)

☐ **Do you think the government should** do away with **the death penalty?**(政府は死刑を廃止するべきだと思いますか?)

☐ **It** occurs **to me to do ~.**(~することを思いつく)

☐ **A good idea** occurred **to her.**(彼女の心に妙案が浮かんだ)

Day 49 ♪ MP3-097
Quick Review
答えは左ページ下

☐ make up for
☐ run out of
☐ turn on
☐ call on

☐ figure out
☐ complain about
☐ line up
☐ put away

☐ lead to
☐ prepare for
☐ agree with
☐ belong to

☐ go off
☐ succeed in
☐ appeal to
☐ sell off

Day 51 動詞句5
「動詞＋A＋前置詞＋B」型1

Check 1　Chants ∭ MP3-101

□ 0801
attribute A to B
Part 7

AをBの結果であると考える、AがBに起因すると考える(≒ascribe A to B)

□ 0802
provide A with B
Part 4

AにBを提供[供給]する(≒supply A with B, furnish A with B)　⊕provide A with B＝provide B for A
名provider：提供[供給](事業)者
名provision：❶供給　❷(法律などの)条項　❸(〜s)食料
接provided that 〜：もし〜ならば、〜という条件で

□ 0803
inform A of [about] B
Part 4

AにBについて知らせる、通知する(≒notify A of B)
名information：(〜に関する)情報(about [on] 〜)

□ 0804
attach A to B
Part 5, 6

AをBに添付する、貼りつける(⇔detach A from B：AをBから取り外す)
名attachment：❶添付ファイル　❷(〜への)愛着、愛情(to [for] 〜)　❸付属品

□ 0805
assure A of B
Part 2, 3

AにBを保証する
名assurance：❶保証、請け合い　❷自信

□ 0806
apologize to A for B
Part 5, 6

AにBのことでわびる、謝る
名apology：(〜に対する)謝罪、おわび(for 〜)

□ 0807
distinguish A from B
Part 5, 6

AをBと区別する
形distinguished：(〜で)有名な(for 〜)、優れた、際立った
形distinct：❶はっきりした、明瞭な　❷異なった、別個の
名distinction：(〜の間の)区別、差別(between 〜)

□ 0808
substitute A for B
Part 7

AをBの代わりに用いる、AにBの代理をさせる　⊕replace A with Bは「AをBと取り換える」
名substitute：❶代理人　❷代用品
形substitute：代理[代用]の
名substitution：❶代理、代用　❷代理人、代用品

continued ▼

今日から3日間は、「動詞＋A＋前置詞＋B」型の表現をチェック！　まずはチャンツを聞いて、表現を「耳」からインプットしよう。

☐ 聞くだけモード　Check 1
☐ しっかりモード　Check 1 ▸ 2
☐ かんぺきモード　Check 1 ▸ 2 ▸ 3

CHAPTER 1
CHAPTER 2
CHAPTER 3
CHAPTER 4
CHAPTER 5
CHAPTER 6
CHAPTER 7
CHAPTER 8
CHAPTER 9
CHAPTER 10
CHAPTER 11

Check 2　Phrase

☐ attribute **success or failure to ability** rather than to effort
（成功または失敗の原因を、努力ではなく能力にあると考える）

☐ provide **homes** with **electricity**（各家庭に電気を供給する）

☐ inform **him** of **the news**（彼にそのニュースについて知らせる）

☐ attach **a file** to **an e-mail**（ファイルを電子メールに添付する）

☐ assure **consumers** of **quality and safety**（消費者に品質と安全性を保証する）

☐ apologize to **her** for **being late**（遅れたことを彼女に謝る）

☐ distinguish **fantasy** from **reality**（空想を現実と区別する）

☐ substitute **margarine** for **butter**（マーガリンをバターの代わりに使う）

Check 3　Sentence 》MP3-102

☐ **Global warming is** attributed to **the emission of greenhouse gases.**
（地球温暖化は温室効果ガスの放出に起因すると考えられている）

☐ **The NGO** provided **the victims of the earthquake** with **food and blankets.**（そのNGOは地震の被災者に食料と毛布を提供した）

☐ **Please keep us** informed of **any change of address.**（住所に変更があった場合は私たちにお知らせください）

☐ **I** attached **the relevant information** to **the report.**（私はその報告書に関連情報を添付した）

☐ **They** assured **me** of **their support.**（彼らは私に支援を保証した）

☐ **You should** apologize to **your daughter** for **reading her e-mails.**（あなたは娘の電子メールを読んだことを彼女に謝ったほうがいい）

☐ **The sisters are so alike it's difficult to** distinguish **one** from **the other.**（その姉妹はとても似ているので、1人をもう1人と見分けるのが難しい）

☐ **You can** substitute **pork** for **beef in this recipe.**（この調理法では豚肉を牛肉の代わりに使うことができる）

continued
▼

Check 1　Chants 🔊 MP3-101

□ 0809
exchange A for B
Part 2, 3

❶AをBと交換する　❷AをBに両替する
名exchange：❶交換　❷両替、為替

□ 0810
remind A of [about] B
Part 4

AにBを思い出させる、気づかせる

□ 0811
expose A to B
Part 4

❶AをB（危険など）にさらす　❷AをBに触れさせる
名exposure：（危険などに）身をさらすこと(to ～)

□ 0812
convert A into [to] B
Part 7

AをBに変える(≒ change A into [to] B)

□ 0813
connect A to B
Part 2, 3

❶（電話で）AをBにつなぐ　➕この意味ではtoの代わりにwithを用いることもある(≒ put A through to B)　**❷AをBに接続する**(≒ link A to B, join A to B)
名connection：❶(～との／…との間の)関係、つながり(with ～/between . . .)　❷接続

□ 0814
compare A to [with] B
Part 5, 6

❶AをBと比較する　❷AをBに例える
名comparison：(～との)比較(with ～)
形comparable：❶(～と)類似[同種]の(with [to] ～)　❷(～と)比較に値する、同等の(with [to] ～)

□ 0815
congratulate A on B
Part 5, 6

AのBを祝う、AにBのことでお祝いを言う
名congratulation：❶(～s)お祝いの言葉　❷(Congratulations!で)おめでとう!

□ 0816
praise A for B
Part 4

AをBのことで褒める(≒ commend A for B)(⇔ accuse A of B, blame A for B, criticize A for B)
名praise：(～に対する)称賛(for ～)

Day 50 🔊 MP3-099
Quick Review
答えは右ページ下

□ ～の給仕をする　□ ～を支持する　□ ～を取っておく　□ ～をじっと見る
□ ～に苦しむ　□ ～を取ろうと手を伸ばす　□ 総計～に達する　□ ～を邪魔する
□ ～を探す　□ ～を熟考する　□ ～を落ち着かせる　□ ～を廃止する
□ 離陸する　□ ～に起因する　□ ～が好きである　□ ～の心に浮かぶ

Check 2　Phrase

☐ exchange **the shirt** for **a larger size**(シャツを大きなサイズに交換する)
☐ exchange **dollars** for **yen**(ドルを円に両替する)

☐ remind **her** of **the party**(彼女にそのパーティー[があること]を思い出させる)

☐ expose **oneself** to **danger**(危険に身をさらす)
☐ expose **students** to **classical music**(生徒にクラシック音楽を聴かせる)

☐ convert **the building** into **a museum**(そのビルを博物館に変える)

☐ connect **the call** to **Extension 134**(その電話を内線134につなぐ)
☐ connect **the hose** to **the faucet**(ホースを蛇口につなぐ)

☐ compare **her work** to **his**(彼女の作品を彼の作品と比較する)
☐ compare **life** to **a journey**(人生を旅に例える)

☐ congratulate **her** on **her wedding**(彼女の結婚式を祝う)

☐ praise **her** for **her hard work**(彼女が勤勉であることを褒める)

Check 3　Sentence ᚎ MP3-102

☐ **She** exchanged **the dress** for a smaller one.(彼女はドレスを小さいものと交換した)

☐ **Please be** reminded of **the faculty meeting at 5 p.m.**(職員会議が午後5時にあることを忘れないでください)

☐ **The workers at the nuclear power plant were** exposed **to high levels of radioactivity.**(その原子力発電所の作業員たちは高レベルの放射能にさらされた)

☐ **We** converted **the small bedroom** into **a second bathroom.**(私たちは小さな寝室を2つ目の浴室に変えた)

☐ **Could you** connect **me** to **Mr. Takahashi, please?**([電話を]タカハシさんにつないでくれますか?)

☐ **I don't like to be** compared to **others.**(私は他人と比べられるのが好きではない)

☐ **I** congratulated **him** on **his win.**(私は彼の勝利を祝った)

☐ **Everyone** praises **him** for **his honesty.**(誰もが彼が正直であることを褒める)

Day 50 ᚎ MP3-099
Quick Review
答えは左ページ下

☐ wait on
☐ suffer from
☐ search for
☐ take off

☐ stand by
☐ reach for
☐ reflect on
☐ result from

☐ set aside
☐ amount to
☐ calm down
☐ care for

☐ gaze at
☐ interfere with
☐ do away with
☐ occur to

CHAPTER 1
CHAPTER 2
CHAPTER 3
CHAPTER 4
CHAPTER 5
CHAPTER 6
CHAPTER 7
CHAPTER 8
CHAPTER 9
CHAPTER 10
CHAPTER 11

Day 52 動詞句6
「動詞＋A＋前置詞＋B」型2

Check 1　　Chants 》 MP3-103

□ 0817
regard A as B
Part 2, 3

AをBと見なす、考える(≒ see A as B, view A as B, think of A as B, look on A as B)
▶ 名regard：❶(～に対する)尊敬(for ～)　❷(～に対する)配慮(for ～)
前regarding：～に関して、～に関する ▶

□ 0818
range from A to B
Part 5, 6

(範囲などが)AからBへ及ぶ、またがる
名range：❶範囲、幅　❷射程(距離) ▶

□ 0819
appoint A as B
Part 5, 6

AをB(の役職)に任命[指名]する
名appointment：❶(面会の)約束、(医師などの)予約　❷任命 ▶

□ 0820
owe A to B
Part 2, 3

❶AはBのおかげである、AについてBの恩恵を被っている　**❷A(金)をBに借りている** ▶

□ 0821
contribute A to [toward] B
Part 2, 3

AをBに寄付する、ささげる、与える(≒ donate A to B)
▶ 名contribution：❶(～への)貢献、寄与(to [toward] ～)　❷(～への)寄付(金)(to [toward] ～) ▶

□ 0822
direct A to B
Part 2, 3

❶AにBへの道を教える　**❷A(注意など)をBに向ける**
▶ 形direct：❶真っすぐな　❷直接の
名direction：❶(～s)道順、指示　❷(～s)使用法
名director：❶(会社の)取締役、重役　❷(映画などの)監督 ▶

□ 0823
introduce A to B
Part 5, 6

❶AをBに紹介する　**❷A(商品など)をB(市場など)に売り出す**
▶ 名introduction：❶(～への)導入(into [to] ～)　❷(～への)紹介(to ～) ▶

□ 0824
translate A into B
Part 7

AをBに翻訳する、訳す　➕「～を通訳する」は interpret
▶ 名translation：翻訳 ▶

continued
▼

「動詞＋A＋前置詞＋B」型の表現は、Aを主語
にした受け身の文で使われることも多い。その
場合の語順もしっかり押さえておこう。

☐ 聞くだけモード　Check 1
☐ しっかりモード　Check 1 ▶ 2
☐ かんぺきモード　Check 1 ▶ 2 ▶ 3

CHAPTER 1
CHAPTER 2
CHAPTER 3
CHAPTER 4
CHAPTER 5
CHAPTER 6
CHAPTER 7
CHAPTER 8
CHAPTER 9
CHAPTER 10
CHAPTER 11

Check 2　Phrase

☐ regard him as a genius(彼を天才と見なす)

☐ people whose ages range from 15 to 34(15歳から34歳にわたる年齢の人々)

☐ appoint him as sales manager(彼を営業部長に任命する)

☐ owe her success to him(彼女の成功は彼のおかげだ)
☐ owe $5,000 to the bank(5000ドルをその銀行に借りている)

☐ contribute $40,000 to the project(4万ドルをそのプロジェクトに寄付する)

☐ direct him to the station(彼に駅への道を教える)
☐ direct one's attention to ~(~に注意を向ける)

☐ introduce him to my parents(彼を私の両親に紹介する)
☐ introduce products to the market(製品を市場に売り出す)

☐ translate French into English(フランス語を英語に翻訳する)

Check 3　Sentence ⟫ MP3-104

☐ Paris is regarded as the fashion capital of the world.(パリは世界のファッションの中心地と考えられている)

☐ Our computer prices range from $1,000 to $5,000.(当社のコンピューターの価格は1000ドルから5000ドルの範囲だ)

☐ She was appointed as the US representative to the United Nations.(彼女は国連のアメリカ代表に任命された)

☐ He owes the completion of the book to his wife.(彼がその本を書き上げられたのは彼の妻のおかげだ)

☐ Many volunteers contributed countless hours to the event.(多くのボランティアがそのイベントに数え切れないほどの時間をささげた)

☐ Could you direct me to the marketing department?(マーケティング部への行き方を教えてくれますか?)

☐ Have you two been introduced to each other?(お互いに自己紹介はお済みですか?)

☐ Many of his novels are translated into English.(彼の小説の多くは英語に翻訳されている)

continued
▼

Check 1　Chants))) MP3-103

□ 0825
accuse A **of** B
Part 2, 3

❶**AをBの理由で訴える**[告発する]　❷AをBの理由で非難する(≒ blame A for B, criticize A for B)
图accusation：❶起訴、告訴　❷非難

□ 0826
adapt A **to** B
Part 5, 6

AをBに適合[適応、順応]**させる**(≒ adjust A to B)
图adaptation：(～への)適合、適応(to ～)
形adaptable：(～に)適合[適応、順応]できる(to ～)

□ 0827
present A **to** B
Part 5, 6

❶**AをBに提出する**　❷AをBに贈る　➕present A to B＝present B with A
形present：❶(～に)出席している(at [in] ～)　❷現在の
图present：贈り物
图presentation：❶発表、説明、提出　❷贈呈

□ 0828
apply A **to** B
Part 7

AをBに利用[応用、適用]**する**(≒ use A for B)
图application：❶(～への)申し込み[申請](書)、(for ～)　❷(～への)利用、適用(to ～)
图applicant：(～への)志願者、応募者(for ～)

□ 0829
admit A **to** [into] B
Part 5, 6

AにBへの入場[入会、入学]**を認める**
图admission：❶入場料　❷入場[入学、入社]許可　❸(罪などの)自白(of ～)

□ 0830
blame A **for** B
Part 5, 6

AをBのことで非難する、責める(≒ accuse A of B, criticize A for B)(⇔praise A for B：AをBのことで褒める)　➕blame A for B＝blame B on A
图blame：(～に対する)非難(for ～)

□ 0831
admire A **for** B
Part 7

AをBの点で称賛する
图admiration：(～に対する)感嘆、称賛(の気持ち)(for ～)

□ 0832
devote A **to** B
Part 4

A(時間など)**をB**(仕事・目的など)**にささげる**、充てる(≒ dedicate A to B)
图devotion：(～への)献身、専念(to ～)
形devoted：(be devoted toで)～に献身[専念]している

248 ▶ 249

□ AをBの結果であると考える　□ AにBを保証する　□ AをBと交換する　□ AをBにつなぐ
□ AにBを提供する　□ AにBのことでわびる　□ AにBを思い出させる　□ AをBと比較する
□ AにBについて知らせる　□ AをBと区別する　□ AをBにさらす　□ AのBを祝う
□ AをBに添付する　□ AをBの代わりに用いる　□ AをBに変える　□ AをBのことで褒める

Check 2	Phrase

Check 2　Phrase

□ accuse him of murder(殺人の
かどで彼を訴える)
□ accuse her of lying(うそをつい
たことで彼女を非難する)

□ adapt the company to chang-
es in the economy(会社を経済の変
化に適応させる)
□ adapt oneself to ~(~に順応する)

□ present the report to the
board(報告書を委員会に提出する)
□ present a gift to her(彼女に贈
り物を贈る)

□ apply new technology to the
production process(新しい技術を
製造工程に応用する)

□ admit him to the club(彼にそ
のクラブへの入会を認める)
□ be admitted to (the) hospital
(入院する)

□ blame him for being lazy(彼
を怠惰だと責める)

□ admire him for his courage
(彼の勇気を称賛する)

□ devote one's life to helping
the poor(貧しい人々を助けることに人
生をささげる)

Check 3　Sentence 》MP3-104

□ Five politicians were accused of
corruption.(5人の政治家が汚職で告発され
た)

□ It would take a while to adapt my
life to the new environment.(新しい環
境に私の生活を適応させるにはしばらく時間が
かかるだろう)

□ He presented his passport to an
immigration officer.(彼はパスポートを入
国審査官に提出した)

□ She applied the money to the
payment of debts.(彼女はその金を借金の
支払いに使った)

□ Greece was admitted to the Euro-
pean Union in 1981.(ギリシャは1981年
に欧州連合への加盟を認められた)

□ No one can blame her for losing
the game.(誰もその試合に負けたことで彼女
を非難することはできない)

□ Everyone admires her for her
beauty and talent.(誰もが彼女の美しさと
才能を称賛する)

□ He wants to devote more time to
his family.(彼はより多くの時間を家族に充て
たいと思っている)

CHAPTER 1
CHAPTER 2
CHAPTER 3
CHAPTER 4
CHAPTER 5
CHAPTER 6
CHAPTER 7
CHAPTER 8
CHAPTER 9
CHAPTER 10
CHAPTER 11

Day 51 》MP3-101
Quick Review
答えは左ページ下

□ attribute A to B
□ provide A with B
□ inform A of B
□ attach A to B

□ assure A of B
□ apologize to A for B
□ distinguish A from B
□ substitute A for B

□ exchange A for B
□ remind A of B
□ expose A to B
□ convert A into B

□ connect A to B
□ compare A to B
□ congratulate A on B
□ praise A for B

Check 1　　Chants)) MP3-105

□ 0833
refer to A **as** B
Part 5, 6

AをBと呼ぶ、言う
图reference：❶(〜への)言及(to 〜)　❷参照　❸(履歴書などの)推薦状

□ 0834
supply A **with** B
Part 4

AにBを供給[提供]する(≒provide A with B, furnish A with B)　⊕supply A with B＝supply B to A
图supply：❶(通例〜ies)備品、必需品、在庫　❷供給　❸供給物
图supplier：供給[納入]業者

□ 0835
warn A **of** [about] B
Part 4

AにB(危険など)を警告[注意]する
图warning：(〜の／…に対する)警告、警報(of 〜/against . . .)

□ 0836
search A **for** B
Part 4

A(場所)をBを求めて捜索[探索]する
图search：(〜の)捜索、調査(for [of] 〜)

□ 0837
protect A
　　　　from [against] B
Part 4

AをB(危険など)から守る、防ぐ(≒defend A against [from] B, guard A against [from] B)
图protection：❶(〜からの)保護(from [against] 〜)　❷(〜からの)防護物(from [against] 〜)

□ 0838
tune A **to** B
Part 4

A(ラジオなど)をB(特定の局)に合わせる
图tune：❶曲、メロディー　❷調和

□ 0839
relate A **to** [with] B
Part 5, 6

AをBと関連づける(≒connect A with B)
图relation/relationship：(〜の間の／…との)関係、関連(between 〜/with . . .)
形related：(be related toで)〜と関係[関連]がある

□ 0840
rob A **of** B
Part 4

AからB(金・物)を奪う、強奪する(steal B from A)　⊕deprive A of Bは「AからB(権利・地位など)を奪う」
图robber：強盗、泥棒
图robbery：強盗(事件)

continued
▼

熟語がなかなか身につかないのは、表現の「幅」が長いから。そんなときこそ、繰り返しの音読が不可欠だよ！

☐ 聞くだけモード　Check 1
☐ しっかりモード　Check 1 ▶ 2
☐ かんぺきモード　Check 1 ▶ 2 ▶ 3

CHAPTER 1

CHAPTER 2

CHAPTER 3

CHAPTER 4

CHAPTER 5

CHAPTER 6

CHAPTER 7

CHAPTER 8

CHAPTER 9

CHAPTER 10

CHAPTER 11

Check 2　Phrase

☐ refer to **Paris** as "the city of light"(パリを「光の都」と呼ぶ)

☐ supply him with the information he requests(彼が求めている情報を彼に提供する)

☐ warn drivers of danger(運転手たちに危険を警告する)

☐ search the woods for the missing girl(行方不明の少女を見つけようと森を捜索する)

☐ protect skin from the sun(肌を太陽から守る)

☐ tune the TV to channel 3(テレビを3チャンネルに合わせる)

☐ relate disease to poverty(病気を貧困と関連づける)

☐ rob him of his money(彼から金を奪う)

Check 3　Sentence ⟩⟩ MP3-106

☐ **Spain** is officially referred to as "the Kingdom of Spain."(スペインは正式には「スペイン王国」と呼ばれている)

☐ **Employees** were supplied with uniforms.(従業員たちは制服を支給された)

☐ The doctor warned me of the risks of obesity.(その医者は私に肥満の危険性について注意した)

☐ I searched my pockets for my house key.(私は家の鍵を見つけようとポケットを調べた)

☐ The law is meant to protect consumers from unsafe products.(その法律は消費者を危険な製品から守るためにある)

☐ Stay tuned to this station for more news.(チャンネルはこのままで、さらにニュースをお聞きください)

☐ Some scientists relate specific weather events to global warming.(特定の天気事象を地球温暖化と関連づける科学者もいる)

☐ They robbed the company of $5 million.(彼らはその会社から500万ドルを盗んだ)

continued ▼

Check 1　　Chants)) MP3-105

□ 0841
deprive A **of** B
Part 7

Aから B(権利・地位など)**を奪う**、取り上げる　➕rob A of Bは「Aから B(金・物)を奪う」

□ 0842
separate A **from** B
Part 5, 6

❶**AをBから引き離す**　❷AをBから区別する
名separation：❶分離　❷別離、(夫婦の)別居
副separately：別々に

□ 0843
appeal to A **for** B
Part 4

Aに B(助けなど)**を求める**
名appeal：❶(~を求める)訴え、嘆願(for ~)　❷(~に対する)魅力(for ~)　❸(~への)上訴(to ~)

□ 0844
describe A **as** B
Part 5, 6

AをBだと言う[評する]
名description：描写、説明、記述

□ 0845
recognize A **as** B
Part 7

AをBだと認める
名recognition：❶(~という)認識、評価(that節 ~)　❷承認、認可

□ 0846
save A **for** B
Part 4

A(金など)**をBのために取っておく**(≒set aside A for B, put aside A for B, reserve A for B)

□ 0847
treat A **to** B
Part 2, 3

AにBをおごる、ごちそうする
名treatment：❶(~の)治療(for [of] ~)　❷(~の)待遇、取り扱い(of ~)

□ 0848
suspect A **of** B
Part 7

Aに B(犯罪など)**の容疑**[嫌疑]**をかける**
名suspect：容疑者
名suspicion：(~に対する)疑い(about [against, for] ~)

Day 52)) MP3-103
Quick Review
答えは右ページ下

□ AをBと見なす　　　□ AをBに寄付する　　□ AをBの理由で訴える　□ AにBへの入場を認める
□ AからBへ及ぶ　　　□ AにBへの道を教える　□ AをBに適合させる　□ AをBのことで非難する
□ AをBに任命する　　□ AをBに紹介する　　□ AをBに提出する　　□ AをBの点で称賛する
□ AはBのおかげである　□ AをBに翻訳する　　□ AをBに利用する　　□ AをBにささげる

CHAPTER 1

CHAPTER 2

CHAPTER 3

CHAPTER 4

CHAPTER 5

CHAPTER 6

CHAPTER 7

CHAPTER 8

CHAPTER 9

CHAPTER 10

CHAPTER 11

Check 2　Phrase

☐ deprive him of his rights [freedom](彼から権利[自由]を奪う)

☐ separate the egg whites from the yolks(卵白を黄身から分離する)
☐ separate the good from the bad(善悪を区別する)

☐ appeal to him for help(彼に助けを求める)

☐ describe her as shy(彼女を内気だと言う)

☐ recognize him as the best violinist(彼を最高のバイオリン奏者だと認める)

☐ save dinner for him(彼のために夕飯を取っておく)

☐ treat him to a drink(彼に一杯おごる)
☐ treat oneself to ～(自前で[自腹を切って]～を楽しむ)

☐ suspect him of fraud(彼に詐欺の容疑をかける)

Check 3　Sentence)) MP3-106

☐ Years of drought deprived the area of water.(何年も続いた干ばつで、その地域には水がなくなった)

☐ He is separated from his wife.(彼は妻と別居している)

☐ The police are appealing to the public for information about the traffic accident.(警察はその交通事故に関する情報を人々に求めている)

☐ His colleagues describe him as fun and outgoing.(彼の同僚は彼のことを楽しくて社交的だと評している)

☐ Taiwan is not recognized as an independent country by China.(台湾は中国に独立国家として認められていない)

☐ I'm saving money for a new car.(私は新しい車のためにお金を蓄えている)

☐ Let me treat you to dinner tonight.(今夜はあなたに夕食をごちそうさせてください)

☐ The official is suspected of embezzling public money.(その役人は公金を横領した疑いをかけられている)

Day 52)) MP3-103
Quick Review
答えは左ページ下

☐ regard A as B
☐ range from A to B
☐ appoint A as B
☐ owe A to B

☐ contribute A to B
☐ direct A to B
☐ introduce A to B
☐ translate A into B

☐ accuse A of B
☐ adapt A to B
☐ present A to B
☐ apply A to B

☐ admit A to B
☐ blame A for B
☐ admire A for B
☐ devote A to B

Day 54 動詞句8
「動詞＋to do [doing]」型

Check 1　Chants ♪ MP3-107

□ 0849
manage to do
Part 5, 6

どうにか[何とか]〜する、うまく[首尾よく]〜する
➕この意味では(×)manage doingとは言えない
▶ 名management：❶(集合的に)経営陣、経営者側　❷管理、経営
名manager：経営[管理、責任]者、(会社の)部長、課長

□ 0850
avoid doing
Part 5, 6

〜することを避ける、〜しないようにする　➕この意味では(×)avoid to doとは言えない
▶ 名avoidance：避けること、回避

□ 0851
intend to do
Part 5, 6

〜するつもりである(≒be going to do, plan to do, propose to do)　➕intend to do＝intend doing
▶ 名intent：(〜する)意図、意志(to do)
名intention：(〜する)意図、意向、つもり(of doing [to do])
形intentional：意図的な、故意の

□ 0852
afford to do
Part 2, 3

(canを伴って)〜する余裕がある　➕この意味では(×)afford doingとは言えない
▶ 形affordable：(価格などが)手ごろな、購入しやすい

□ 0853
decide to do
Part 5, 6

〜しようと決心する、〜することにする　➕この意味では(×)decide doingとは言えない
▶ 名decision：❶(〜に関する)決定(about [on] 〜)　❷(〜しようという)決心(to do)　❸判決

□ 0854
feel free to do
Part 4

遠慮なく[自由に]〜する　➕この意味では(×)feel free doingとは言えない

□ 0855
fail to do
Part 4

〜(しようとして)できない、〜し損なう　➕この意味では(×)fail doingとは言えない
▶ 名failure：❶(〜での)失敗(in [of] 〜)　❷(〜)しない[できない]こと(to do)

□ 0856
struggle to do
Part 5, 6

〜しようと努力[奮闘]する　➕この意味では(×)struggle doingとは言えない
▶ 名struggle：苦闘、努力

continued ▼

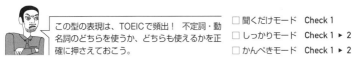

この型の表現は、TOEICで頻出！ 不定詞・動名詞のどちらを使うか、どちらも使えるかを正確に押さえておこう。

☐ 聞くだけモード　Check 1
☐ しっかりモード　Check 1 ► 2
☐ かんぺきモード　Check 1 ► 2 ► 3

CHAPTER 1

CHAPTER 2

CHAPTER 3

CHAPTER 4

CHAPTER 5

CHAPTER 6

CHAPTER 7

CHAPTER 8

CHAPTER 9

CHAPTER 10

CHAPTER 11

Check 2　Phrase	Check 3　Sentence)) MP3-108
☐ manage to **solve the problem**(その問題を何とか解決する)	☐ I managed to **finish the report in time.**(私は何とか遅れずに報告書を書き終えた)
☐ avoid **making mistakes**(間違いをしないようにする)	☐ The company tried to avoid **laying off its employees.**(その会社は従業員の解雇を回避しようと努力した)
☐ intend to **study economics in London for three years**(3年間ロンドンで経済学を学ぶつもりである)	☐ She intends to **go to New Zealand next year.**(彼女は来年、ニュージーランドに行くつもりだ)
☐ afford to **buy a new house**(新しい家を買う余裕がある)	☐ We can't afford to **waste time.**(私には時間を無駄にする余裕はない)
☐ decide to **be a politician**(政治家になろうと決心する)	☐ He decided to **leave the company.**(彼はその会社を辞めることを決心した)
☐ feel free to **ask questions**(遠慮なく質問する)	☐ If you have any questions, feel free to **contact us.**(質問がありましたら、遠慮なくご連絡ください)
☐ fail to **arrive on time**(時間通りに到着できない) ☐ **never fail to do** ～(必ず～する)	☐ He failed to **pass the entrance exam.**(彼は入試に合格することができなかった)
☐ struggle to **keep from crying**(泣かないでいようと努力する)	☐ Companies are struggling to **make a profit.**(企業は利益を上げようと努力している)

continued ▼

Check 1　Chants))) MP3-107

□ 0857
happen to do
Part 2, 3

偶然[たまたま]～する　⊕この意味では(×)happen doingとは言えない
- 名happening：(通例～s)事件、ハプニング

□ 0858
aim to do
Part 5, 6

～することを目指す、～しようと努力する　⊕この意味では(×)aim doingとは言えない
- 名aim：❶(～の)目標、目的(of ～)　❷狙い

□ 0859
suggest doing
Part 5, 6

～しようと提案する(≒propose doing)　⊕この意味では(×)suggest to doとは言えない
- 名suggestion：(～という)提案(that節 ～)

□ 0860
prefer to do
Part 2, 3

～することが(…するより)**好きである**、(…するより)むしろ～したい(rather than [to] do)　⊕prefer to do ＝prefer doing
- 名preference：❶(～に対する)好み(for ～)　❷優先

□ 0861
deny doing
Part 5, 6

～しなかった[しない]と言う　⊕この意味では(×)deny to doとは言えない
- 名denial：❶否定　❷拒否

□ 0862
continue to do
Part 4

～し続ける　⊕continue to do＝continue doing
- 名continuity：連続性
- 形continual：(特に嫌なことが)連続的な
- 形continuous：絶え間のない、連続した

□ 0863
prepare to do
Part 4

～する準備をする　⊕この意味では(×)prepare doingとは言えない
- 形prepared：(be prepared to doで)～する覚悟[用意]ができている
- 名preparation：(～の)準備、用意(for [of] ～)

□ 0864
agree to do
Part 5, 6

❶～することで意見が一致する　❷～することを承諾する　⊕これらの意味では(×)agree doingとは言えない
- 名agreement：❶(～との/…に関する)協定、契約(with ～/on ...)　❷(～との)合意(with ～)

Day 53))) MP3-105
Quick Review
答えは右ページ下

- □ AをBと呼ぶ
- □ AにBを供給する
- □ AにBを警告する
- □ AをBを求めて捜索する
- □ AをBから守る
- □ AをBに合わせる
- □ AをBと関連づける
- □ AからBを奪う
- □ AからBを奪う
- □ AをBから引き離す
- □ AにBを求める
- □ AをBだと言う
- □ AをBだと認める
- □ AをBのために取っておく
- □ AにBをおごる
- □ AにBの容疑をかける

Check 2 Phrase	Check 3 Sentence)) MP3-108
☐ happen to **hear the news**(偶然そのニュースを耳にする)	☐ I happened to **see him at the grocery store**. (私は食料品店で偶然彼を見かけた)
☐ aim to **reduce the deficit**(赤字を減らすことを目指す)	☐ I'm aiming to **lose five kilograms by the end of the year**. (私は年末までに5キロ減量することを目指している)
☐ suggest **going on a picnic**(ピクニックに行こうと提案する)	☐ My financial adviser suggested **investing in the stock market**. (私のファイナンシャルアドバイザーは株式市場に投資してはどうかと提案した)
☐ prefer to **read rather than (to) watch television**(テレビを見るより本を読むほうが好きである)	☐ I would prefer to **discuss this issue with you**. (この問題についてあなたと話し合いたいのですが)
☐ deny **ever seeing him**(彼に一度も会ったことはないと言う)	☐ He has denied **taking the bribe from the contractor**. (彼はその建設業者からわいろをもらったことを否定している)
☐ continue to **work until midnight**(夜の12時まで働き続ける)	☐ Heavy rain is expected to continue **to hit the Kyushu region throughout Saturday**. (土曜日いっぱい豪雨が九州地方を襲い続けると予想されている)
☐ prepare to **take the entrance exam**(入試を受ける準備をする)	☐ He is preparing to **retire in a year**. (彼は1年後に退職する準備をしている)
☐ agree to **collaborate**(協力することで意見が一致する) ☐ agree to **attend the conference**(会議に出席することを承諾する)	☐ Both sides agreed to **keep their agreement confidential**. (両者は協定を内密にしておくことで意見が一致した)

☐ refer to A as B ☐ protect A from B ☐ deprive A of B ☐ recognize A as B
☐ supply A with B ☐ tune A to B ☐ separate A from B ☐ save A for B
☐ warn A of B ☐ relate A to B ☐ appeal to A for B ☐ treat A as B
☐ search A for B ☐ rob A of B ☐ describe A as B ☐ suspect A of B

CHAPTER 1
CHAPTER 2
CHAPTER 3
CHAPTER 4
CHAPTER 5
CHAPTER 6
CHAPTER 7
CHAPTER 8
CHAPTER 9
CHAPTER 10
CHAPTER 11

Day 55

動詞句9
「動詞＋A＋to do [from doing]」型

Check 1　　Chants 》 MP3-109

□ 0865
urge A **to** do
Part 7

Aに〜するよう催促[説得]する、強く迫る（≒ persuade A to do, convince A to do, talk A into doing）
▶ 名urge：（〜したいという）衝動（to do）
形urgent：緊急の、急を要する

□ 0866
encourage A **to** do
Part 5, 6

Aに〜するよう励ます、勧める（⇔discourage A from doing：Aに〜するのをやめさせる）

□ 0867
enable A **to** do
Part 5, 6

Aに〜できるようにする

□ 0868
prevent A
　　　　from doing
Part 5, 6

Aが〜するのを妨げる（≒ stop A from doing, keep A from doing, prohibit A from doing）
▶ 名prevention：（〜の）予防、防止（of 〜）
形preventive：予防の

□ 0869
allow A **to** do
Part 5, 6

Aに〜することを許す（≒ permit A to do）
▶ 名allowance：❶手当、支給額、お小遣い　❷割当量

□ 0870
persuade A **to** do
Part 5, 6

Aを説得して〜させる（≒ convince A to do, urge A to do, talk A into doing）
▶ 名persuasion：❶説得（力）　❷（〜という）確信（that節 〜）
形persuasive：説得力のある

□ 0871
force A **to** do
Part 5, 6

Aに〜することを強制する、強いる（≒ compel A to do）　➕force A to do = force A into doing
▶ 名force：❶軍隊　❷軍事力　❸力

□ 0872
prohibit A
　　　　from doing
Part 7

❶Aが〜するのを禁止する（≒ ban A from doing, forbid A to do）　**❷Aが〜するのを妨げる**（≒ stop A from doing, keep A from doing, prevent A from doing）
▶ 名prohibition：（〜の）禁止（against [on, of] 〜）

continued
▼

CHAPTER
1

CHAPTER
2

CHAPTER
3

CHAPTER
4

CHAPTER
5

CHAPTER
6

CHAPTER
7

CHAPTER
8

CHAPTER
9

CHAPTER
10

CHAPTER
11

Check 2　Phrase

Check 3　Sentence ♫ MP3-110

☐ urge her to find a job(彼女に仕事を見つけるよう説得する)

☐ The Dalai Lama urged Tibetans to refrain from violence.(ダライ・ラマはチベット人たちに暴力行為を控えるよう強く迫った)

☐ encourage her to try again(彼女にもう一度挑戦するよう励ます)

☐ The teacher encourages students to read all kinds of books.(その先生は生徒たちにあらゆる種類の本を読むように勧めている)

☐ enable people to work from home([技術の進歩などが]人々を在宅勤務できるようにする)

☐ Our goal is to enable employees to maximize their contribution to the company.(私たちの目標は、従業員たちが会社へ最大限に貢献できるようにすることだ)

☐ prevent demonstrators from entering the building(デモ参加者たちがビルの中へ入るのを阻止する)

☐ A traffic jam prevented me from attending an important business meeting.(交通渋滞のため私は大切な商談に出席できなかった)

☐ allow her to go to the party(彼女にそのパーティーへ行くことを許す)

☐ Passengers are not allowed to bring liquids or gels on board.(乗客たちは液体やゼリー状の物質を機内に持ち込むことを許可されていない)

☐ persuade him to resign(彼を説得して辞任させる)

☐ I tried to persuade her to come with me, but she refused.(私は彼女に一緒に来るよう説得してみたが、彼女は断った)

☐ force a suspect to confess(容疑者に自白を強いる)

☐ She was forced to marry him against her will.(彼女は不本意ながら彼と結婚せざるを得なかった)

☐ prohibit children from swimming in the river(子どもたちがその川で泳ぐのを禁止する)

☐ Drivers are prohibited from using their mobile phones while driving.(運転手たちは運転中に携帯電話を使うことを禁止されている)

continued
▼

Check 1　　Chants)) MP3-109

□ 0873
permit A **to** do
Part 4

Aに〜することを許す(≒allow A to do)
图permission：(〜してよいという)許可、承認(to do)

□ 0874
request A **to** do
Part 5, 6

Aに〜するように要請[懇願]する(≒ask A to do)
图request：(〜の)要請、依頼(for 〜)

□ 0875
instruct A **to** do
Part 5, 6

Aに〜するように指示[命令、指図]する(≒tell A to do, direct A to do)
图instruction：❶(〜s)使用[取扱]説明書　❷(通例〜s)(〜せよという)指示、命令(to do)　❸教育

□ 0876
convince A **to** do
Part 2, 3

Aに〜するよう説得する(≒persuade A to do, urge A to do, talk A into doing)
图conviction：❶(〜という)確信(that節 [of] 〜)　❷有罪判決

□ 0877
ban A **from** doing
Part 5, 6

Aが〜するのを禁止する(≒prohibit A from doing, forbid A to do)
图ban：(法による)(〜の)禁止(on 〜)

□ 0878
invite A **to** do
Part 5, 6

Aに〜するように勧める、依頼する
图invitation：(〜への)招待状、招待(to 〜)

□ 0879
warn A **to** do
Part 5, 6

Aに〜するように警告[注意]する
图warning：(〜の／…に対する)警告、警報(of 〜/against . . .)

□ 0880
discourage A
　　　　　from doing
Part 5, 6

Aに〜するのをやめさせる、思いとどまらせる(≒deter A from doing)(⇔encourage A to do)

Day 54)) MP3-107
Quick Review
答えは右ページ下

□ どうにか〜する
□ 〜することを避ける
□ 〜するつもりである
□ 〜する余裕がある

□ 〜しようと決心する
□ 遠慮なく〜する
□ 〜できない
□ 〜しようと努力する

□ 偶然〜する
□ 〜することを目指す
□ 〜しようと提案する
□ 〜することが好きである

□ 〜しなかったと言う
□ 〜し続ける
□ 〜する準備をする
□ 〜することで意見が一致する

CHAPTER 1
CHAPTER 2
CHAPTER 3
CHAPTER 4
CHAPTER 5
CHAPTER 6
CHAPTER 7
CHAPTER 8
CHAPTER 9
CHAPTER 10
CHAPTER 11

Check 2　Phrase

☐ permit him to enter the room
（彼にその部屋へ入ることを許可する）

☐ request guests to wear formal clothes（来客たちに正装するよう要請する）

☐ instruct them to patrol the building（そのビルを巡回するよう彼らに指示する）

☐ convince him to change his mind（彼に考えを変えるよう説得する）

☐ ban people from owning handguns（人々が拳銃を所持するのを禁止する）

☐ invite him to attend the meeting（彼に会議に出席するよう依頼する）

☐ warn motorists to drive slowly（運転手たちにゆっくり運転するよう注意する）

☐ discourage her from going there（彼女にそこへ行くのをやめさせる）

Check 3　Sentence 》MP3-110

☐ Those who are under 20 are not permitted to drink alcohol by law in Japan.（20歳未満の人は日本では法律で飲酒が許可されていない）

☐ You are kindly requested not to smoke.（おたばこはどうかご遠慮ください）

☐ Tourists are instructed not to take pictures in the gallery.（旅行客はその美術館内では写真を撮らないように指示されている）

☐ He tried to convince her to marry him.（彼は彼女に彼と結婚するよう説得してみた）

☐ He was banned from driving for six months.（彼は車の運転を6カ月間禁止された）

☐ His family invited me to stay with them for a couple of days.（彼の家族は彼らと一緒に数日間滞在するように私に勧めた）

☐ Visitors to the zoo are warned not to feed the animals.（その動物園への来客者たちは動物たちに餌を与えないよう警告されている）

☐ I discouraged him from buying a new car.（私は彼に新車を買うのを思いとどまらせた）

Day 54 》MP3-107
Quick Review
答えは左ページ下

☐ manage to do	☐ decide to do	☐ happen to do	☐ deny doing
☐ avoid doing	☐ feel free to do	☐ aim to do	☐ continue to do
☐ intend to do	☐ fail to do	☐ suggest doing	☐ prepare to do
☐ afford to do	☐ struggle to do	☐ prefer to do	☐ agree to do

Check 1　　Chants 》MP3-111

□ 0881
be **subject to**
Part 5, 6

❶〜に左右される、〜を受けやすい　❷〜に服従している

名subject：❶主題、話題、テーマ　❷学科、科目

□ 0882
be **impressed by** [with]
Part 5, 6

〜に感動[感心]している

名impression：❶印象　❷(〜という)考え、感じ(that節〜)
形impressive：印象的な

□ 0883
be **suitable for**
Part 5, 6

〜に適している、ふさわしい(≒be appropriate for, be fit for, be proper for)

動suit：❶(服装などが)〜に似合う　❷(気候などが)〜に適している
名suit：❶スーツ　❷訴訟

□ 0884
be **capable of**
Part 5, 6

〜の能力[才能]がある

名capability：(〜する)能力、才能(to do [of doing])

□ 0885
be **responsible for**
Part 2, 3

〜に責任がある

名responsibility：(〜に対する／…する)責任、義務(for 〜/to do)

□ 0886
be **familiar with**
Part 2, 3

〜に精通している　❶be familiar toは「〜によく知られている」

□ 0887
be **superior to**
Part 5, 6

〜より優れている、勝っている(⇔be inferior to)

名superior：上司、上役
名superiority：(〜に対する／…における)優越、優勢(to [over] 〜/in . . .)

□ 0888
be **related to**
Part 5, 6

〜と関係[関連]がある

名relation/relationship：(〜の間の／…との)関係、関連(between 〜/with . . .)

262 ▶ 263

continued
▼

今日から3日間は、「be動詞＋形容詞＋前置詞」型の表現をチェック！　まずはチャンツを聞いて、表現を「耳」からインプット！

☐ 聞くだけモード　Check 1
☐ しっかりモード　Check 1 ▶ 2
☐ かんぺきモード　Check 1 ▶ 2 ▶ 3

CHAPTER
1

CHAPTER
2

CHAPTER
3

CHAPTER
4

CHAPTER
5

CHAPTER
6

CHAPTER
7

CHAPTER
8

CHAPTER
9

CHAPTER
10

CHAPTER
11

Check 2　Phrase

☐ be subject to weather conditions([行事などが]天候に左右される)
☐ be subject to the law(法律の支配下にある)

☐ be impressed by her knowledge(彼女の知識に感心する)
☐ be favorably impressed by ～(～に好印象を受けている)

☐ qualifications suitable for the job(その仕事に適した資格)

☐ be capable of communicating in English(英語で意志疎通する能力がある)

☐ be responsible for the education of children(子どもの教育に責任がある)

☐ be familiar with computers(コンピューターに精通している)

☐ be superior in number to ～(～より数の上で勝っている)

☐ documents related to the contract(その契約に関連する書類)

Check 3　Sentence)) MP3-112

☐ Prices are subject to change without notice.(価格は予告なく変更されることがあります)●製品広告などの表現

☐ I was deeply impressed by the movie.(私はその映画に深い感銘を受けた)

☐ This movie is not suitable for children.(この映画は子どもにふさわしくない)

☐ The Airbus A380 is capable of carrying more than 800 passengers.(エアバスA380は800人以上の乗客を乗せることができる)

☐ The government is responsible for social welfare.(政府は社会福祉に責任がある)

☐ She is familiar with French literature.(彼女はフランス文学に精通している)

☐ This car is far superior in performance to other cars.(この車はほかの車より性能がはるかに優れている)

☐ Stress is closely related to poor sleep.(ストレスは寝不足と密接な関係がある)

continued
▼

Check 1　　Chants 》MP3-111

□ 0889
be **satisfied with**
Part 5, 6

～に満足している(≒be content with)(⇔be dissatisfied with)
- 名satisfaction：満足、充足
  形satisfactory：(～にとって)満足な、納得のいく(to [for] ～)

□ 0890
be **aware of**
Part 2, 3

～に気づいている、～を承知している(≒be conscious of)
- 名awareness：(～の)認識、自覚(of ～)

□ 0891
be **bound for**
Part 4

(列車などが)**～行きである**、～へ行こうとしている

□ 0892
be **based on**
Part 4

～に基づいている
- 名base：❶土台　❷基礎
  形basic：基礎の、基本的な
  名basic：(～s)基礎、基本原理

□ 0893
be **credited with** [for]
Part 5, 6

～の功績を認められている
- 名credit：❶信用貸し、クレジット　❷信用、信頼

□ 0894
be **involved in** [with]
Part 5, 6

❶～に参加している　**❷～と関係している**
- 動involve：～を(事件などに)巻き込む(in ...)
  名involvement：(～との)かかわり合い、(～への)参加、関与(in [with] ～)

□ 0895
be **surrounded by**
Part 1

～に囲まれている
- 動surround：～を囲む、取り巻く
  名surrounding：(～s)(周囲の)環境
  形surrounding：周囲[周辺]の

□ 0896
be **content with**
Part 5, 6

～に満足している(≒be satisfied with)

Day 55 》MP3-109
Quick Review
答えは右ページ下

□ Aに～するよう催促する □ Aに～することを許す □ Aに～することを許す □ Aが～するのを禁止する
□ Aに～するよう励ます □ Aを説得して～させる □ Aに～するように要請する □ Aに～するように勧める
□ Aに～できるようにする □ Aに～することを強制する □ Aに～するように指示する □ Aに～するように警告する
□ Aが～するのを妨げる □ Aが～するのを禁止する □ Aに～するよう説得する □ Aに～するのをやめさせる

Check 2　　Phrase	Check 3　　Sentence ⑴ MP3-112
☐ be satisfied with one's new job(新しい仕事に満足している)	☐ We were satisfied with the service at the hotel.(私たちはそのホテルのサービスに満足した)
☐ be aware of the harmful effects of overworking(働き過ぎの悪影響を知っている)	☐ People should be aware of the dangers of drinking and driving.(人々は飲酒運転の危険性に気づくべきだ)
☐ a plane bound for Moscow(モスクワ行きの飛行機)	☐ This train is bound for Osaka.(この列車は大阪行きだ)
☐ discrimination based on race(人種に基づいた差別)	☐ The movie is based on a real event.(その映画は実際にあった出来事に基づいている)
☐ be credited with the discovery of insulin(インシュリン発見の功績を認められている)	☐ He is credited with making the business a success.(彼はその事業を成功させた功績を認められている)
☐ be involved in volunteer activities(ボランティア活動に参加している) ☐ get [become] involved in a controversy(論争に巻き込まれる)	☐ The employees are involved in a labor dispute with the management.(従業員たちは経営陣との労働争議に参加している)
☐ be surrounded by high walls(高い壁で囲まれている)	☐ The man is surrounded by children.(男性は子どもたちに囲まれている)
☐ be content with one's current salary(現在の給料に満足している)	☐ He is content with his job, his home, and his family.(彼は自分の仕事、家、そして家庭に満足している)

Day 55 ⑴ MP3-109
Quick Review
答えは左ページ下

☐ urge A to do ☐ allow A to do ☐ permit A to do ☐ ban A from doing
☐ encourage A to do ☐ persuade A to do ☐ request A to do ☐ invite A to do
☐ enable A to do ☐ force A to do ☐ instruct A to do ☐ warn A to do
☐ prevent A from doing ☐ prohibit A from doing ☐ convince A to do ☐ discourage A from doing

CHAPTER 1
CHAPTER 2
CHAPTER 3
CHAPTER 4
CHAPTER 5
CHAPTER 6
CHAPTER 7
CHAPTER 8
CHAPTER 9
CHAPTER 10
CHAPTER 11

Day 57　動詞句11
「be動詞＋形容詞＋前置詞」型2

Check 1　　Chants ♪ MP3-113

☐ 0897
be indifferent to
Part 5, 6

〜に無関心である
名indifference：（〜に対する）無関心（to [toward] 〜）

☐ 0898
be pleased with
Part 5, 6

〜に喜んでいる、満足している
名pleasure：喜び、楽しさ、楽しい事
形pleasant：❶楽しい、愉快な　❷愛想のよい　❸（天候が）晴れて心地よい

☐ 0899
be equal to
Part 5, 6

〜と等しい、〜に匹敵する
動equal：〜と等しい
名equality：等しいこと、平等
動equalize：〜を（…と）等しくする（with [to] . . .）

☐ 0900
be confident of [about]
Part 5, 6

〜を確信している（≒ be certain of [about], be sure of [about]）
名confidence：❶（〜に対する）信頼、信用（in 〜）　❷（〜への）自信（in 〜）
形confidential：秘密[内密]の

☐ 0901
be inferior to
Part 5, 6

❶〜より劣っている　**❷〜より下級である**（⇔be superior to）

☐ 0902
be disappointed with [at, about]
Part 5, 6

〜に失望している、がっかりしている
名disappointment：失望
形disappointing：期待外れの、失望[がっかり]させる

☐ 0903
be conscious of
Part 4

〜を意識[自覚]している、〜に気づいている（≒ be aware of）（⇔be unconscious of）

☐ 0904
be excited about [by, at]
Part 2, 3

〜がとても楽しみである、〜に興奮している、〜のことを考えるとわくわくする
形exciting：興奮させる、わくわくさせる
名excitement：興奮、わくわくすること

continued ▼

『キクタンTOEIC L&RテストSCORE 600』も
残りあと5分の1。ここでやめるのは惜しい!
「細切れ」時間を見つけて学習を続けよう。

☐ 聞くだけモード　Check 1
☐ しっかりモード　Check 1 ▶ 2
☐ かんぺきモード　Check 1 ▶ 2 ▶ 3

CHAPTER 1

CHAPTER 2

CHAPTER 3

CHAPTER 4

CHAPTER 5

CHAPTER 6

CHAPTER 7

CHAPTER 8

CHAPTER 9

CHAPTER 10

CHAPTER 11

Check 2　Phrase

☐ **be indifferent to fashion**(流行
に関心がない)

☐ **be pleased with the news**(そ
のニュースに喜んでいる)

☐ **be equal in size to ~**(~と大き
さが等しい)

☐ **be confident of the compa-
ny's future**(会社の将来に自信を持っ
ている)

☐ **feel inferior to others**(他人に
劣等感を持っている)
☐ **be inferior in rank to ~**(~より
階級が下である)

☐ **be disappointed with his
conduct**(彼の行いに失望している)

☐ **be conscious of her pres-
ence**(彼女がいることを意識している、
彼女がいることに気づいている)

☐ **be excited about the holiday**
(休みがとても楽しみだ)
☐ **be excited about seeing her**
(彼女に会うのがとても楽しみだ)

Check 3　Sentence ⟫ MP3-114

☐ **They seemed indifferent to my
presence.**(彼らは私がいることに無関心なよ
うだった)

☐ **We are pleased with the work he
has done so far.**(私たちはここまでの彼の
仕事に満足している)

☐ **One meter is equal to 3.28 feet.**(1
メートルは3.28フィートと等しい)

☐ **He was confident of victory.**(彼は勝
利を確信していた)

☐ **This product is inferior in quality
to the one I bought.**(この製品は私が買っ
たものより品質が劣っている)

☐ **The stockholders were disap-
pointed with the company's perfor-
mance.**(株主たちはその会社の業績にがっか
りした)

☐ **He isn't conscious of his own
faults.**(彼は自分の欠点を自覚していない)

☐ **I'm excited about the trip.**(私はその
旅行がとても楽しみだ)

continued ▼

Check 1 Chants)) MP3-113

□ 0905
be **accustomed to**
Part 5, 6

~に慣れている (≒ be used to)

□ 0906
be **anxious about**
Part 2, 3

~を心配している
名anxiety：❶(~についての)心配、懸念(about [over] ~)　❷心配事　❸(~したいという)切望(to do)

□ 0907
be **absent from**
Part 2, 3

~を欠席[欠勤]している (⇔be present at [in])
名absence：❶欠席、欠勤、不在　❷(~の)ないこと、欠如(of ~)

□ 0908
be **seated on**
Part 1

~に座っている

□ 0909
be **opposed to**
Part 4

~に反対している
名opposition：❶反対　❷(集合的に)対戦チーム
形opposite：❶反対側の　❷正反対の

□ 0910
be **used to**
Part 5, 6

~に慣れている (≒ be accustomed to)

□ 0911
be **filled with**
Part 1

~でいっぱいである、満たされている

□ 0912
be **absorbed in**
Part 4

~に夢中になっている、没頭している　➊be absorbed intoは「~に合併[吸収]される」
動absorb：~を吸収する

Day 56)) MP3-111
Quick Review
答えは右ページ下

□ ~に左右される
□ ~に感動している
□ ~に適している
□ ~の能力がある

□ ~に責任がある
□ ~に精通している
□ ~より優れている
□ ~と関係がある

□ ~に満足している
□ ~に気づいている
□ ~行きである
□ ~に基づいている

□ ~の功績を認められている
□ ~に参加している
□ ~に囲まれている
□ ~に満足している

CHAPTER
1

CHAPTER
2

CHAPTER
3

CHAPTER
4

CHAPTER
5

CHAPTER
6

CHAPTER
7

CHAPTER
8

CHAPTER
9

CHAPTER
10

CHAPTER
11

Check 2　Phrase

☐ be accustomed to getting up early(早起きに慣れている)

☐ be anxious about one's future(将来を心配している)

☐ be absent from class(授業を欠席する)

☐ be seated on a chair(いすに座っている)

☐ be opposed to the plan(その計画に反対している)

☐ be used to spicy food(辛い料理に慣れている)
☐ get [become] used to ~(~に慣れる)

☐ be filled with water(水で満たされている)

☐ be absorbed in a video game(テレビゲームに夢中になっている)

Check 3　Sentence))) MP3-114

☐ Children quickly become accustomed to a new environment.(子どもはすぐに新しい環境に慣れる)

☐ Most children feel anxious about their first day at school.(ほとんどの子どもは学校での最初の日を不安に感じる)

☐ Jack has been absent from work for four days.(ジャックは4日間、会社を欠勤している)

☐ The girl is seated on a bench.(女の子はベンチに座っている)

☐ Many people are opposed to increasing tax.(多くの人は増税に反対している)

☐ He is used to speaking in public.(彼は人前で話すのに慣れている)

☐ The shelves are filled with books.(棚は本でいっぱいになっている)

☐ She seemed absorbed in deep thought.(彼女は深く考え込んでいるようだった)

Day 56))) MP3-111
Quick Review
答えは左ページ下

☐ be subject to
☐ be impressed by
☐ be suitable for
☐ be capable of

☐ be responsible for
☐ be familiar with
☐ be superior to
☐ be related to

☐ be satisfied with
☐ be aware of
☐ be bound for
☐ be based on

☐ be credited with
☐ be involved in
☐ be surrounded by
☐ be content with

Check 1　　Chants)) MP3-115

□ 0913
be **dependent on**
Part 5, 6

❶〜に依存している（⇔be independent of）　❷〜によって決まる、〜次第である
- 名dependent：扶養家族
- 名dependence：（〜への）依存（on [upon] 〜）

□ 0914
be **free of** [from]
Part 7

〜を免れている
- 動free：〜を解放する、自由にする

□ 0915
be **engaged in**
Part 5, 6

〜に携わっている、従事している　➕be engaged to は「〜と婚約している」
- 名engagement：❶（〜との）（面会などの）約束（with 〜）　❷（〜との）婚約（to 〜）

□ 0916
be **sensitive to**
Part 5, 6

〜に敏感である、〜に（よく）気が回る
- 名sense：❶感覚　❷意味　❸分別、判断力
- 形sensible：賢明な、分別のある

□ 0917
be **ashamed of** [about]
Part 2, 3

〜を恥じている
- 名shame：❶残念[遺憾]なこと　❷恥ずかしさ、羞恥心

□ 0918
be **certain of** [about]
Part 4

〜を確信している（≒be sure of [about], be confident of [about]）（⇔be uncertain of [about]）
- 副certainly：❶確かに、きっと　❷（返答として）もちろん、その通り、承知しました
- 動ascertain：〜を確かめる

□ 0919
be **flooded with**
Part 1

〜であふれかえっている
- 名flood：洪水

□ 0920
be **headed for** [toward]
Part 5, 6

〜へ向かっている

continued
▼

この型の表現は、be動詞を抜いた「固まり」で名詞を後ろから修飾する場合も多い。0921、0925、0926、0928のCheck 2で確認しよう。

□ 聞くだけモード　Check 1
□ しっかりモード　Check 1 ▸ 2
□ かんぺきモード　Check 1 ▸ 2 ▸ 3

Check 2　Phrase		Check 3　Sentence ◗ MP3-116
□ be dependent on one's parents（親のすねをかじっている） □ be dependent on one's efforts（［成功などが］努力次第である）	▸	□ Japan is heavily dependent on imported energy sources.（日本は輸入エネルギー源に大きく依存している）
□ be free of obligations（義務を免れている） □ be free of debt（借金がない）	▸	□ No one is free of prejudice.（偏見のない人はいない）
□ be engaged in the project（そのプロジェクトに携わっている）	▸	□ She is engaged in various volunteer activities.（彼女はさまざまなボランティア活動に携わっている）
□ be sensitive to cold（寒さに敏感である） □ be sensitive to others' feelings（他人の気持ちがよく分かる）	▸	□ Doctors have to be sensitive to their patients' needs.（医者は患者の要求に敏感でなければならない）
□ be ashamed of one's behavior（自分の振る舞いを恥ずかしく思う） □ be ashamed of oneself（自分のことを恥ずかしく思う）	▸	□ I have done nothing to be ashamed of.（私は恥ずべきことは何もしていない）
□ be certain of victory（勝利を確信している）	▸	□ He is certain of being elected mayor.（彼は市長に選ばれることを確信している）
□ be flooded with cars（［道路が］車であふれかえっている）	▸	□ The store is flooded with people.（店は人々であふれかえっている）
□ be headed for the Gulf of Mexico（［ハリケーンが］メキシコ湾へ向かっている）	▸	□ The country's economy may be headed for a recession.（その国の経済は不況に向かっているかもしれない）

continued ▼

Check 1　Chants ») MP3-115

□ 0921
be independent of
Part 4

～から独立[自立]している(⇔ be dependent on)
副independently：独力で、自立[独立]して、自主的に
名independence：(～からの)独立(from ～)

□ 0922
be puzzled about [at]
Part 5, 6

～で困っている、当惑[困惑]している(≒ be confused about)
名puzzle：❶パズル　❷難問

□ 0923
be confused about
Part 2, 3

～に困惑[当惑]している(≒ be puzzled about [at])
名confusion：❶(～についての)混乱(about [over, as to] ～)　❷(～との/…の間の)混同(with ～/between . . .)
形confusing：分かりにくい、混乱させる

□ 0924
be eager for
Part 4

～を切望[熱望]している
副eagerly：熱望して、熱心に

□ 0925
be fit for
Part 2, 3

～に適している(≒ be appropriate for, be suitable for, be proper for)

□ 0926
be modeled on
Part 2, 3

～をモデル[手本]に作られている
名model：❶模型　❷モデル　❸手本、模範

□ 0927
be nervous about
Part 4

～について心配している

□ 0928
be proper to
Part 5, 6

～に固有[特有]である(≒ be unique to, be characteristic of, be peculiar to, be typical of)
名property：❶(集合的に)財産、不動産　❷(しばしば～ies)特性
副properly：適切に、きちんと

Day 57 ») MP3-113
Quick Review
答えは右ページ下

□ ～に無関心である
□ ～に喜んでいる
□ ～と等しい
□ ～を確信している
□ ～より劣っている
□ ～に失望している
□ ～を意識している
□ ～がとても楽しみである
□ ～に慣れている
□ ～を心配している
□ ～を欠席している
□ ～に座っている
□ ～に反対している
□ ～に慣れている
□ ～でいっぱいである
□ ～に夢中になっている

Check 2　　Phrase	Check 3　　Sentence ♪ MP3-116

□ a commission independent of the government(政府から独立している委員会)

□ Mariko is financially independent of her parents.(マリコは経済的に親から自立している)

□ be puzzled about his atti-tude(彼の態度に当惑している)

□ He was puzzled about what to say.(彼は何を言うべきか困っていた)

□ be confused about the issue(その問題に困惑している)

□ If you're confused about any-thing, don't hesitate to call me.(何か困っていることがあったら、遠慮なく私に電話してください)

□ be eager for peace(平和を切望している)

□ She is eager for promotion.(彼女は昇進したがっている)

□ an environment fit for chil-dren(子どもに適した環境)

□ I don't think she is fit for the job.(彼女はその仕事に向いていないと私は思う)

□ a novel modeled on Roman myths(ローマ神話を基にした小説)

□ The stadium is modeled on a bird's nest.(その競技場は鳥の巣をモデルに作られている)

□ be nervous about the result(結果を心配している)

□ He was nervous about driving again after the accident.(彼は事故の後、車を運転するのを心配していた)

□ animals proper to Australia(オーストラリア固有の動物)

□ Language is proper to human beings.(言語は人間に特有なものだ)

Day 57 ♪ MP3-113
Quick Review
答えは左ページ下

□ be indifferent to □ be inferior to □ be accustomed to □ be opposed to
□ be pleased with □ be disappointed with □ be anxious about □ be used to
□ be equal to □ be conscious of □ be absent from □ be filled with
□ be confident of □ be excited about □ be seated on □ be absorbed in

CHAPTER 11

Check 1　　Chants)) MP3-117

□ 0929
be supposed to do
Part 5, 6

～することになっている

□ 0930
be eager to do
Part 5, 6

しきりに～したがっている (≒ be anxious to do)
副eagerly：熱望して、熱心に

□ 0931
be delighted to do
Part 2, 3

～して喜んでいる
名delight：大喜び、歓喜

□ 0932
be willing to do
Part 5, 6

快く～する、～するのをいとわない、～する用意がある
(≒ be prepared to do, be ready to do)
副willingly：進んで、喜んで

□ 0933
be about to do
Part 1

(まさに)～しようとしている、～するところである
➕このaboutは前置詞とも考えられる

□ 0934
be likely to do
Part 5, 6

～しそうである (⇔ be unlikely to do)
副likely：恐らく、多分
名likelihood：可能性、見込み

□ 0935
be anxious to do
Part 4

～したがっている (≒ be eager to do)
名anxiety：❶(～についての)心配、懸念(about [over]
～)　❷心配事　❸(～したいという)切望(to do)

□ 0936
be pleased to do
Part 2, 3

～してうれしい、喜んで～する
名pleasure：喜び、楽しさ、楽しい事
形pleasant：❶楽しい、うれしい　❷愛想のよい　❸(天候
が)晴れて心地よい

---

continued
▼

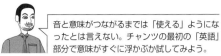

音と意味がつながるまでは「使える」ようになったとは言えない。チャンツの最初の「英語」部分で意味がすぐに浮かぶか試してみよう。

□ 聞くだけモード　Check 1
□ しっかりモード　Check 1 ▶ 2
□ かんぺきモード　Check 1 ▶ 2 ▶ 3

CHAPTER 1
CHAPTER 2
CHAPTER 3
CHAPTER 4
CHAPTER 5
CHAPTER 6
CHAPTER 7
CHAPTER 8
CHAPTER 9
CHAPTER 10
CHAPTER 11

Check 2　Phrase

□ be supposed to check out of the hotel by 10 a.m.(午前10時までにホテルをチェックアウトすることになっている)

□ be eager to meet him(彼に会いたがっている)

□ be delighted to hear the news(そのニュースを聞いて喜んでいる)

□ be willing to work at night(夜に働くのをいとわない)
□ be perfectly willing to do ~(~するのを全くいとわない)

□ be about to go out(外出しようとしている)

□ be likely to rain([itを主語にして]雨が降りそうだ)

□ be anxious to go home(家に帰りたがっている)

□ be pleased to meet him(彼に会えてうれしい)
□ be pleased to help him(喜んで彼を手伝う)

Check 3　Sentence 》MP3-118

□ The employees are supposed to be at work by 9 a.m.(従業員は午前9時までに職場に着くことになっている)

□ David is a student who is eager to learn.(デビッドは勉強熱心な生徒だ)

□ I'm delighted to see you.(お会いできてうれしく思います)

□ He is always willing to help us.(彼はいつも快く私たちを助けてくれる)

□ He's about to enter the building.(彼はビルに入ろうとしている)

□ The plane is likely to arrive on time.(その飛行機は定刻通りに到着しそうだ)

□ She is anxious to get a job.(彼女は仕事に就きたがっている)

□ I was pleased to hear you got promoted.(あなたが昇進したと聞いて私はうれしかった)

continued ▼

Check 1　Chants ♪ MP3-117

□ 0937
be **unable to** do
Part 5, 6

　～することができない(⇔be able to do)

□ 0938
be **able to** do
Part 5, 6

　～することができる、～する能力がある(⇔be un-able to do)
　名ability : (～する)能力、才能(to do)

□ 0939
be **sure to** do
Part 2, 3

　きっと[必ず]～する、～するのは確実である(≒be certain to do, be bound to do)
　副surely : 確かに、きっと、確実に

□ 0940
be **scheduled to** do
Part 2, 3

　～する予定である
　名schedule : 予定、計画

□ 0941
be **bound to** do
Part 7

　❶きっと～する(≒be sure to do, be certain to do)
　❷～する義務がある

□ 0942
be **qualified to** do
Part 5, 6

　～する資格[免許]がある
　名qualification : ❶(～する)資格(to do)　❷(～の)適性、資質(for ～)

□ 0943
be **ashamed to** do
Part 2, 3

　～するのが恥ずかしい、恥ずかしくて～したくない

□ 0944
be **prepared to** do
Part 4

　～する覚悟[用意]ができている(≒be ready to do, be willing to do)
　名preparation : (～の)準備、用意(for [of] ～)

| Day 58 ♪ MP3-115
Quick Review
答えは右ページ下 | □ ～に依存している
□ ～を免れている
□ ～に携わっている
□ ～に敏感である | □ ～を恥じている
□ ～を確信している
□ ～であふれかえっている
□ ～へ向かっている | □ ～から独立している
□ ～で困っている
□ ～に困惑している
□ ～を切望している | □ ～に適している
□ ～をモデルに作られている
□ ～について心配している
□ ～に固有である |

Check 2　Phrase

□ be unable to attend the meeting(その会議に出席することができない)

□ be able to speak Chinese(中国語を話すことができる)

□ be sure to rain([itを主語にして]きっと雨が降る)
□ be sure to win(勝つのは確実である)

□ be scheduled to arrive at 2 p.m.(午後2時に到着する予定である)

□ be bound to succeed [fail](きっと成功[失敗]する)
□ be bound to tell the truth(真実を語る義務がある)

□ be qualified to drive a commercial motor vehicle(商用車を運転する資格を持っている)

□ be ashamed to speak in public(人前で話すのが恥ずかしい)

□ be prepared to do one's best(全力を尽くす覚悟ができている)

Check 3　Sentence 》MP3-118

□ She was unable to accept his invitation.(彼女は彼の招待に応じることができなかった)

□ He will be able to attend the next meeting.(彼は次の会議に出席することができるだろう)

□ Be sure to read the directions carefully.(必ず使用法を注意深く読んでください)

□ I'm scheduled to see him next week.(私は来週、彼に会う予定だ)

□ The overall economy is bound to weaken in the second quarter.(経済全体は第2四半期に弱まるに違いない)

□ She is qualified to teach music.(彼女は音楽を教える資格を持っている)

□ She was ashamed to admit her mistake.(彼女は間違いを認めるのが恥ずかしかった)

□ I'm not prepared to accept the job offer.(私はその仕事のオファーを受け入れる覚悟ができていない)

CHAPTER 1
CHAPTER 2
CHAPTER 3
CHAPTER 4
CHAPTER 5
CHAPTER 6
CHAPTER 7
CHAPTER 8
CHAPTER 9
CHAPTER 10
CHAPTER 11

Day 58 》MP3-115
Quick Review
答えは左ページ下

Day 60

動詞句14
その他1

Check 1　Chants))) MP3-119

☐ 0945
take place
Part 2, 3
▶

行われる、開催される(≒happen, occur)
▶

☐ 0946
take advantage of
Part 5, 6
▶

❶(機会など)**を利用する**　❷(人の弱みなど)につけ込む
名advantage：(〜より／…という)有利な点、利点(over 〜 /of . . .)
▶

☐ 0947
pay attention to
Part 4
▶

〜に注意を払う
名attention：❶(〜への)注意(to 〜)　❷(〜への)配慮(to 〜)
▶

☐ 0948
give A a ride [lift]
Part 2, 3
▶

Aを車に乗せてやる
名ride/lift：(自動車などに)乗せること
▶

☐ 0949
cross one's legs
Part 1
▶

脚を組む　➊「腕を組む」はcross one's arms。「脚[腕] を組んでいる」という状態を表す場合は、have one's legs [arms] crossedという形を用いることが多い
名leg：脚
▶

☐ 0950
help oneself to
Part 4
▶

(飲食物)**を自分で取って食べる**[飲む]
▶

☐ 0951
make use of
Part 2, 3
▶

〜を利用[活用]**する**(≒take advantage of)
名use：使用、利用、活用
▶

☐ 0952
get rid of
Part 7
▶

〜を片づける、処分する、取り除く(≒dispose of, do away with)
▶

continued
▼

今日が終われば残りはあと10日。マラソンに例えるなら、あと5キロ！ ここからスパートをかけて、ライバルたちを引き離そう！

☐ 聞くだけモード　Check 1
☐ しっかりモード　Check 1 ▶ 2
☐ かんぺきモード　Check 1 ▶ 2 ▶ 3

CHAPTER 1
CHAPTER 2
CHAPTER 3
CHAPTER 4
CHAPTER 5
CHAPTER 6
CHAPTER 7
CHAPTER 8
CHAPTER 9
CHAPTER 10
CHAPTER 11

Check 2　Phrase

☐ take place **annually [every four years]**(年に1度[4年に1度]開催される)

☐ take advantage of **every opportunity**(あらゆる機会を利用する)
☐ take advantage of **her weakness**(彼女の弱みにつけ込む)

☐ pay attention to **driving**(運転に注意を払う)

☐ give **him** a ride **to the airport**(空港まで彼を車で送る)

☐ sit with **one's legs crossed**(脚を組んで座る)

☐ help oneself to **the wine**(ワインを自分で取って飲む)

☐ make use of **natural resources**(天然資源を利用する)
☐ make **good** use of ～(～を有効に利用[活用]する)

☐ get rid of **the weeds in the garden**(庭の雑草を取り除く)

Check 3　Sentence ⟫ MP3-120

☐ **The concert will** take place **on March 22, from 6 to 9 p.m.**(そのコンサートは3月22日の午後6時から9時まで行われる予定だ)

☐ **Take advantage of this special sale.**(この特別セールをお見逃しなく)❶セールの宣伝文句

☐ **He** paid **no** attention to **my advice.**(彼は私の助言に全く注意を払わなかった)

☐ **Can you** give **me** a ride **home?**(家まで車に乗せてもらえますか?)

☐ **The man has his legs crossed.**(男性は脚を組んでいる)

☐ **Please** help yourself to **whatever you want.**(どれでもお好きなものをお召し上がりください)

☐ **Why don't you** make use of **this opportunity?**(この機会を利用したらどうですか?)

☐ **I** got rid of **a lot of stuff when I moved.**(私は引っ越した時に、たくさんの物を処分した)

continued
▼

Check 1　Chants)) MP3-119

□ 0953
take A into account
[consideration]
Part 5, 6

Aを考慮に入れる　➍Aに入る要素が長い場合は、take into account A, take account of Aの語順を取ることもある
名account/consideration：考慮

□ 0954
keep [bear] A in mind
Part 2, 3

Aを覚えておく、覚えている、心にとどめておく(≒ remember)　➍ Aが節の場合はkeep in mind Aの語順になる
名mind：心

□ 0955
take a nap
Part 1

居眠り[昼寝]する
名nap：うたた寝、昼寝

□ 0956
give [lend] A a hand
Part 2, 3

Aに手を貸す、Aを手伝う

□ 0957
shake hands
Part 1

(～と)握手する(with ～)
動shake：～を振る

□ 0958
take care of
Part 4

❶～の世話をする、面倒を見る(≒look after, care for)　**❷**～に気を配る
名care：❶世話　❷注意

□ 0959
take A for granted
Part 5, 6

Aを当然のことと思う　➍Aに入る要素が長い場合は、take for granted Aの語順を取ることもある

□ 0960
make sense
Part 2, 3

(表現などが)理解できる、意味を成す、道理にかなっている
名sense：❶(～するだけの)分別、判断力(to do)　❷意味

| Day 59)) MP3-117 Quick Review 答えは右ページ下 | □ ～することになっている □ しきりに～したがっている □ ～して喜んでいる □ 快く～する | □ ～しようとしている □ ～しそうである □ ～したがっている □ ～してうれしい | □ ～することができない □ ～することができる □ きっと～する □ ～する予定である | □ きっと～する □ ～する資格がある □ ～するのが恥ずかしい □ ～する覚悟ができている |

Check 2　Phrase

□ take **all possibilities** into account(あらゆる可能性を考慮に入れる)
□ take **it** into account **that** ~(~ということを考慮に入れる)

□ keep in mind **what he said**(彼が言ったことを覚えておく)

□ take a nap **for a while**(少しの間、居眠りする)

□ give **her** a hand(彼女に手を貸す)

□ shake hands **with one's client**(顧客と握手する)

□ take care of **patients**(患者たちの世話をする)
□ Take care of **yourself.**(お体をお大事に)

□ take **peace** for granted(平和を当然のことと思う)
□ take **it** for granted **that** ~(~ということを当然のことと見なす)

□ It doesn't make **any** sense.(意味がさっぱり分からない)

Check 3　Sentence ♪ MP3-120

□ **Politicians should** take public opinion into account.(政治家は世論を考慮すべきだ)

□ **Please** keep in mind **that the deadline for submissions is the last day of the semester.**(提出期限日は今学期の最終日であることを覚えておいてください)

□ **The man is** taking a nap **on a park bench.**(男性は公園のベンチで居眠りをしている)

□ **Could you** give me a hand **with the bags?**(かばんを持つのを手伝ってくれますか?)

□ **Two people are** shaking hands.(2人は握手している)

□ **She had to quit her job to** take care of **her child.**(彼女は子どもの世話をするために仕事を辞めなければならなかった)

□ **Most people** take water for granted.(ほとんどの人は水があるのを当然のことだと思っている)

□ **What he said didn't** make sense **to me.**(彼の言ったことを私は理解できなかった)

CHAPTER 1
CHAPTER 2
CHAPTER 3
CHAPTER 4
CHAPTER 5
CHAPTER 6
CHAPTER 7
CHAPTER 8
CHAPTER 9
CHAPTER 10
CHAPTER 11

Day 59 ♪ MP3-117
Quick Review
答えは左ページ下

□ be supposed to do
□ be eager to do
□ be delighted to do
□ be willing to do
□ be about to do
□ be likely to do
□ be anxious to do
□ be pleased to do
□ be unable to do
□ be able to do
□ be sure to do
□ be scheduled to do
□ be bound to do
□ be qualified to do
□ be ashamed to do
□ be prepared to do

Day 61

動詞句15
その他2

Check 1 　Chants ♬ MP3-121

☐ 0961
keep [stay] **in touch with**

Part 2, 3

～と連絡を取り合っている(⇔lose touch with：～と接触がなくなる)

名touch：接触

☐ 0962
commit oneself to

Part 7

～を約束する、誓う

☐ 0963
run [take] **the risk of**

Part 7

～の危険を冒す
名risk：(～の)危険、恐れ(of ～)

☐ 0964
take part in

Part 4

～に参加する(≒join, participate in)
名part：参加、関与

☐ 0965
have A **in common**

Part 7

Aを(～と)**共通に持つ**(with ～)

☐ 0966
take [have] **a look at**

Part 2, 3

～を(ちらっと)**見る**

☐ 0967
play a role in

Part 7

～で役割を果たす
名role：❶役割、役目　❷(劇などの)役

☐ 0968
have nothing to do with

Part 7

～と関係[関連、取引]**がない**　❶have little to do with は「～とほとんど関係がない」、have something to do with は「～と関係がある」

---

continued
▼

今日でChapter 8は最後！ 時間に余裕があったら、章末のReviewにも挑戦しておこう。忘れてしまった表現も結構あるのでは?!

☐ 聞くだけモード Check 1
☐ しっかりモード Check 1 ▶ 2
☐ かんぺきモード Check 1 ▶ 2 ▶ 3

CHAPTER 1

CHAPTER 2

CHAPTER 3

CHAPTER 4

CHAPTER 5

CHAPTER 6

CHAPTER 7

CHAPTER 8

CHAPTER 9

CHAPTER 10

CHAPTER 11

Check 2 Phrase

☐ keep in touch with friends（友人たちと連絡を取り合っている）

☐ commit oneself to helping her（彼女を助けることを約束する）

☐ run the risk of losing money（金を失う危険を冒す）

☐ take part in club activities（クラブ活動に参加する）
☐ take an active part in ~（~に積極的に参加する）

☐ have nothing [little, something] in common（共通点がない[ほとんどない、少しある]）

☐ take a good [careful] look at ~（~をよく[注意深く]見る）

☐ play a key [major] role in ~（~で重要な役割を果たす）

☐ have nothing to do with the matter（その件とは関係がない）

Check 3 Sentence ♪ MP3-122

☐ Do you still keep in touch with Nick?（まだニックと連絡を取り合っていますか?）

☐ They have committed themselves to marriage.（彼らは結婚を約束している）

☐ The company runs the risk of violating the law.（その会社は法律に違反する危険を冒している）

☐ More than 500 people took part in the demonstration.（500人以上の人々がそのデモに参加した）

☐ Mike and his twin brother have a lot in common.（マイクと彼の双子の兄は共通点が多い）

☐ Please take a look at the handouts for the results of the project.（プロジェクトの結果に関する配布資料を見てください）

☐ Japan has played an active role in achieving world peace.（日本は世界平和の達成において積極的な役割を果たしてきている）

☐ Some of the lecturer's comments had nothing to do with the topic.（講演者のいくつかのコメントは論題とは関係のないものだった）

continued
▼

Check 1　Chants ♪》MP3-121

□ 0969
make a difference
Part 7

❶(〜にとって)**重要である**(to 〜)、違いが生じる　❷(〜に)差をつける、(〜を)区別する(in 〜)
▶ 名difference：(〜の間の／…における)違い、相違(between 〜/in . . .)

□ 0970
do business
Part 2, 3

(〜と)**取引する**(with 〜)
名business：❶商取引、商売　❷事業、業務

□ 0971
keep track of
Part 5, 6

〜の経過を追う、〜を見失わないようにする(⇔lose track of)
▶ 名track：❶(人などが通った)跡　❷小道

□ 0972
come to an end
Part 7

終わる、終わりになる　❶bring A to an endは「Aを終わらせる」

□ 0973
come true
Part 5, 6

(夢などが)**実現する**、本当になる
形true：真実の

□ 0974
get lost
Part 2, 3

道に迷う、迷子になる

□ 0975
give rise to
Part 5, 6

〜を引き起こす、〜の原因となる(≒cause)
名rise：出現、発生

□ 0976
take the place of
Part 7

〜の代わりをする、〜に取って代わる(≒replace, substitute for)
▶ 名place：役目、役割

Day 60 》MP3-119
Quick Review
答えは右ページ下

□ 行われる
□ 〜を利用する
□ 〜に注意を払う
□ Aを車に乗せてやる

□ 脚を組む
□ 〜を自分で取って食べる
□ 〜を利用する
□ 〜を片づける

□ Aを考慮に入れる
□ Aを覚えておく
□ 居眠りする
□ Aに手を貸す

□ 握手する
□ 〜の世話をする
□ Aを当然のことと思う
□ 理解できる

284 ▸ 285

CHAPTER 1

CHAPTER 2

CHAPTER 3

CHAPTER 4

CHAPTER 5

CHAPTER 6

CHAPTER 7

CHAPTER 8

CHAPTER 9

CHAPTER 10

CHAPTER 11

Check 2　Phrase

□ make **no** difference（重要でない、どうでもよい）
□ make a difference **in one's success**（成功を左右する）

□ **do** business **with foreign companies**（外国企業と取引する）

□ keep track of **the conversation**（会話の流れを追う）

□ come to a **happy** end（ハッピーエンドとなる）

□ **like** a dream come true（夢がかなったような）

□ get lost **in a mall**（ショッピングセンターで迷子になる）

□ give rise to **much controversy**（大論争を引き起こす）

□ take the place of **her**（彼女の代わりをする）

Check 3　Sentence 》MP3-122

□ The attitudes of the employees make a big difference to customer satisfaction.（従業員の態度は顧客満足に大きな違いを生む）

□ **We do** a lot of business with Chinese companies.（私たちは中国の企業と多くの取引をしている）

□ He has so many different jobs that he finds it difficult to keep track of what he is doing.（彼は非常に多くのさまざまな仕事を抱えているので、自分がしていることの経過を追うのが困難だと感じている）

□ World War I came to an end in 1918.（第1次世界大戦は1918年に終結した）

□ We can make our dreams come true.（私たちは夢を実現させることができる）

□ I got lost driving in the city.（私は市内を運転していて道に迷った）

□ The Industrial Revolution gave rise to serious environmental problems.（産業革命は深刻な環境問題を引き起こした）

□ E-mail has taken the place of letters and faxes.（電子メールは手紙やファクスに取って代わった）

Day 60 》MP3-119
Quick Review
答えは左ページ下

□ take place
□ take advantage of
□ pay attention to
□ give A a ride

□ cross one's legs
□ help oneself to
□ make use of
□ get rid of

□ take A into account
□ keep A in mind
□ take a nap
□ give A a hand

□ shake hands
□ take care of
□ take A for granted
□ make sense

Chapter 8 Review

左ページの(1)～(20)の熟語の同意熟語・類義熟語（または同意語・類義語）（≒）を右ページのＡ～Ｔから選び、カッコの中に答えを書き込もう。意味が分からないときは、見出し番号を参照して復習しておこう（答えは右ページ下）。

☐ (1) participate in (0737) ≒は? (   )

☐ (2) carry out (0742) ≒は? (   )

☐ (3) hand in (0754) ≒は? (   )

☐ (4) focus on (0762) ≒は? (   )

☐ (5) appeal to (0783) ≒は? (   )

☐ (6) do away with (0799) ≒は? (   )

☐ (7) attribute A to B (0801) ≒は? (   )

☐ (8) inform A of B (0803) ≒は? (   )

☐ (9) regard A as B (0817) ≒は? (   )

☐ (10) supply A with B (0834) ≒は? (   )

☐ (11) intend to do (0851) ≒は? (   )

☐ (12) persuade A to do (0870) ≒は? (   )

☐ (13) be suitable for (0883) ≒は? (   )

☐ (14) be satisfied with (0889) ≒は? (   )

☐ (15) be aware of (0890) ≒は? (   )

☐ (16) be used to (0910) ≒は? (   )

☐ (17) be eager to do (0930) ≒は? (   )

☐ (18) make use of (0951) ≒は? (   )

☐ (19) take care of (0958) ≒は? (   )

☐ (20) give rise to (0975) ≒は? (   )

CHAPTER
1

CHAPTER
2

CHAPTER
3

CHAPTER
4

CHAPTER
5

CHAPTER
6

CHAPTER
7

CHAPTER
8

CHAPTER
9

CHAPTER
10

CHAPTER
11

A. ascribe A to B

B. take part in

C. look after

D. plan to do

E. abolish

F. be appropriate for

G. take advantage of

H. concentrate on

I. be accustomed to

J. provide A with B

K. be content with

L. perform

M. be anxious to do

N. notify A of B

O. convince A to do

P. attract

Q. be conscious of

R. view A as B

S. turn in

T. cause

【解答】 (1) B (2) L (3) S (4) H (5) P (6) E (7) A (8) N (9) R (10) J
(11) D (12) O (13) F (14) K (15) Q (16) I (17) M (18) G (19) C (20) T

CHAPTER 9

形容詞句・副詞句

Chapter 9では、数語で1つの形容詞・副詞の働きをする熟語をチェック。どれも「固まり」で覚えるのがポイントです。本書も残りわずか9日。ゴールを目指してラストスパートをかけましょう！

TOEIC的格言

Practice makes perfect.

習うより慣れろ。
[直訳] 練習が完ぺきを生む。

CHAPTER 1

CHAPTER 2

CHAPTER 3

CHAPTER 4

CHAPTER 5

CHAPTER 6

CHAPTER 7

CHAPTER 8

CHAPTER 9

CHAPTER 10

CHAPTER 11

Day 62　形容詞句・副詞句1

Check 1　Chants))) MP3-123

□ 0977
in advance
Part 5, 6

前もって、あらかじめ(≒beforehand)
名advance：前進

□ 0978
out of stock
Part 2, 3

在庫がなくて、品切れで(⇔in stock)
名stock：蓄え

□ 0979
out of order
Part 2, 3

故障して(⇔in order)
名order：状態

□ 0980
in a row
Part 1

❶(横)1列に　❷連続して
名row：(横に並んだ)列

□ 0981
side by side
Part 1

(横に)並んで

□ 0982
in line
Part 1

1列に(≒in a row)
名line：列　❶縦・横いずれの列も表す。rowは通例「(横に並んだ)列」

□ 0983
on display
Part 1

展示[陳列]して
名display：展示

□ 0984
in order to do
Part 7

〜するために(≒so as to do)

continued
▾

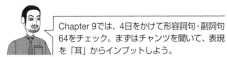

Chapter 9では、4日をかけて形容詞句・副詞句64をチェック。まずはチャンツを聞いて、表現を「耳」からインプットしよう。

☐ 聞くだけモード　Check 1
☐ しっかりモード　Check 1 ▶ 2
☐ かんぺきモード　Check 1 ▶ 2 ▶ 3

Check 2　Phrase & Sentence

☐ **payment** in advance（前払い）
☐ **three months** in advance（3カ月前に）

☐ **run** out of stock（在庫がなくなる）

☐ **get [go]** out of order（故障する）

☐ **sit** in a row（横1列に座る）
☐ **three years** in a row（3年連続で）

☐ **walk** side by side（並んで歩く）

☐ **stand** in line（1列に並んで立つ）

☐ **put the goods** on display（商品を陳列する）

☐ in order to **be successful**（成功するために）
☐ in order not to **be late**（遅刻しないために）

Check 3　Sentence)) MP3-124

☐ **If you can't attend, please let me know** in advance.（出席できない場合は、前もってお知らせください）

☐ **The book is** out of stock.（その本は在庫がなくなっている）

☐ **The copier is** out of order **again.**（コピー機がまた故障している）

☐ **They are standing** in a row.（彼らは横1列に並んで立っている）

☐ **The children are sitting** side by side **on the sofa.**（子どもたちはソファに並んで座っている）

☐ **People are waiting** in line in front of the store.（人々は店の前で1列に並んで待っている）

☐ **Paintings and sculptures are** on display.（絵画と彫刻が展示されている）

☐ **I left work earlier** in order to **go to the concert.**（そのコンサートに行くために、私はいつもより早く退社した）

CHAPTER 1
CHAPTER 2
CHAPTER 3
CHAPTER 4
CHAPTER 5
CHAPTER 6
CHAPTER 7
CHAPTER 8
CHAPTER 9
CHAPTER 10
CHAPTER 11

continued ▼

Check 1　　Chants ») MP3-123

☐ 0985 **in particular** Part 5, 6	**特に**(≒ particularly, especially) 名particular：(～s)詳細、明細
☐ 0986 **in progress** Part 5, 6	**進行[継続]中で**(≒ under way) 名progress：進行
☐ 0987 **for example** [instance] Part 4	**例えば** 名example/instance：例
☐ 0988 **no longer** Part 5, 6	**もはや～でない**[しない]
☐ 0989 **right away** Part 2, 3	**すぐに**、直ちに(≒ right now, immediately)
☐ 0990 **in fact** [reality, truth] Part 7	**実は**、実際は(≒ in effect, in practice) 名fact/reality/truth：事実
☐ 0991 **on average** Part 5, 6	**平均して** 名average：平均
☐ 0992 **in effect** Part 5, 6	**❶事実上**、実際には(≒ in fact, in practice)　❷(法律などが)有効な(≒ effective) 名effect：❶結果　❷効果

Day 61 ») MP3-121
Quick Review
答えは右ページ下

☐ ～と連絡を取り合っている　☐ Aを共通に持つ　☐ 重要である　☐ 実現する
☐ ～を約束する　☐ ～を見る　☐ 取引する　☐ 道に迷う
☐ ～の危険を冒す　☐ ～で役割を果たす　☐ ～の経過を追う　☐ ～を引き起こす
☐ ～に参加する　☐ ～と関係がない　☐ 終わる　☐ ～の代わりをする

CHAPTER
1

CHAPTER
2

CHAPTER
3

CHAPTER
4

CHAPTER
5

CHAPTER
6

CHAPTER
7

CHAPTER
8

CHAPTER
9

CHAPTER
10

CHAPTER
11

Check 2　Phrase & Sentence

☐ **Are you looking for anything in particular?**(何か特にお探しですか?)

☐ **the project** in progress(進行中のプロジェクト)

☐ **take ~ for example**(~を例に挙げる)

☐ **no longer trust the government**(もはや政府を信じていない)

☐ **get to work** right away(すぐに仕事に取りかかる)

☐ **I thought he was Chinese, but** in fact **he is Korean.**(彼は中国人だと思っていたが、実は韓国人だ)

☐ **On average, men are taller than women.**(平均すると、男性は女性よりも背が高い)

☐ **The law will be in effect next year.**(その法律は来年施行される予定だ)

Check 3　Sentence 》MP3-124

☐ **There was nothing** in particular I **wanted to do.**(やりたいことは特に何もなかった)

☐ **When I arrived, the meeting was already** in progress.(私が到着した時、会議は既に進行中だった)

☐ **Her parents are very strict. For example, she has to be home by 9 p.m.**(彼女の両親はとても厳しい。例えば、彼女は午後9時までに家に帰らなければならない)

☐ **Parking is no longer permitted in any areas around here.**(駐車はこの辺りでは、もはや認められていない)

☐ **Make your bed right away.**(すぐにベッドを直しなさい)

☐ **In fact, it's cheaper to fly there than to drive.**(実際は、そこに行くには車より飛行機のほうが安い)

☐ **According to national statistics, Germans work 1,437 hours per year on average.**(国の統計によると、ドイツ人は年間に平均して1437時間働く)

☐ **In effect, the government has raised taxes for the poor.**(事実上、政府は貧困者に対して増税した)

☐ keep in touch with ☐ have A in common ☐ make a difference ☐ come true
☐ commit oneself to ☐ take a look at ☐ do business ☐ get lost
☐ run the risk of ☐ play a role in ☐ keep track of ☐ give rise to
☐ take part in ☐ have nothing to do with ☐ come to an end ☐ take the place of

Check 1   Chants ◖ MP3-125

□ 0993
in detail
Part 5, 6

詳しく、詳細に、細部にわたって
名detail：❶(〜s)詳細　❷細部
動detail：〜を詳しく述べる
形detailed：詳細な

□ 0994
on time
Part 2, 3

時間通りに、定刻に(≒punctually)　❶in timeは「間に合って、遅れずに」

□ 0995
so far
Part 2, 3

今までのところ、これまでは

□ 0996
behind schedule
Part 2, 3

予定より遅れて(⇔ahead of schedule)　❶「予定通りに」はon schedule

□ 0997
far from
Part 5, 6

決して〜でない、〜にはほど遠い(≒by no means)
形far：遠い

□ 0998
at least
Part 2, 3

少なくとも(⇔at most：多くて)
名least：最少

□ 0999
on the [one's] **way**
Part 2, 3

❶途中で[に]　❷進行中で、近づいて　❶in the [one's] wayは「邪魔になって」

□ 1000
for a while
Part 4

しばらくの間
名while：(少しの)期間

continued
▼

形容詞句・副詞句は「固まり」で覚えよう。そのためには、読むだけでなく、「声に出す=音読する」ことが必要不可欠！

☐ 聞くだけモード　Check 1
☐ しっかりモード　Check 1 ▶ 2
☐ かんぺきモード　Check 1 ▶ 2 ▶ 3

CHAPTER 1
CHAPTER 2
CHAPTER 3
CHAPTER 4
CHAPTER 5
CHAPTER 6
CHAPTER 7
CHAPTER 8
CHAPTER 9
CHAPTER 10
CHAPTER 11

Check 2　Phrase & Sentence

☐ explain the problem in detail(その問題を詳しく説明する)
☐ in **great** detail(極めて詳細に)

☐ start [end] on time(時間通りに始まる[終わる])

☐ so far **so good**(これまでは順調だ)

☐ five days behind schedule(予定より5日遅れて)

☐ be far from **over**(決して終わっていない、当分終わらない)

☐ at least **30 people**(少なくとも30人)

☐ on the way **home**(帰宅途中で[に])
☐ be on the way to **democratization**([国が]民主化へ進んでいる)

☐ I haven't seen her for a while.(私はしばらく彼女に会っていない)

Check 3　Sentence ») MP3-126

☐ Please tell me about it in detail.(そのことについて私に詳しく教えてください)

☐ The trains are running on time.(列車は時間通りに運行している)

☐ So far, the experiment is going very well.(今までのところ、その実験は非常にうまくいっている)

☐ The plane finally took off eight hours behind schedule.(その飛行機は予定より8時間遅れてようやく離陸した)

☐ The results were far from satisfactory.(その結果は決して満足のいくものではなかった)

☐ You should sleep for at least six hours a day.(1日に少なくとも6時間は寝たほうがいい)

☐ She lost her wallet on the way to work.(彼女は仕事へ行く途中で財布をなくした)

☐ Can I borrow your dictionary for a while?(しばらくの間、辞書を借りてもいいですか?)

continued ▼

Check 1　　Chants 》 MP3-125

□ 1001
in time
Part 2, 3

❶(〜に)**間に合って**、遅れずに(for 〜)　➕on timeは「時間通りに」　❷そのうち、早晩(≒ in due course)

▶

□ 1002
on sale
Part 4

❶**販売されて**　❷特価で、特売(中)で
名sale：❶販売　❷特売、安売り

▶

□ 1003
in brief [short]
Part 2, 3

手短に
名brief/short：簡潔

▶

□ 1004
on purpose
Part 5, 6

故意に、わざと(≒ deliberately)(⇔ by accident, by chance, accidentally：偶然に)
名purpose：意図

▶

□ 1005
to some extent [degree]
Part 5, 6

ある程度(まで)(≒ in part)
名extent/degree：程度

▶

□ 1006
for the time being
Part 4

当分の間、差し当たり

▶

□ 1007
by accident
Part 5, 6

偶然に(≒ by chance)、誤って(≒ accidentally)(⇔ on purpose, deliberately：故意に)
名accident：偶然

▶

□ 1008
on duty
Part 1

勤務時間中で、当番で(≒ at work, on the job)(⇔ off duty)
名duty：職務

▶

Day 62 》 MP3-123
Quick Review
答えは右ページ下

□ 前もって	□ 並んで	□ 特に	□ すぐに
□ 在庫がなくて	□ 1列に	□ 進行中で	□ 実は
□ 故障して	□ 展示して	□ 例えば	□ 平均して
□ 1列に	□ 〜するために	□ もはや〜でない	□ 事実上

☐ He will recover from his injury in time.(そのうち彼はけがから回復するだろう)

☐ I arrived at the airport in time for my flight.(私は便に遅れずに空港に到着した)

☐ go on sale(発売される)
☐ buy ~ on sale(~を特価で買う)

☐ Tickets are also on sale online.(チケットはネット上でも販売されている)

☐ speak in brief(手短に話す)

☐ In brief, the project was a failure.(手短に言えば、そのプロジェクトは失敗だった)

☐ lie on purpose(故意にうそをつく)
☐ accidentally on purpose(偶然を装って)

☐ The company violated the law on purpose.(その会社は故意に法律を破った)

☐ understand what he said to some extent(彼の言ったことをある程度理解する)

☐ He can speak Spanish to some extent.(彼はスペイン語をある程度話せる)

☐ The economy will continue to slow for the time being.(当分の間、経済は減速し続けるだろう)

☐ She will stay in London for the time being.(彼女は当分の間、ロンドンに滞在するつもりだ)

☐ meet her by accident(彼女に偶然出会う)
☐ delete an important file by accident(重要なファイルを誤って削除する)

☐ I found this website by accident.(私はこのウェブサイトを偶然見つけた)

☐ What time are you on duty tomorrow?(明日の勤務は何時に始まりますか?)

☐ A lifeguard is on duty at the beach.(救助員が浜辺で勤務に就いている)

CHAPTER 1
CHAPTER 2
CHAPTER 3
CHAPTER 4
CHAPTER 5
CHAPTER 6
CHAPTER 7
CHAPTER 8
CHAPTER 9
CHAPTER 10
CHAPTER 11

Day 62 》MP3-123
Quick Review
答えは左ページ下

☐ in advance	☐ side by side	☐ in particular	☐ right away
☐ out of stock	☐ in line	☐ in progress	☐ in fact
☐ out of order	☐ on display	☐ for example	☐ on average
☐ in a row	☐ in order to do	☐ no longer	☐ in effect

Check 1　Chants 》MP3-127

□ 1009
in a moment [second]
Part 2, 3

すぐに、じきに(≒in a minute)
图moment/second：ちょっとの間

□ 1010
in general
Part 5, 6

❶**一般に**、概して(≒generally)　❷(名詞の後で)一般の(≒at large)
形general：一般の、普通の

□ 1011
on occasion
Part 5, 6

時々、時折、たまに(≒sometimes, occasionally, from time to time, at times)
图occasion：時

□ 1012
by mistake
Part 2, 3

誤って、間違って(≒by accident, accidentally)(⇔on purpose, deliberately)
图mistake：誤り、間違い

□ 1013
for nothing
Part 4

無料で(≒free, for free, free of charge)

□ 1014
on foot
Part 4

歩いて、徒歩で
图foot：足

□ 1015
sooner or later
Part 4

遅かれ早かれ、いつかは

□ 1016
all the time
Part 7

いつでも

continued
▼

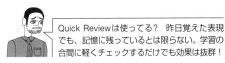

CHAPTER
1

Check 2　Phrase & Sentence

Check 3　Sentence 》MP3-128

☐ **be back** in a moment(すぐに戻る)

☐ **I'll be ready** in a moment.(すぐに準備できます)

CHAPTER
2

☐ **people** in general(一般の人々、一般大衆)

☐ In general, **women live longer than men.**(一般に、女性は男性より長命だ)

CHAPTER
3

☐ **make mistakes** on occasion(時々失敗をする)

☐ **I like to eat out** on occasion.(私はたまに外食するのが好きだ)

CHAPTER
4

☐ **take the wrong pill** by mistake(誤って違う錠剤を飲む)

☐ **I threw away an important document** by mistake.(私は大切な書類を誤って捨ててしまった)

CHAPTER
5

☐ **get** ~ for nothing(~を無料でもらう)

☐ **He fixed my car** for nothing.(彼は私の車を無料で修理してくれた)

CHAPTER
6

☐ **go** on foot(歩いて行く)

☐ **It takes about 20 minutes to get there** on foot.(そこまでは歩いて20分ほどかかる)

CHAPTER
7

☐ **will be back** sooner or later(遅かれ早かれ戻って来る)

☐ **The share price will recover** sooner or later.(株価は遅かれ早かれ持ち直すだろう)

CHAPTER
8

CHAPTER
9

☐ **watch television** all the time(いつもテレビを見ている)

☐ **He talks about baseball** all the time.(彼はいつでも野球のことを話す)

CHAPTER
10

CHAPTER
11

continued
▼

Check 1   Chants)) MP3-127

□ 1017
by hand
Part 4

❶(機械でなく)**手製で**　❷自筆で　❸手渡しで

□ 1018
out of the question
Part 5, 6

不可能な(≒impossible)、問題[話]にならない
名question：可能性、問題

□ 1019
at hand
Part 4

(空間・時間的に)**近くに**[の]、手近に

□ 1020
in due course
Part 4

やがて、そのうち(≒in time)、事が順調にいけば
形due：当然の
名course：(時の)経過

□ 1021
at large
Part 5, 6

❶(名詞の後で)**一般の**、全体としての(≒in general)　❷
(危険人物・動物が)捕まらないで

□ 1022
in public
Part 5, 6

人前で(≒publicly)(⇔in private：内緒に)
名public：一般の人々

□ 1023
out of control
Part 2, 3

制御できない、手に負えない(⇔under control)
名control：制御

□ 1024
at ease
Part 5, 6

安心した[て]、気楽な[に](⇔ill at ease)
名ease：気楽さ

Day 63)) MP3-125
Quick Review
答えは右ページ下

□ 詳しく
□ 時間通りに
□ 今までのところ
□ 予定より遅れて

□ 決して~でない
□ 少なくとも
□ 途中で
□ しばらくの間

□ 間に合って
□ 販売されて
□ 手短に
□ 故意に

□ ある程度
□ 当分の間
□ 偶然に
□ 勤務時間中で

CHAPTER 1

CHAPTER 2

CHAPTER 3

CHAPTER 4

CHAPTER 5

CHAPTER 6

CHAPTER 7

CHAPTER 8

CHAPTER 9

CHAPTER 10

CHAPTER 11

Check 2 　Phrase & Sentence

□ a sweater made by hand(手編みのセーター)

□ a letter written by hand(自筆の手紙)

□ Buying my child such an expensive toy is out of the question.(私の子どもにそんなに高いおもちゃを買ってあげるのは問題外だ)

□ be close at hand(すぐそこまで迫っている、すぐ近くにある[いる])

□ in due course of time(時が来れば、やがては)

□ the world [country] at large(世界[国]全体)

□ be still at large(まだ捕まらないでいる)

□ sing [kiss] in public(人前で歌う[キスをする])

□ get [go] out of control(制御できなくなる)

□ feel at ease(安心する、くつろぐ)

□ put ~ at ease(~を安心させる、~をくつろがせる)

Check 3　Sentence 》MP3-128

□ All these toys are made by hand.(これらのおもちゃはすべて手製だ)

□ A trip to Hawaii is out of the question this year.(ハワイへの旅行は今年は不可能だ)

□ I always keep a dictionary at hand.(私はいつも辞書を手元に置いている)

□ You will receive the approval in due course.(あなたはそのうち承認を得られるだろう)

□ People at large are against the plan.(一般の人々はその計画に反対している)

□ She isn't good at speaking in public.(彼女は人前で話すのが得意ではない)

□ In some low-income countries, inflation is getting out of control.(いくつかの低所得国では、インフレが制御できなくなってきている)

□ The doctor's explanation put my mind at ease.(その医者の説明を聞いて私は安心した)

Day 63 》MP3-125
Quick Review
答えは左ページ下

□ in detail
□ on time
□ so far
□ behind schedule

□ far from
□ at least
□ on the way
□ for a while

□ in time
□ on sale
□ in brief
□ on purpose

□ to some extent
□ for the time being
□ by accident
□ on duty

Day 65 形容詞句・副詞句4

Check 1　Chants 》MP3-129

□ 1025
at first
Part 5, 6

最初は、初めは(≒in the beginning)(⇔at last, in the end, finally)

□ 1026
right now
Part 2, 3

❶**ちょうど今、**今のところ　❷**すぐに**(≒right away, immediately)

□ 1027
at best
Part 5, 6

よくても、せいぜい(⇔at worst)　❶at mostは「(数・量に関して)多くて(も)、せいぜい」

□ 1028
at home
Part 2, 3

❶**くつろいで**　❷(〜に)慣れて、精通して(with [in] 〜)

□ 1029
at work
Part 2, 3

仕事中で[の](≒on duty, on the job)

□ 1030
by heart
Part 5, 6

暗記して、そらで
名heart：心

□ 1031
for good
Part 5, 6

永久[永遠]**に**(≒forever)、これを最後に

□ 1032
for sale
Part 4

売り物の、売りに出した(≒on sale)
名sale：販売

continued
▼

今日でChapter 9は最後！　時間に余裕があったら、章末のReviewにも挑戦しておこう。忘れてしまった表現も結構あるのでは?!

□ 聞くだけモード　Check 1
□ しっかりモード　Check 1 ▸ 2
□ かんぺきモード　Check 1 ▸ 2 ▸ 3

Check 2 Phrase & Sentence	Check 3 Sentence 》MP3-130
□ At first, he seemed reluctant to talk to me.(初めのうち、彼は私に話しかけたくないようだった)	□ At first I thought she was joking, but then I realized she was serious.(彼女は冗談を言っているのだと最初は思ったが、真剣だと私は気づいた)
□ be busy right now(今は忙しい) □ call the police right now(すぐに警察に電話する)	□ She's not here right now. Can I take a message?(彼女はただ今こちらにはおりません。ご伝言を承りましょうか?)
□ at the very best(どんなによくても)➕at bestを強調した表現	□ The movie was average at best.(その映画はよく見ても並だった)
□ be [feel] at home(くつろぐ) □ be at home with classical literature(古典文学に精通している)	□ Please make yourself at home.(どうぞおくつろぎください)
□ Men at work(工事中)➕標識などで使われる表現	□ He stayed late at work last night.(彼は昨夜、仕事で遅くまで残っていた)
□ learn a poem by heart(詩を暗記する)	□ She knows the lyrics of the song by heart.(彼女はその歌の歌詞を暗記している)
□ leave the country for good(永遠に国を去る)	□ She decided to live in Paris for good.(彼女は永久にパリに住むことを決心した)
□ put up ~ for sale(~を売りに出す)	□ The house has been for sale for six months.(その家は6カ月間、売りに出されている)

continued ▼

Check 1　Chants)) MP3-129

□ 1033
for sure [certain]
Part 5, 6

確かに[な]、確実に[な]
形sure/certain：確実な

□ 1034
for the first time
Part 2, 3

初めて

□ 1035
in a sense [way]
Part 7

ある意味[点]では(≒in a manner of speaking)
名sense：意味
名way：点、個所

□ 1036
in other words
Part 4

言い換えれば、すなわち(≒that is to say)

□ 1037
in practice
Part 5, 6

実際には、実際上は(≒in effect, in fact)(⇔in theory：理論上は)
名practice：実際

□ 1038
in the past
Part 7

過去に　● 「現在は」はat (the) present、「将来は」はin the future
名past：過去

□ 1039
later on
Part 2, 3

後で、追って

□ 1040
on business
Part 2, 3

商用で、仕事で(⇔for pleasure：娯楽で)
名business：商売、仕事

CHAPTER 1
CHAPTER 2
CHAPTER 3
CHAPTER 4
CHAPTER 5
CHAPTER 6
CHAPTER 7
CHAPTER 8
CHAPTER 9
CHAPTER 10
CHAPTER 11

Check 2　Phrase & Sentence

☐ **one thing's** for sure(1つ確かな ことは)

☐ for the first time **in one's life** (人生で初めて)

☐ In a sense, **it can be said that** ~.(ある意味では、~だと言える)

☐ He's always thinking about himself. In other words, **he's egocentric.**(彼はいつも自分のことばかり考えている。言い換えれば、彼は自己中心的だ)

☐ It is easy to say, but **in practice difficult to do.**(言うのは簡単だが、実際にするのは難しい)

☐ **books I read** in the past(過去に読んだ本)

☐ **call her** later on(後で彼女に電話する)

☐ **go to Hong Kong** on business(仕事で香港へ行く)

Check 3　Sentence 》MP3-130

☐ I will be at the next meeting for sure.(私は次の会議には必ず出席するだろう)

☐ I climbed Mount Fuji for the first time **when I was 30**.(私は30歳の時に初めて富士山に登った)

☐ In a sense, **what she says is true.** (ある意味では、彼女の言うことは正しい)

☐ The unemployment rate has dropped. In other words, **the economy is recovering.**(失業率が低下している。言い換えれば、経済が回復している)

☐ The plan is good in theory, but it won't work in practice.(その計画は理論上は申し分ないが、実際にはうまくいかないだろう)

☐ The man has committed the same offense in the past.(その男性は過去に同じ犯罪を犯したことがある)

☐ We're going to the mall later on today.(私たちは今日、後でショッピングモールへ行くつもりだ)

☐ He has traveled on business to more than 30 countries.(彼は30カ国以上に出張したことがある)

Day 64 》MP3-127
Quick Review
答えは左ページ下

☐ in a moment	☐ for nothing	☐ by hand	☐ at large
☐ in general	☐ on foot	☐ out of the question	☐ in public
☐ on occasion	☐ sooner or later	☐ at hand	☐ out of control
☐ by mistake	☐ all the time	☐ in due course	☐ at ease

Chapter 9 Review

左ページの(1)〜(20)の熟語の同意熟語・類義熟語（または同意語・類義語）（≒）を右ページのA〜Tから選び、カッコの中に答えを書き込もう。意味が分からないときは、見出し番号を参照して復習しておこう（答えは右ページ下）。

□ (1) in advance (0977) ≒は? (   )

□ (2) in line (0982) ≒は? (   )

□ (3) in order to do (0984) ≒は? (   )

□ (4) in particular (0985) ≒は? (   )

□ (5) in progress (0986) ≒は? (   )

□ (6) on time (0994) ≒は? (   )

□ (7) far from (0997) ≒は? (   )

□ (8) on purpose (1004) ≒は? (   )

□ (9) to some extent (1005) ≒は? (   )

□ (10) by accident (1007) ≒は? (   )

□ (11) on duty (1008) ≒は? (   )

□ (12) on occasion (1011) ≒は? (   )

□ (13) for nothing (1013) ≒は? (   )

□ (14) out of the question (1018) ≒は? (   )

□ (15) in due course (1020) ≒は? (   )

□ (16) in public (1022) ≒は? (   )

□ (17) at first (1025) ≒は? (   )

□ (18) for good (1031) ≒は? (   )

□ (19) in other words (1036) ≒は? (   )

□ (20) in practice (1037) ≒は? (   )

A. in part

B. that is to say

C. in a row

D. at work

E. deliberately

F. publicly

G. especially

H. free

I. in the beginning

J. beforehand

K. by chance

L. in time

M. by no means

N. impossible

O. under way

P. forever

Q. sometimes

R. so as to do

S. in effect

T. punctually

【解答】(1) J (2) C (3) R (4) G (5) O (6) T (7) M (8) E (9) A (10) K
(11) D (12) Q (13) H (14) N (15) L (16) F (17) I (18) P (19) B (20) S

CHAPTER 1
CHAPTER 2
CHAPTER 3
CHAPTER 4
CHAPTER 5
CHAPTER 6
CHAPTER 7
CHAPTER 8
CHAPTER 9
CHAPTER 10
CHAPTER 11

CHAPTER
10
群前置詞・群接続詞

Chapter 10では群前置詞・
群接続詞をマスター。ここで
も、「数語で1つの前置詞・接
続詞」といった具合に「固ま
り」で覚えることが大切で
す。ここが終われば、最後の
Chapter 11を残すのみ！

TOEIC的格言

Easier said than done.

言うは易し、行うは難し。
[直訳] 行うよりも言うほうが簡単だ。

CHAPTER 1

CHAPTER 2

CHAPTER 3

CHAPTER 4

CHAPTER 5

CHAPTER 6

CHAPTER 7

CHAPTER 8

CHAPTER 9

CHAPTER 10

CHAPTER 11

Check 1   Chants 》MP3-131

□ 1041
in charge of
Part 2, 3
▶

〜を担当[管理]して
图charge：管理
▶

□ 1042
in accordance with
Part 5, 6
▶

〜に従って、〜に一致して(≒according to)
图accordance：一致
▶

□ 1043
prior to
Part 5, 6
▶

〜より前に、〜に先立って(≒before)
形prior：前の、先の
▶

□ 1044
according to
Part 5, 6
▶

❶〜によれば　**❷**〜に従って(≒in accordance with)
▶

□ 1045
on behalf of
Part 5, 6
▶

〜を代表して、〜に代わって(≒instead of, in place of)
▶

□ 1046
due to
Part 4
▶

〜が原因で(≒because of, owing to, on account of)
▶

□ 1047
instead of
Part 5, 6
▶

〜の代わりに(≒on behalf of, in place of)、〜ではなくて
▶

□ 1048
along with
Part 5, 6
▶

〜と一緒に(≒together with)

continued
▼

Chapter 10では、3日をかけて群前置詞・群接続詞48をチェック。まずはチャンツを聞いて、表現を「耳」からインプットしよう。

□ 聞くだけモード　Check 1
□ しっかりモード　Check 1 ▶ 2
□ かんぺきモード　Check 1 ▶ 2 ▶ 3

Check 2　Phrase

Check 3　Sentence)) MP3-132

□ be in charge of the class（[教師が]そのクラスの担任である）

□ Mr. Smith is in charge of the personnel department.（スミス氏は人事部の責任者だ）

▶

□ in accordance with the contract（契約に従って）

□ She was buried in her hometown, in accordance with her wishes.（彼女の希望に従って、彼女は故郷に埋葬された）

▶

□ prior to the conference（会議に先立って）

□ Cancellations will be acceptable up to three days prior to departure.（キャンセルは出発の3日前まで可能だ）

▶

□ according to the opinion polls（世論調査によれば）
□ according to the rules（規則に従って）

□ According to its financial statement, the company made a profit of $30 million last year.（財務報告書によると、その会社は昨年3000万ドルの利益を上げた）

▶

□ on behalf of the family（家族を代表して）
□ on behalf of him（彼の代わりに）

□ On behalf of the company, I would like to thank you for your cooperation.（会社を代表して、皆さんのご協力に感謝したいと思います）

▶

□ due to lack of funds（資金不足が原因で）

□ The outing was called off due to rain.（雨のため遠足は中止になった）

▶

□ use milk instead of cream（クリームの代わりに牛乳を使う）

□ The company fired him instead of accepting his resignation.（その会社は彼の辞表を受理するのではなく、彼を解雇した）

▶

□ sing along with everyone（みんなと一緒に歌う）

□ Please send your résumé along with a cover letter.（添え状と一緒に履歴書を送ってください）

▶

CHAPTER 1

CHAPTER 2

CHAPTER 3

CHAPTER 4

CHAPTER 5

CHAPTER 6

CHAPTER 7

CHAPTER 8

CHAPTER 9

CHAPTER 10

CHAPTER 11

continued
▼

Check 1　　Chants)) MP3-131

□ 1049
in terms of
Part 5, 6

〜の点から、〜に関して
名term：(〜s)言葉遣い

□ 1050
regardless of
Part 5, 6

〜に関係なく、〜にかかわらず(≒irrespective of)

□ 1051
aside from
Part 5, 6

❶〜を除いて、〜は別として(≒except, except for)
❷〜に加えて、〜のほかに(≒besides, in addition to)

□ 1052
as of
Part 2, 3

❶〜の時点で、〜現在で　❷(日時)から(≒as from)

□ 1053
with regard
　　　　　[respect] **to**
Part 5, 6

〜に関して(は)(≒about, concerning, as to)
名regard/respect：考慮

□ 1054
in the event of
Part 5, 6

〜の場合には(≒in case of)
名event：出来事

□ 1055
no later than
Part 2, 3

〜までに

□ 1056
up to
Part 4

❶〜まで　❷〜の責任で、〜次第で

Day 65)) MP3-129
Quick Review
答えは右ページ下

□ 最初は
□ ちょうど今
□ よくても
□ くつろいで

□ 仕事中で
□ 暗記して
□ 永久に
□ 売り物の

□ 確かに
□ 初めて
□ ある意味では
□ 言い換えれば

□ 実際には
□ 過去に
□ 後で
□ 商用で

□ in terms of **economics**（経済学の観点から）

□ **This company is the world's larg-est automaker** in terms of **sales.**（この会社は売上高の点で世界最大の自動車メーカーだ）

□ regardless of **race or religion**（人種や宗教に関係なく）

□ **People should be given equal employment opportunities** regardless of **their age.**（人々は年齢に関係なく平等の雇用機会を与えられるべきだ）

□ aside from **a few mistakes**（わずかな間違いを除いて）

□ **He hardly watches television** aside from **the news.**（彼はニュースを除けばテレビをほとんど見ない）

□ as of **January 1**（1月1日時点で［から］）

□ **The total population of Japan was 126 million** as of **2001.**（日本の総人口は2001年時点で1億2600万人だった）

□ with regard to **the first issue**（最初の問題点に関しては）

□ With regard to **that matter, I agree with you.**（その件に関しては、私はあなたと同意見です）

□ in the event of **an earth-quake**（地震の場合には）

□ In the event of **rain, the fireworks will be canceled.**（雨の場合は、その花火大会は中止になる）

□ no later than **April 1**（4月1日までに）

□ **Payment should be received** no later than **August 1.**（支払いは8月1日までに行われなければならない）

□ up to **now**（今まで、これまで）
□ Up to **you.**（君次第だよ、任せるよ）

□ **The bus can hold** up to **60 people.**（そのバスは60人まで乗せることができる）

CHAPTER 1
CHAPTER 2
CHAPTER 3
CHAPTER 4
CHAPTER 5
CHAPTER 6
CHAPTER 7
CHAPTER 8
CHAPTER 9
CHAPTER 10
CHAPTER 11

Day 65 ⑴ MP3-129
Quick Review
答えは左ページ下

□ at first	□ at work	□ for sure	□ in practice
□ right now	□ by heart	□ for the first time	□ in the past
□ at best	□ for good	□ in a sense	□ later on
□ at home	□ for sale	□ in other words	□ on business

Day 67　群前置詞2

Check 1　Chants ») MP3-133

□ 1057
on board
Part 1
▶

❶**〜に乗って**　❷(副詞句・形容詞句として)船[飛行機など]に乗って

□ 1058
rather than
Part 5, 6
▶

〜よりも(むしろ)、〜ではなく

□ 1059
ahead of
Part 5, 6
▶

〜より前[先]に

□ 1060
apart from
Part 5, 6
▶

〜以外は、〜を除いて(≒ except for, except)

□ 1061
compared to [with]
Part 5, 6
▶

〜と比べると、比較すると(≒ in comparison to [with])
動compare：〜を(…と)比較する(to [with] ...)

□ 1062
in spite of
Part 5, 6
▶

〜にもかかわらず(≒ despite, for all, with all)

□ 1063
on top of
Part 5, 6
▶

〜に加えて、〜の上にさらに(≒ in addition to)　❶通例、悪い事に関して用いる

□ 1064
across from
Part 1
▶

〜の向こう側に、向かいに(≒ opposite)

continued
▼

群前置詞・群接続詞は、数語で1つの「前置詞・接続詞」の働きをする。「固まり」で丸覚えできるまで音読しよう。

☐ 聞くだけモード　Check 1
☐ しっかりモード　Check 1 ▶ 2
☐ かんぺきモード　Check 1 ▶ 2 ▶ 3

CHAPTER 1
CHAPTER 2
CHAPTER 3
CHAPTER 4
CHAPTER 5
CHAPTER 6
CHAPTER 7
CHAPTER 8
CHAPTER 9
CHAPTER 10
CHAPTER 11

Check 2　Phrase

☐ be on board the train [plane]
(列車[飛行機]に乗っている)
☐ go on board(乗船[乗車]する)

☐ prefer coffee rather than tea
(紅茶よりもコーヒーのほうを好む)

☐ ahead of time(定刻より早く)
☐ walk ahead of her(彼女の前を歩く)

☐ apart from me(私以外は)
☐ apart from the fact that ~(~ということ以外は)

☐ compared to other countries
(他国と比べると)

☐ in spite of bad weather(悪天候にもかかわらず)
☐ in spite of the fact that ~(~という事実にもかかわらず)

☐ on top of that(それに加えて、その上)

☐ across from the post office
(郵便局の向かい側に)

Check 3　Sentence ») MP3-134

☐ They are on board the ship.(彼らは船に乗っている)

☐ We must look to the future rather than the past.(私たちは過去よりも未来に目を向けなければならない)

☐ The building work was completed one week ahead of schedule.(建築工事は予定より1週間早く終わった)

☐ Apart from the weather, the stay was great.(天気以外は、滞在は素晴らしかった)

☐ The firm's profits increased 25 percent compared to the previous year.(その会社の利益は前年と比較して25パーセント上昇した)

☐ In spite of her injury, she played in Saturday's match.(けがにもかかわらず、彼女は土曜日の試合に出た)

☐ On top of losing his job, his car broke down.(失業した上に、彼の車は故障してしまった)

☐ The woman is sitting across from the man.(女性は男性の向かい側に座っている)

continued
▼

Check 1　Chants))) MP3-133

| □ 1065 **in contrast to** [with] Part 5, 6 | ▶ | **～と対照的に**、比べて 名contrast：対照、相違 | ▶ |

| □ 1066 **in case of** Part 5, 6 | ▶ | ❶**～の場合は**(≒ in the event of)　❷**～に備えて** 名case：場合 | ▶ |

| □ 1067 **in the middle of** Part 4 | ▶ | **～の最中に** | ▶ |

| □ 1068 **next to** Part 1 | ▶ | **～の隣に**、～と並んで(≒ beside) | ▶ |

| □ 1069 **thanks to** Part 5, 6 | ▶ | **～のおかげで**　❶皮肉的に用いることもある | ▶ |

| □ 1070 **because of** Part 5, 6 | ▶ | **～の理由で**、～が原因で(≒ due to, owing to, on account of) | ▶ |

| □ 1071 **as to** Part 7 | ▶ | **～に関しては**[の]、～については(≒ about, concerning, with regard to, with respect to) | ▶ |

| □ 1072 **as well as** Part 7 | ▶ | **～だけでなく** | ▶ |

316 ▶ 317

| □ ～を担当して □ ～に従って □ ～より前に □ ～によれば | □ ～を代表して □ ～が原因で □ ～の代わりに □ ～と一緒に | □ ～の点から □ ～に関係なく □ ～を除いて □ ～の時点で | □ ～に関して □ ～の場合には □ ～までに □ ～まで |

CHAPTER
1

CHAPTER
2

CHAPTER
3

CHAPTER
4

CHAPTER
5

CHAPTER
6

CHAPTER
7

CHAPTER
8

CHAPTER
9

CHAPTER
10

CHAPTER
11

Check 2   Phrase

□ in contrast to **that example**
(その例と対照的に)
□ in **stark** contrast to ~(~と全く
対照的に)

□ in case of **fire**(火事の場合は)
□ in case of **a blackout**(停電に備
えて)

□ in the middle of **the speech**
(演説の最中に)

□ **stand** next to **each other**(並ん
で立つ)

□ thanks to **his cooperation**(彼
の協力のおかげで)

□ because of **illness**(病気が原因
で)

□ **information** as to **payment
terms**(支払い条件に関する情報)

□ **be intelligent** as well as
beautiful(美しいだけでなく頭もよい)

Check 3   Sentence 》MP3-134

□ **She is outgoing,** in contrast to **her
sisters.**(彼女は姉妹とは対照的に外向的だ)

□ **Call 911 only** in case of **an emer-
gency.**(緊急事態の場合のみ、911に電話してく
ださい)●911は警察・救急車・消防署を呼び出す
ための緊急電話番号

□ **Someone's cellphone rang** in the
middle of **the concert.**(コンサートの最中
に誰かの携帯電話が鳴った)

□ **The man is sitting** next to **the
window.**(男性は窓際に座っている)

□ **Thanks to everyone's hard work,
profits are up this year.**(みんなの尽力の
おかげで、今年は利益が上がっている)

□ **The flight was canceled** because
of **bad weather.**(その便は悪天候のため欠航
となった)

□ **We need more discussion** as to
the agenda.(その議題についてはもっと話し
合いが必要だ)

□ **She can speak Chinese** as well as
English.(彼女は英語だけでなく中国語も話せ
る)

Day 68　群前置詞3・群接続詞

Check 1　Chants)) MP3-135

☐ 1073
in honor of
Part 4

〜に敬意を表して、〜を祝[記念]して
🔲honor：敬意

☐ 1074
contrary to
Part 7

〜に反して
🔲contrary：反対の

☐ 1075
for the sake
[benefit, good] of
Part 5, 6

〜の(利益の)ために
🔲sake/benefit/good：利益

☐ 1076
owing to
Part 7

〜のせいで、〜のために(≒because of, due to, on account of)

☐ 1077
in support of
Part 5, 6

〜を支持して
🔲support：支持、支援
🔲support：〜を支持[支援]する
🔲supporter：支持[支援]者

☐ 1078
on account of
Part 5, 6

〜の理由で、〜のために(≒because of, due to, owing to)
🔲account：理由

☐ 1079
other than
Part 2, 3

〜以外に[の](≒except)

☐ 1080
in search of
Part 4

〜を探して
🔲search：探索

continued
▼

CHAPTER 1
CHAPTER 2
CHAPTER 3
CHAPTER 4
CHAPTER 5
CHAPTER 6
CHAPTER 7
CHAPTER 8
CHAPTER 9
CHAPTER 10
CHAPTER 11

今日でChapter 10は最後！ 時間に余裕があったら、章末のReviewにも挑戦しておこう。忘れてしまった表現も結構あるのでは?!

☐ 聞くだけモード　Check 1
☐ しっかりモード　Check 1 ▶ 2
☐ かんぺきモード　Check 1 ▶ 2 ▶ 3

Check 2　Phrase

☐ in honor of **the president**(大統領に敬意を表して)

☐ contrary to **popular belief**(一般に考えられていることとは逆に)

☐ for the sake of **world peace**(世界平和のために)

☐ owing to **lack of water**(水不足のため)

☐ **speak** in support of ～(～を支持する発言をする)

☐ on account of **one's health**(健康のために)

☐ **drink nothing** other than **water**(水以外は何も飲まない)

☐ in search of **food [work]**(食べ物[仕事]を探して)

Check 3　Sentence 》MP3-136

☐ **A retirement party will be held** in honor of **Mr. Jones.**(ジョーンズ氏に敬意を表して、退職パーティーが開かれる予定だ)

☐ **Contrary to expectations, the female candidate won the election.**(予想に反して、その女性候補者は選挙に勝った)

☐ **I stopped smoking** for the sake of **my health.**(私は健康のためにたばこをやめた)

☐ **The flight was suspended for four hours** owing to **the fog.**(霧のためその便は4時間出発を遅延された)

☐ **There was a rally** in support of **the campaign.**(その運動を支持する集会があった)

☐ **Baseball games are often canceled** on account of **rain.**(野球の試合は雨のためにしばしば中止になる)

☐ **There was no one** other than **him in the house.**(その家には彼以外には誰もいなかった)

☐ **Many people emigrated to America** in search of **religious freedom.**(多くの人々が宗教の自由を求めてアメリカへ移住した)

continued
▼

Check 1　　Chants 》MP3-135

□ 1081
as soon as 〜
Part 5, 6

〜するとすぐに
副soon：もうすぐ、近いうちに

□ 1082
provided that 〜
Part 5, 6

もし〜ならば、〜という条件で（≒ providing, if）
➕thatは省略されることもある

□ 1083
as [so] **long as 〜**
Part 5, 6

〜する限り[間]**は**、〜である限りは

□ 1084
as [so] **far as 〜**
Part 5, 6

〜に関する限りでは

□ 1085
in case 〜
Part 5, 6

❶**〜の場合に備えて**　❷もし〜ならば（≒ if）
名case：場合

□ 1086
in order that 〜
Part 5, 6

〜する目的で、〜するために（≒ so that 〜）

□ 1087
even if [though] **〜**
Part 5, 6

たとえ〜でも、たとえ〜だとしても　➕even though
〜には「〜なのに、〜ではあるが」という意味もある

□ 1088
now that 〜
Part 7

今や〜だから、〜である以上　➕thatを省略することも
ある

Day 67 》MP3-133	□ 〜に乗って	□ 〜と比べると	□ 〜と対照的に	□ 〜のおかげで
Quick Review	□ 〜よりも	□ 〜にもかかわらず	□ 〜の場合は	□ 〜の理由で
答えは右ページ下	□ 〜より前に	□ 〜に加えて	□ 〜の最中に	□ 〜に関しては
	□ 〜以外は	□ 〜の向こう側に	□ 〜の隣に	□ 〜だけでなく

CHAPTER
1

CHAPTER
2

CHAPTER
3

CHAPTER
4

CHAPTER
5

CHAPTER
6

CHAPTER
7

CHAPTER
8

CHAPTER
9

CHAPTER
10

CHAPTER
11

Check 2　Phrase

☐ as soon as I get back(戻ったら
すぐに)

☐ provided (that) I have the
time(時間があれば)

☐ as long as I live(私が生きている
限り[間は])

☐ as far as I know(私の知っている
限りでは)
☐ as far as ～ goes [is con-
cerned](～に関して言えば)

☐ in case it snows(雪が降る場合に
備えて)
☐ in case I am late(もし私が遅れ
たら)

☐ in order that the candidate
will win the election(その候補者が
選挙に勝つために)

☐ even if it rains tomorrow(た
とえ明日雨が降っても)

☐ now that it has stopped
raining(雨がやんだので)

Check 3　Sentence 》MP3-136

☐ I'll call you as soon as the meet-
ing is over.(会議が終わったらすぐにあなた
に電話します)

☐ We will visit there, provided that
the weather is clear.(天気がよければ、私
たちはそこを訪れる予定だ)

☐ You can go to the party as long as
you are back by 10 p.m.(午後10時まで
に帰宅するのであれば、そのパーティーに行って
もいい)

☐ As far as unemployment is con-
cerned, the situation has deterio-
rated.(失業に関して言えば、状況は悪化してき
ている)

☐ You'd better bring a map in case
you get lost.(道に迷った場合に備えて、地図
を持って行ったほうがいい)

☐ We need financial support in or-
der that we may achieve our goals.
(目標を達成するために、私たちは金銭的な支援
を必要としている)

☐ I like him, even if he doesn't like
me.(たとえ彼が私を好きでなくても、私は彼が
好きだ)

☐ Now that they live in different
countries, they communicate by e-
mail.(彼らは別々の国に住んでいるので、電子
メールで連絡を取り合っている)

Day 67 》MP3-133
Quick Review
答えは左ページ下

☐ on board
☐ rather than
☐ ahead of
☐ apart from

☐ compared to
☐ in spite of
☐ on top of
☐ across from

☐ in contrast to
☐ in case of
☐ in the middle of
☐ next to

☐ thanks to
☐ because of
☐ as to
☐ as well as

Chapter 10 Review

左ページの(1)〜(15)の熟語の同意熟語・類義熟語（または同意語・類義語）（≒）を右ページのA〜Oから選び、カッコの中に答えを書き込もう。意味が分からないときは、見出し番号を参照して復習しておこう（答えは右ページ下）。

- ☐ (1) in accordance with (1042) ≒は? （　　　）
- ☐ (2) prior to (1043) ≒は? （　　　）
- ☐ (3) on behalf of (1045) ≒は? （　　　）
- ☐ (4) due to (1046) ≒は? （　　　）
- ☐ (5) along with (1048) ≒は? （　　　）
- ☐ (6) regardless of (1050) ≒は? （　　　）
- ☐ (7) aside from (1051) ≒は? （　　　）
- ☐ (8) with regard to (1053) ≒は? （　　　）
- ☐ (9) in the event of (1054) ≒は? （　　　）
- ☐ (10) compared to (1061) ≒は? （　　　）
- ☐ (11) in spite of (1062) ≒は? （　　　）
- ☐ (12) on top of (1063) ≒は? （　　　）
- ☐ (13) across from (1064) ≒は? （　　　）
- ☐ (14) provided that 〜 (1082) ≒は? （　　　）
- ☐ (15) in order that 〜 (1086) ≒は? （　　　）

A. irrespective of

B. providing ～

C. before

D. despite

E. except

F. according to

G. in case of

H. opposite

I. together with

J. concerning

K. because of

L. in addition to

M. in comparison to

N. in place of

O. so that ～

【解答】 (1) F (2) C (3) N (4) K (5) I (6) A (7) E (8) J (9) G (10) M
(11) D (12) L (13) H (14) B (15) O

CHAPTER
1

CHAPTER
2

CHAPTER
3

CHAPTER
4

CHAPTER
5

CHAPTER
6

CHAPTER
7

CHAPTER
8

CHAPTER
9

CHAPTER
10

CHAPTER
11

CHAPTER
11
その他の熟語

本書も、いよいよ最後の
Chapterに入りました。ここ
では、これまで取り上げなか
った重要熟語を押さえてい
きましょう。残りは、わずか
2日。TOEIC600点突破の夢
も、目前です！

TOEIC的格言

Fear is often worse than the danger itself.

案ずるより産むが易し。
[直訳] 恐怖は危険それ自体よりひど
いことが多い。

CHAPTER
1

CHAPTER
2

CHAPTER
3

CHAPTER
4

CHAPTER
5

CHAPTER
6

CHAPTER
7

CHAPTER
8

CHAPTER
9

CHAPTER
10

CHAPTER
11

Check 1　Chants 》MP3-137

□ 1089
a variety of
Part 4

さまざま[いろいろ]な〜
名variety：(同種の物の)寄せ集め

□ 1090
plenty of
Part 2, 3

たくさん[多数、多量]の〜
名plenty：たくさん

□ 1091
quite a few
Part 2, 3

かなり多くの〜、相当数の〜

□ 1092
a couple of
Part 2, 3

2、3の〜、いくらかの〜(≒a few)

□ 1093
a pile of
Part 1

❶〜の山　❷多量[多数]の〜
名pile：(物の)積み重ね、山

□ 1094
a number of
Part 2, 3

いくつか[何人か]の〜(≒some)　❶the number of
(〜の数)と混同しないように注意。文脈によっては「多くの
〜」を表すことがあるが、正確に「多くの〜」を表す場合は
a large number ofが使われる

□ 1095
a series of
Part 4

一連の〜、一続きの〜
名series：連続

□ 1096
a large amount of
Part 2, 3

多量[多額]の〜(≒a great deal of, a good deal of)
名amount：量、額

continued
▼

いよいよ最後のChapter 11に突入！ 今日の
「数量表現」、明日の「文の熟語」を残すのみ。
ラストスパートをかけていこう！

☐ 聞くだけモード　Check 1
☐ しっかりモード　Check 1 ▶ 2
☐ かんぺきモード　Check 1 ▶ 2 ▶ 3

CHAPTER
1

CHAPTER
2

CHAPTER
3

CHAPTER
4

CHAPTER
5

CHAPTER
6

CHAPTER
7

CHAPTER
8

CHAPTER
9

CHAPTER
10

CHAPTER
11

Check 2　Phrase	Check 3　Sentence)) MP3-138
☐ a variety of **uses**(さまざまな使用法)	☐ The store sells a variety of **goods**. (その店はさまざまな商品を売っている)
☐ plenty of **time**(たくさんの時間) ☐ plenty of **vegetables**(たくさんの野菜)	☐ Make sure you have plenty of sleep the night before your exam. (試験の前夜は必ず睡眠をたくさん取ること)
☐ quite a few **errors**(かなり多くの間違い)	☐ There were quite a few **people** at the party.(そのパーティーにはかなり多くの人々がいた)
☐ **for** a couple of **hours**(2、3時間)	☐ Some economists expect unemployment to fall over the next couple of **months**.(今後2、3カ月で失業者数は減ると予測するエコノミストもいる)
☐ a pile of **documents**(書類の山)	☐ The man has a pile of **books** in his arms.(男性は両腕に本の山を抱えている)
☐ a number of **problems**(いくつかの問題) ☐ a number of **times**([副詞的に]何回か)	☐ We received a number of **complaints** about the product.(私たちはその製品に関するいくつかの苦情を受けた)
☐ a series of **robberies**(一連の強盗事件)	☐ The national economy was strengthened by a series of **measures**.(国内経済は一連の対策によって強化された)
☐ a large amount of **water**(多量の水)	☐ A large amount of **money** has been spent on the project.(多額の金がそのプロジェクトに費やされている)

continued
▼

Check 1　　Chants)) MP3-137

□ 1097
a great [good] deal of
Part 4

多量[相当量]の〜、たくさんの〜（≒a large amount of）
名deal：量、額

□ 1098
dozens of
Part 4

数十の〜、多数の〜
名dozen：ダース、12個

□ 1099
a large number of
Part 4

多くの〜

□ 1100
a lot [lots] of
Part 2, 3

たくさんの〜

□ 1101
a host of
Part 5, 6

多数[大勢]の〜
名host：多数、大勢

□ 1102
a bit of
Part 2, 3

少しの〜、わずかの〜　●quite a bit ofは「かなりたくさんの〜」

□ 1103
a handful of
Part 4

❶少数の〜、わずかな〜　**❷一握りの〜**

□ 1104
thousands of
Part 4

何千もの〜、多数の〜　● 「何百もの〜」はhundreds of

Day 68)) MP3-135
Quick Review
答えは右ページ下

□ 〜に敬意を表して	□ 〜を支持して	□ 〜するとすぐに	□ 〜の場合に備えて
□ 〜に反して	□ 〜の理由で	□ もし〜ならば	□ 〜する目的で
□ 〜のために	□ 〜以外に	□ 〜する限りは	□ たとえ〜でも
□ 〜のせいで	□ 〜を探して	□ 〜に関する限りでは	□ 今や〜だから

Check 2　Phrase

- ☐ a great deal of **advice**(多くの助言)
- ☐ a great deal of **pain**(かなりの痛み)

- ☐ **dozens of** candles(何十本ものろうそく)
- ☐ **dozens of** times(何十回も、何度も何度も)

- ☐ a large number of **employees**(多くの従業員)

- ☐ a lot of **magazines**(たくさんの雑誌)
- ☐ a lot of **work**(多くの仕事)

- ☐ a host of **problems**(多くの問題)
- ☐ a host of **friends**(大勢の友達)

- ☐ a bit of **land**(少しの土地)
- ☐ a bit of **exercise**(少しの運動)

- ☐ a handful of **students**(わずかな数の学生)
- ☐ a handful of **coins**(一握りの硬貨)

- ☐ **thousands of** demonstrators(何千人ものデモ参加者)

Check 3　Sentence 》MP3-138

- ☐ We've spent a great deal of money on the house.(私たちはその家に多額の金を使ってきた)

- ☐ Dozens of **reporters** were at the site of the accident.(何十人もの記者たちがその事故現場にいた)

- ☐ A large number of **companies are in need of reform.**(多くの企業は改革を必要としている)

- ☐ The company does a lot of **business with Muslim countries.**(その会社はイスラム教諸国と多くの取引をしている)

- ☐ There are a host of **reasons why smaller shops go out of business.**(小さな店が廃業していることには多くの理由がある)

- ☐ I know only a little bit of **French.**(私はフランス語をほんの少ししか知らない)

- ☐ There were only a handful of **people in the theater.**(映画館にはほんの少ししか人がいなかった)

- ☐ The earthquake left thousands of **people homeless.**(その地震によって何千人もの人が家を失った)

CHAPTER 1 / CHAPTER 2 / CHAPTER 3 / CHAPTER 4 / CHAPTER 5 / CHAPTER 6 / CHAPTER 7 / CHAPTER 8 / CHAPTER 9 / CHAPTER 10 / CHAPTER 11

Day 68 》MP3-135
Quick Review
答えは左ページ下

☐ in honor of	☐ in support of	☐ as soon as ～	☐ in case ～
☐ contrary to	☐ on account of	☐ provided that ～	☐ in order that ～
☐ for the sake of	☐ other than	☐ as long as ～	☐ even if ～
☐ owing to	☐ in search of	☐ as far as ～	☐ now that ～

Check 1　Chants ») MP3-139

□ 1105
when it comes to A
Part 7

Aのこと[話]となれば

□ 1106
How [What] **about** A?
Part 2, 3

(勧誘・提案を表して)**Aはどうですか?**(≒What do you say to A?)

□ 1107
How come ～?
Part 2, 3

どうして～?、なぜ～?　➕How comeの後は、一般疑問文ではなく、平叙文の語順になることに注意

□ 1108
What ～ for?
Part 2, 3

なぜ～?、どうして～?

□ 1109
What if ～?
Part 2, 3

❶**～したらどうなるだろう?**　❷(提案を表して)～したらどうですか?(≒Why not ～?, Why don't you ～?, Why don't we ～?)

□ 1110
What do you say to A?
Part 2, 3

(提案を表して)**Aはどうですか?**(≒How about A?, What about A?)

□ 1111
What is A **like?**
Part 2, 3

Aはどのようなもの[人]ですか?、Aはどういう様子ですか?

□ 1112
What has become of A?
Part 2, 3

Aはどうなったのだろうか?、Aに何が起きたのだろうか?　➕未来について「Aはどうなるだろうか?」はWhat will become of A?になる

continued
▼

今日で『キクタンTOEIC L&Rテスト SCORE 600』も最後。ここまで続けてくれて本当にありがとう! We're proud of you!!

☐ 聞くだけモード　Check 1
☐ しっかりモード　Check 1 ▸ 2
☐ かんぺきモード　Check 1 ▸ 2 ▸ 3

CHAPTER 1
CHAPTER 2
CHAPTER 3
CHAPTER 4
CHAPTER 5
CHAPTER 6
CHAPTER 7
CHAPTER 8
CHAPTER 9
CHAPTER 10
CHAPTER 11

Check 2　Sentence 1

☐ when it comes to music(音楽のこととなれば)

☐ How about a cup of tea?(紅茶はいかがですか?)

☐ How come you didn't go to school today?(どうして今日、学校に行かなかったのですか?)

☐ What did you do that for?(なぜそんなことをしたのですか?)

☐ What if we move to another city?(ほかの街に引っ越すのはどうですか?)

☐ What do you say to taking a rest?(一休みしませんか?)

☐ What will the weather be like tomorrow?(明日の天気はどうなりますか?)

☐ What has become of her?(彼女はどうなったのだろう?、彼女はどこへ行ったのだろう?)

Check 3　Sentence 2 ♪ MP3-140

☐ When it comes to cooking, I'm still in the learning phase.(料理のこととなれば、私はまだ学習段階だ)

☐ How about going to Hawaii this summer?(今年の夏にハワイに行くのはどうですか?)

☐ How come you are still here?(どうしてあなたはまだここにいるのですか?)

☐ What are you writing that down for?(なぜそれをメモしているのですか?)

☐ What if I get sick?(病気になったらどうしようか?)

☐ What do you say to going to that new restaurant tonight?(今夜、例の新しいレストランに行くのはどうですか?)

☐ I heard you've met Carol's new boyfriend. What is he like?(キャロルの新しいボーイフレンドに会ったことがあるって聞いたけど。彼ってどんな人?)

☐ What has become of your promise?(あなたの約束はどうなったのですか?)

continued ▼

Check 1　Chants ♪ MP3-139

□ 1113
Why not ～?
Part 2, 3

❶(提案・軽い命令を表して)**～したらどうですか?**
(≒ Why don't you ～?, Why don't we ～?, What if ～?)　❷(Why not?で)(提案などに同意して)**いいとも、もちろん、なぜいけない[しない]のですか?**

□ 1114
Why don't you [we] ～?
Part 2, 3

(提案・軽い命令を表して)**～したらどうですか?** ⊕
提案者が自分を含めて言う場合はWhy don't we ～?になる(≒ What if ～?, Why not ～?)

□ 1115
That's why ～.
Part 4

そういうわけで～だ、それが～の理由だ

□ 1116
The fact is (that) **～.**
Part 4

実は～だ、本当は～だ
名fact：事実

□ 1117
It is (high) **time** (that) **～.**
Part 2, 3

そろそろ～の時間[ころ]である ⊕that節内の時制は過去が普通

□ 1118
It is no wonder (that) **～.**
Part 4

～は少しも不思議ではない、～なのは当たり前だ ⊕It isが省略されることも多い
名wonder：驚き

□ 1119
It is said that ～.
Part 7

～だと言われている

□ 1120
It goes without saying that ～.
Part 4

～は言うまでもない

□ さまざまな～　□ ～の山　□ 多量の～　□ 多数の～
□ たくさんの～　□ いくつかの～　□ 数十の～　□ 少しの～
□ かなり多くの～　□ 一連の～　□ 多くの～　□ 少数の～
□ 2、3の～　□ 多量の～　□ たくさんの～　□ 何千もの～

332 ▶ 333

CHAPTER
1

CHAPTER
2

CHAPTER
3

CHAPTER
4

CHAPTER
5

CHAPTER
6

CHAPTER
7

CHAPTER
8

CHAPTER
9

CHAPTER
10

CHAPTER
11

Check 2   Sentence 1

☐ "Let's go to a movie to-night." "Yeah, why not?"(「今夜、映画に行こう」「そうね、いいわね」)

☐ Why don't we **go to the beach this weekend?**(今週末に海に行くのはどうですか?)

☐ **Our bus broke down.** That's why **we were late.**(バスが故障したんです。そういうわけで私たちは遅れました)

☐ The fact is **I have lost your book.**(実は私はあなたの本をなくしてしまったんです)

☐ It's time **you went to bed.**(そろそろあなたは寝る時間だ)

☐ **Did you really say that to her?** It's no wonder **she got angry.**(そのことを彼女に本当に言ったのですか? 彼女が怒ったのも当たり前です)

☐ It is said that **the mayor will resign soon.**(市長は近いうちに辞任すると言われている)

☐ It goes without saying that **she has real talent.**(彼女には素晴らしい才能があるのは言うまでもない)

Check 3   Sentence 2))) MP3-140

☐ Why not **use my car?**(私の車を使ったらどうですか?)

☐ Why don't you **ask him?**(彼に聞いてみたらどうですか?)

☐ **He is really kind.** That's why I like **him so much.**(彼は本当に親切です。それで私は彼が大好きなんです)

☐ The fact is **the company is in a financial crisis.**(実はその会社は財政危機に陥っている)

☐ It's time **I got back to work.**(そろそろ仕事に戻る時間だ)

☐ **You were only wearing a T-shirt.** It's no wonder **you caught a cold.**(Tシャツしか着ていなかったのだから、風邪を引くのも当たり前だ)

☐ It is said that **Japanese people are very quiet and shy.**(日本人はとても静かで恥ずかしがり屋だと言われている)

☐ **If you want to keep fit,** it goes without saying that **you need to exercise.**(健康でいたいのなら、運動をする必要があるのは言うまでもない)

Day 69))) MP3-137
Quick Review
答えは左ページ下

☐ a variety of
☐ plenty of
☐ quite a few
☐ a couple of

☐ a pile of
☐ a number of
☐ a series of
☐ a large amount of

☐ a great deal of
☐ dozens of
☐ a large number of
☐ a lot of

☐ a host of
☐ a bit of
☐ a handful of
☐ thousands of

Day 70))) MP3-139 **Quick Review** 答えは下	□ Aのこととなれば □ Aはどうですか? □ どうして〜? □ なぜ〜?	□ 〜したらどうなるだろう? □ Aはどうですか? □ Aはどのようなものですか? □ Aはどうなったのだろうか?	□ 〜したらどうですか? □ 〜したらどうですか? □ そういうわけで〜だ □ 実は〜だ	□ そろそろ〜の時間である □ 〜は少しも不思議ではない □ 〜だと言われている □ 〜は言うまでもない

Day 70))) MP3-139 **Quick Review** 答えは上	□ when it comes to A □ How about A? □ How come 〜? □ What 〜 for?	□ What if 〜? □ What do you say to A? □ What is A like? □ What has become of A?	□ Why not 〜? □ Why don't you 〜? □ That's why 〜. □ The fact is 〜.	□ It is time 〜. □ It is no wonder 〜. □ It is said that 〜. □ It goes without saying that 〜.

ねぇねぇ、どれくらい覚えてる？
Hey, how many do you remember?

▶

Index

*見出しとして掲載されている単語・熟語は赤字、それ以外のものは黒字で示されています。それぞれの語の右側にある数字は、見出し番号を表しています。赤字の番号は、見出しとなっている番号を示します。

Index

A

どれだけチェックできた？ 1 ☐ 2 ☐

キクタン
TOEIC® L&Rテスト
SCORE 600

本書は『改訂版 キクタンTOEIC® TEST SCORE 600』(2016年初版発行) に音声を追加した新装版です。見出し語、フレーズ、センテンスに変更はありません。

書名	**キクタンTOEIC® L&Rテスト SCORE 600**
発行日	2020年3月5日(初版) 2021年5月14日(第3刷)
編著	一杉武史
編集	株式会社アルク 出版編集部
校正	Peter Branscombe、Joel Weinberg、 Owen Schaefer、挙市玲子、玉木史恵
アートディレクション	細山田 光宣
デザイン	若井夏澄、相馬敬徳、柏倉美地(細山田デザイン事務所)
イラスト	shimizu masashi (gaimgraphics)
ナレーション	Julia Yermakov、Chris Koprowski、Emma Howard、 Nadia McKechnie、Carolyn Miller、 Sorcha Chisholm、高橋大輔
音楽制作	H. Akashi
録音・編集	高木弥生、有限会社ログスタジオ
DTP	株式会社 秀文社
印刷・製本	図書印刷株式会社
発行者	天野智之
発行所	株式会社 アルク 〒102-0073　東京都千代田区九段北4-2-6 市ヶ谷ビル Website：https://www.alc.co.jp/

地球人ネットワークを創る

アルクのシンボル
「地球人マーク」です。